Heidemarie Sarter
Einführung in die Fremdsprachendidaktik

Heidemarie Sarter

Einführung in die Fremdsprachendidaktik

Die Deutsche Bibliothek verzeichnet diese Publikation
in der Deutschen Nationalbibliografie;
detaillierte bibliografische Daten sind im Internet über
http://www.dnb.ddb.de abrufbar.

Das Werk ist in allen seinen Teilen urheberrechtlich geschützt.
Jede Verwertung ist ohne Zustimmung des Verlags unzulässig.
Das gilt insbesondere für Vervielfältigungen,
Übersetzungen, Mikroverfilmungen und die Einspeicherung in
und Verarbeitung durch elektronische Systeme.

© 2006 by WBG (Wissenschaftliche Buchgesellschaft), Darmstadt
Die Herausgabe dieses Werkes wurde durch
die Vereinsmitglieder der WBG ermöglicht.
Redaktion: Katharina Gerwens
Satz: Lichtsatz Michael Glaese GmbH, Hemsbach
Umschlaggestaltung: schreiberVIS, Seeheim
Gedruckt auf säurefreiem und alterungsbeständigem Papier
Printed in Germany

www.wbg-darmstadt.de

ISBN-13: 978-3-534-18942-7
ISBN-10: 3-534-18942-6

Inhalt

Einleitung 7

1 Mehrsprachigkeit und Fremdsprachenunterricht 12
   1.1 Fremde Sprachen? 14
   1.2 Mehrsprachigkeit vs. Fremdsprachenkenntnis 16
   1.3 Sprachenfolge 18

2 Rahmenbedingungen 24
   2.1 Standards 24
   2.2 Lehrpläne 29
   2.3 Lehrwerke 31

3 Veränderungen 33
   3.1 Grundschulische Spracharbeit 34
   3.2 Problemkreise beim Übergang 40

4 Unterricht und Unterrichtsgestaltung 43
   4.1 Sozial- und Arbeitsformen 43
   4.2 Methoden und Methodologie 46
   4.3 Medien und Materialien 52
   4.4 Evaluation 57

5 Variable Lerner und Lernerinnen 63
   5.1 Lerntypen 63
   5.2 Sprachbegabung 66
   5.3 Subjektive Theorien 67
   5.4 Motivation 68
   5.5 Lernerautonomie 69
   5.6 Autonomes Sprachenlernen und Lernberatung 71

6 Fachlicher Kompetenzerwerb 73
   6.1 Sprache 75
   6.2 Inhalte 85
   6.3 Vermittlung 87

7 Mündlichkeit und Schriftlichkeit 89
   7.1 Kommunikationsfähigkeiten und -strategien 89
   7.2 Verbale und nonverbale Kommunikation 92
   7.3 Sprachrezeption und Sprachproduktion 94

8 Transkulturelles Wissen und Interkulturelles Können 100
   8.1 Unterschiedliche Aspekte der Zielsetzung 100
   8.2 Austausch und Partnerschaft 108

9 Über's Fach hinaus 119
   9.1 Projekte 119
   9.2 Fächerübergreifender und -verbindender Unterricht 122
   9.3 Bilingualer Unterricht 124

10 Praktika 126
   10.1 The State of the Art? 126
   10.2 Praktika als Teil der berufswissenschaftlichen Ausbildung . 130
   10.3 Praktika als unterrichtsfachliche Vorbereitung 133

Bibliographie 136

Einleitung

Bereits vor einer ganzen Reihe von Jahren wurde auf europäischer Ebene Mehrsprachigkeit als Notwendigkeit und Ziel schulischer Ausbildung für alle Europäer formuliert: neben der Muttersprache wurde die – produktive und rezeptive – Beherrschung einer anderen, nach Möglichkeit weit verbreiteten europäischen Sprache gefordert, hinzu kommen soll für jeden die Fähigkeit, eine weitere Sprache zumindest rezeptiv zu beherrschen. Als diese dritte Sprache wird häufig die Sprache des bzw. eines Nachbarlandes empfohlen. Nun könnte man meinen, dieses Ziel sei in Deutschland bereits erreicht. Denn jeder Abiturient hat ja mindestens zwei Fremdsprachen im Laufe seiner Schulzeit gelernt. PISA sollte uns jedoch gelehrt haben, den Blick nicht nur auf die Gymnasien zu richten, sondern alle Schularten zu berücksichtigen. (Vgl. Deutsches PISA-Konsortium [Hrsg. 2002], Stanat et al. [2002]. Für den europäischen Vergleich stellt die Internetseite *Eurydice* der Generaldirektion ‚Bildung und Kultur' der Europäischen Union [http://europa.eu.int] vielfältige Analysen zur Verfügung, auch und gerade hinsichtlich Fremdsprachen in den Schulen, vgl. www.eurydice.org.)

Mit der Vorverlegung der ersten Fremdsprache in die Grundschule (vgl. Kap. 3) wird die Möglichkeit geschaffen, anschließend weitere Sprachen hinzunehmen. Im Bereich der Methodik und der Didaktik anderer Sprachen sind in den letzten Jahren vielfältige Ansatzpunkte entwickelt worden, die einem breiteren Schülerpublikum den Zugang zu anderen Sprachen erleichtern – wenngleich auch in der täglichen Unterrichtspraxis insbesondere der oberen Klassen häufig noch recht traditionelle Herangehensweisen gepflegt werden.

Soll also in Deutschland zumindest das Ziel der angestrebten Dreisprachigkeit erreicht werden, müssen die Anstrengungen verstärkt werden. Dies bezieht sich einerseits auf die institutionellen Vorgaben, andererseits aber auch auf die methodisch-didaktischen Herangehensweisen, die es den Schülern ermöglichen müssen, den Erwerb von Fähigkeiten zur Kommunikation in mehreren Sprachen als ein sinnvolles, persönliches – und persönlich erreichbares – Ziel zu sehen. — Dreisprachigkeit

Aus Gründen der besseren Lesbarkeit wurde auf weibliche Endungen verzichtet. Wenn also im Folgenden von Lehrern, Schülern, Studenten usw. die Rede ist, sind selbstverständlich ebenso Lehrerinnen, Schülerinnen, Studentinnen usw. gemeint.

Die vorliegende Veröffentlichung richtet sich in erster Linie an Studierende in einem Lehramtsstudiengang. Damit ist die Zielsetzung recht breit, denn sie umfasst sowohl alle Lehrämter – je nach Bundesland mit unterschiedlichem Zuschnitt – von der Grundschule bis zum Schulabschluss der jeweiligen Schulart als auch alle in den Schulen unterrichteten Sprachen. Damit wird die Möglichkeit geschaffen, sich einen für jede Lehrkraft notwendigen Überblick über die unterschiedlichen Inhalte und Herangehensweisen in vorangehenden bzw. nachfolgenden Schulstufen zu verschaffen, aber auch der Blick für gemeinsame Problemstellungen wird geschärft. — Adressaten

Nachdenk-aufgaben	Es soll eine Grundlage gelegt werden, die den Blick für die Tragweite der getroffenen Studienentscheidung schult. Aus diesem Grund finden sich im Text in unregelmäßigen Abständen Nachdenkaufgaben. Ihr Ziel ist es, den Leser einen Augenblick innehalten zu lassen und sich mit der angesprochenen Thematik auseinander zu setzen. Dies kann in Form eines – möglichst schriftlich festgehaltenen – ‚brain storming' geschehen, sollte zu einer kritischen Reflexion der notierten Aspekte und vor allem zu einer persönlichen Auseinandersetzung mit sich selbst führen. Dabei geht es nicht um ‚richtige' oder ‚falsche' Antworten, sondern um die Bewusstmachung der eigenen Gedanken, Ansatzpunkte, Vorstellungen, Vorbehalte, Wünsche, Hoffnungen, Befürchtungen ... Im Sinne einer konstruktivistisch orientierten Herangehensweise geht es darum, sich selbst ‚dort abzuholen, wo man steht' – um einen oft zitierten, jedoch seltener eingehaltenen pädagogischen Grundsatz
Aufbau von Wissen	bei sich selbst zuerst in die Tat umzusetzen. Denn der Aufbau neuen Wissens und neuer Handlungskompetenzen geschieht immer in der Auseinandersetzung mit bereits vorhandenen Kenntnissen und Fähigkeiten und deren mehr oder weniger reflektierten Grundlagen. Neues und Altes muss sich organisch und möglichst kohärent und widerspruchsfrei miteinander verbinden und auf dieser Grundlage weiterentwickelt werden. Dies geht aber nur, wenn die Ausgangspositionen, die jeweiligen Subjektiven Theorien (vgl. Kap. 5), einbezogen werden.
	Grundlegend ist in diesem Zusammenhang insbesondere die Auseinandersetzung mit dem Wechsel von der Schüler- zur Lehrerrolle. Dieser vollzieht sich im Laufe der beiden Ausbildungsphasen. Während des Studiums liegt das Schwergewicht noch in hohem Maße auf der Rolle des Lernenden, wenngleich auch in anderer Weise als als Schüler in der Schule. In der zweiten Ausbildungsphase, dem Referendariat, kommt die Einübung in die Lehrerrolle hinzu, ständig durch eigene Lern-, Ausbildungs- und Prüfungssituationen durchbrochen.
Schülerrolle/ Lehrerrolle	In der Regel sieht der Weg einer Lehrkraft drei Etappen vor: Schule – Universität – Schule. Der Wechsel von der Schülerrolle in die Lehrerrolle erfolgt fließend; sehr häufig bleibt er unreflektiert. Das Studium, die Zeit zwischen Schule und Schule, wird nur in seltenen Fällen bewusst in der Perspektive des Rollenwechsels erlebt. Es stellt vielmehr häufig eine Art Freiraum dar, der Vergangenheit und Zukunft nicht in persönlich-professionsorientierte Zusammenhänge rückt. Dies birgt das Problem, dass – da die Auseinandersetzung mit den eigenen Erfahrungen, Erwartungen, den Ansprüchen an den späteren Beruf, an die Schüler, die Eltern, an sich selbst, nicht erfolgt – allzu vieles unbewusst und nicht hinterfragt aus der eigenen Schulzeit in die Perspektive des späteren Berufs eingeht. Insbesondere die Lehrerrolle wird häufig keiner bewussten, auf sich selbst bezogenen Reflexion unterworfen. So werden unter Umständen Rollenbilder festgeschrieben, die nicht oder nur unzulänglich heutigen und zukünftigen Anforderungen gerecht werden. Studienanfänger des Jahres 2005 beispielsweise gehen – wenn Studium, Referendariat und Einstellung als Lehrkraft zügig vor sich gehen – in etwa 2050 in Pension. Um den Anforderungen von Schule und
Berufsperspektive	Unterricht bis zum Jahre 2050 zu entsprechen, braucht es eine hohe Flexibilität und Professionalität, die nicht zuletzt auch ständige Weiterentwicklung durch Fortbildung bedeutet. Die Grundlagen dieser Flexibilität und

Professionalität müssen im Prinzip während der universitären Ausbildung gelegt werden.

Professionalität im Lehrerberuf bedeutet nicht nur, das methodisch-didaktische Handwerkszeug zu beherrschen, sondern auch Distanz – dies nicht zuletzt, um im methodisch-didaktischen Bereich Neuerungen abwägend beurteilen zu können (vgl. in diesem Zusammenhang beispielsweise Miller [1999], Grell [2001], Herrmann [Hrsg. 2002]).

> **Nachdenkaufgabe:**
> - Was sind Ihre Motive, Lehrer zu werden? Welches ist Ihnen davon das wichtigste?
> - Gab/gibt es Alternativen zum Lehramtsstudium und zum Lehrerberuf, die Sie ernsthaft in Erwägung gezogen haben? – Wenn ja: Warum haben Sie sie verworfen? – Wenn nein: Warum sehen Sie keine Alternative(n)?
> - Was erwarten Sie von den Schülern? Sollen sie Sie mögen? Wenn ja: warum?
> - Wodurch sollte das Verhältnis von Lehrern und Schülern geprägt sein? Abhängigkeit? Gegenseitiger Respekt? Partnerschaft im Lehr- und Lernprozess? ...

In der ersten Ausbildungsphase, dem Studium, werden die theoretischen Grundlagen erarbeitet, auf denen dann die Arbeit als Lehrkraft erfolgen kann. Diese universitären Grundlagen setzen sich aus unterschiedlichen Teilbereichen zusammen: der Perfektionierung der anderssprachigen Kompetenzen, der Fachwissenschaft mit ihren Teildisziplinen Sprach-, Literatur- und Kulturwissenschaft, deren Anteil je nach Lehramt variiert (wobei der Grundsatz zu walten scheint: je jünger das spätere Zielpublikum, desto weniger Fachwissenschaft), der Erziehungswissenschaft, die den allgemeinen pädagogischen und didaktisch-methodischen Rahmen liefert, und der Fachdidaktik, deren Aufgabe darin besteht, die unterschiedlichen Teilbereiche miteinander zu verbinden und in Bezug zu ihrer späteren Anwendung und Vermittlung zu setzen. *[Theoretische Grundlagen im Studium]*

Hinzu kommen Praktika in Schulen, je nach Bundesland und Lehramt in unterschiedlicher Anzahl, Dauer und Ausprägung. Sie dienen der Veranschaulichung und kritischen Überprüfung insbesondere der allgemeinen und fachlichen didaktischen und methodologischen Ausbildung. Damit ist das Verhältnis von Theorie und Praxis in diesen praxisorientierten Phasen der Ausbildung definiert: Sie dienen der Überprüfung, Reflexion und weiterentwickelnden Veränderung erworbener theoretischer Grundlagen. In der zweiten Ausbildungsphase wird die Praxis im Vordergrund stehen, die theoretischen Grundlagen und Bezüge werden als bekannt und verarbeitet vorausgesetzt. Beide Phasen dienen der Ausbildung der zukünftigen Lehrkraft. Erst danach kommen Schülerinnen und Schüler als direktes Zielpublikum in den Blick. *[Grundlegung der Praxis]*

Dies bedeutet, während der gesamten Ausbildungszeit den Rückbezug zu sich selbst herzustellen, die Relevanz theoretischer Grundlagen und ihrer Reflexion zu erkennen und anzuerkennen. Eine gute Lehrkraft ist in *[Pädagogische Theorie und Praxis]* der Lage, Theorien in den genannten Bereichen und die gebotenen Vermittlungsprozesse angemessen anzuwenden, ihre Relevanz wahrzunehmen und mit der eigenen Arbeit zu verbinden. Der Ort, an dem das zu lernen ist, ist die Universität. Sie sollte sowohl die Stätte der rezipierenden als auch der selbständig angewandten Reflexion sein, die das eigene Tun – auch und gerade perspektivisch (nicht zuletzt in Hinsicht auf später notwendig werdende Fortbildungen) – mit einbezieht. Das Gegenteil wären Pädagogen, die an der (wie man früher sagte) ‚pädagogischen Front' als fremdbestimmte ‚Exekutoren', als nur Ausführende funktionieren, die Theorien und Denkansätze, Identifikationsmuster, Handlungsanleitungen und Methoden in ihrer Genese und Funktion, in ihrem Erkenntnisgehalt und damit in ihrer Hilfestellung gerade für die praktische Arbeit nicht wahrgenommen haben. Die Gefahr ist dann am größten, wenn Theorien der pädagogischen Praxis entgegengesetzt werden, wenn sie als lästig und überflüssig gesehen und dargestellt werden, weil sie in der alltäglichen Berufspraxis unnütz seien – eine Position, die bereits selbst Theorie ist, wenn auch die der Negation der Notwendigkeit von Theorie.

Universität als Ort der Reflexion

Diese Problematik spielt im folgenden Text im Zusammenhang mit immer wieder neuen Themen eine Rolle. Dabei erscheint die Universität als Ort der innehaltenden Reflexion und theoretischen Arbeit für Menschen, die gestern noch Schüler waren und morgen als Lehrer an die Schule zurückkehren möchten, als Ort der Vermittlung und Einübung in wissenschaftliches Denken, das eben auch Gesamtzusammenhänge zu erfassen sucht. Dies steht konkreten Analysen und praktischen Erfahrungen nicht im Wege, ganz im Gegenteil.

Lehrerautonomie

Der oft gehörte Wunsch nach einer stärker praxisbezogenen Ausbildung auch an der Universität hat seine Berechtigung nur dann, wenn die Zielsetzung neben der Möglichkeit, sich selbst in der Rolle des Unterrichtenden zu erleben und zu reflektieren eine Überprüfung, Stärkung und Verbesserung theoretischer (Er)Kenntnisse ist. Professionalisierung des Lehrerberufs und Professionalität der Ausbildung – die auch von Studierenden selbst herzustellen ist – erfordern neben entsprechenden Fachkenntnissen in den oben erwähnten Disziplinen und Teildisziplinen, neben notwendiger Sprach- und Kommunikationskompetenz Distanz zu sich selbst und die Fähigkeit zur kritischen Selbstreflexion und Eigenevaluation. Dies bedeutet ein Sich-Lösen von der Schülerrolle, die über mindestens 13 Jahre das Bewusstsein geprägt hat, es bedeutet das sehr persönliche Sich-Erarbeiten einer Lehrerrolle, die in den Bereichen der grundlegenden Kenntnisse, Fähigkeiten und Fertigkeiten Autonomie anstrebt. Denn Lernerautonomie der Schülerinnen und Schüler (vgl. Kap. 5) muss auf der Ebene der Lehrkräfte ihr Pendant finden. Nur wer eigenständig Inhalte, Materialien und Methoden auswählen, beurteilen, zielgerichtet adaptieren und schülerorientiert einsetzen kann, ist in der Lage, verantwortungsvoll und unabhängig Unterricht zu gestalten und entsprechende sprachliche und interkulturelle Lernprozesse bei Schülerinnen und Schülern anzuregen, ihnen Wissen und Können zu vermitteln.

Fremdsprachendidaktik

Der Begriff „Fremdsprachendidaktik" ist obsolet. Wahrscheinlich war er zumindest für die universitäre Ausbildung von Sprachlehrkräften nie in all seinen Bestandteilen (Fremd-sprachen-didaktik) der verfolgten Absicht angemessen. Andere Sprachen als ‚fremd' zu bezeichnen, ist historisch gewachsen; in Zeiten größerer Nähe und Mobilität schafft diese Kategorisierung jedoch Distanz und erweist sich als hinderlich (vgl. Kap. 1). Im Unterricht anderer Sprachen geht es selbstverständlich darum, diese Sprachen zu erwerben, in und mit ihnen kommunizieren zu können. Dies ist allerdings nur ein Bestandteil der Zielsetzung. Denn in ebenso hohem Maße geht es um die Vermittlung von Kenntnissen und Wissen über das Zielsprachenland, seine Gesellschaft und Kultur. Auch hier schafft der Begriff „Fremdsprachendidaktik" eine Schieflage, orientiert er doch in erster Linie – wenn nicht gar ausschließlich – auf die Problematik der Sprachvermittlung und lässt die über die Sprache vermittelten Inhalte in den Hintergrund treten (vgl. Kap. 6). Die dritte Komponente (-didaktik) ist für die universitäre Ausbildung deshalb nicht angemessen, weil es hier nicht um direkte Anwendung geht, sondern darum, Kompetenz zu erwerben, sprach- und kulturbezogene Inhalte begründet und reflektiert auszuwählen und lernergerecht in Unterricht umsetzen zu können, verbunden mit der voranschreitenden Vermittlung der sprachlichen Kommunikationsfähigkeiten.

Die folgenden Kapitel verfolgen daher nicht die Absicht, in Form eines Handbuchs einen Überblick über alle Bereiche und Aspekte des Unterrichtens anderer Sprachen zu geben. Es werden vielmehr Schwerpunkte gesetzt, auch und gerade in Hinsicht auf Problemkreise, die bislang unter Umständen nicht in ausreichendem Maße ins Blickfeld gerückt wurden. Insgesamt soll der oben angesprochene Reflexionsprozess – soweit nicht bereits geschehen – initiiert und für ein zeitgemäßes und zukunftsorientiertes Unterrichten anderer Sprachen und Kulturen konkretisiert und vorangetrieben werden.

Schwerpunkte

1 Mehrsprachigkeit und Fremdsprachenunterricht

Mehrsprachigkeit

Seit einigen Jahren bereits wird für die Bürger Europas Mehrsprachigkeit als Voraussetzung für das weitere Zusammenwachsen, für Mobilität und interkulturelles Verstehen gefordert. Soll dieses Anliegen in den Schulen mit Erfolg umgesetzt werden, so sind die vorhandenen Voraussetzungen dahingehend zu prüfen, inwieweit sie das Ziel, mehrsprachige Schülerinnen und Schüler auszubilden, unterstützen oder ihm entgegenstehen. Dem muss allerdings eine Auseinandersetzung mit dem Begriff „Mehrsprachigkeit" vorausgehen. Denn Mehrsprachigkeit ist mehr als die Addition zweier oder mehrerer Sprachen. Sie sollte ständige Perspektive sein, nicht zuletzt auch eine offene Haltung gegenüber Sprachen und ihren Sprechern bedeuten und auf die Kommunikation mit ihnen und auf das Lernen weiterer Sprachen ausgerichtet sein. Mario Wandruszka (1979) sieht in seinem viel beachteten Buch *Die Mehrsprachigkeit des Menschen* Mehrsprachigkeit bereits in der Muttersprache gegeben. Die Fülle unterschiedlicher funktionaler Verwendung von Sprache in ihren jeweiligen Regio- und Soziolekten definiert für ihn Mehrsprachigkeit. – Der Terminus „Mehrsprachigkeit" schließt in der inzwischen üblichen Terminologie Zweisprachigkeit ein.

Sprachliche Kompetenzen/ Funktionale Mehrsprachigkeit

In der wissenschaftlichen Diskussion gibt es keine einheitliche Definition von Mehrsprachigkeit. Mehrsprachigkeit bedeutet in dieser Perspektive die Fähigkeit zum handelnden Umgang in und mit mehr als einer Sprache. Darunter sind rezeptive Fähigkeiten im Bereich des Hörverstehens oder des Lesens ebenso gefasst wie produktive Fähigkeiten in unterschiedlichen Teilbereichen des sprachlichen Handelns. Eine vollständige und allumfassende Kompetenz in allen Sprachen einer mehrsprachigen Person ist zwar nicht ausgeschlossen; sie ist jedoch eher die Ausnahme. Stärken und Schwächen in einzelnen Teilkompetenzen in den unterschiedlichen Sprachen sind zu akzeptieren. Eine solche ‚Funktionale Mehrsprachigkeit' ist inzwischen auch Zielsetzung schulischer Vermittlung anderer Sprachen geworden. Sie orientiert sich an sprachlich-kommunikativen Bedürfnissen. Es handelt es sich um ein Modell, das auf direkte Verwendung – insbesondere in Grenzregionen und zwei- oder mehrsprachigen Gegenden und Ländern wie der Schweiz – bezogen ist (vgl. z. B. das *Sprachenkonzept Schweiz* [1998]). Erwerb, Ausbau und Aufrechterhalten der jeweiligen sprachlichen Kompetenzen stehen hier in enger Verbindung mit den gegebenen sozialen Kontakten und den voraussichtlichen späteren Notwendigkeiten.

> **Nachdenkaufgabe:**
>
> ◆ Sehen Sie sich als mehrsprachig? Wie viele Sprachen sprechen Sie beziehungsweise haben Sie in der Schule oder in anderen Kontexten gelernt?

> - Falls Sie sich nicht als mehrsprachig betrachten, warum nicht? Welche zusätzlichen Fähigkeiten halten Sie für notwendig, um sich selbst als mehrsprachig zu definieren?
> - Hat Ihre Einschätzung Auswirkung auf Ihren Umgang mit anderen Sprachen? Wenn ja, welche?

Die Mehrsprachigkeit eines Menschen umfasst alle seine sprachlichen (Teil)Kompetenzen in den unterschiedlichen Sprachen; dies schließt seine Muttersprache mit ein. Bereits die Bezeichnungen „Mehrsprachigkeit" und „Mehrsprachigkeitsdidaktik" verweisen – im Gegensatz zu „Fremdsprachen" und „Fremdsprachendidaktik" – auf den Sprecher/Lerner, auf seine ‚Sprachigkeit'. Die Zielsetzung ist weniger sprachliche Korrektheit als Kommunikationsorientierung und Kommunikationserfolg. ‚Sprachigkeit'

Der Begriff der Mehrsprachigkeit wird erst seit relativ kurzer Zeit in Verbindung mit der schulischen Vermittlung von Fremdsprachen verwendet. Von daher liegt es nahe, sich den Begriff der ‚Fremdsprache' näher anzusehen und zu prüfen, ob beide – Mehrsprachigkeit und Fremdsprache(n) – überhaupt miteinander kompatibel sind. Dazu ist ein kleiner historischer Ausflug in die Geschichte des Fremdsprachenunterrichts notwendig. ‚Fremdsprache'

Die Bezeichnung ‚Fremdsprache' hat sich im Rahmen der geschichtlichen Entwicklung europäischer Nationalstaaten eingebürgert und bezeichnet(e) die National- bzw. Amtssprache eines anderen (europäischen) Landes, eines fremden Landes. In dieser Tradition wurden die Sprachen der wichtigsten europäischen Mächte als ‚Fremdsprachen' in die Schulen eingeführt; je nach den Zeitläuften waren sie mal Freundessprache, mal Feindessprache. Methodik und Didaktik orientierten sich trotz früher und vielfältiger Gegenbestrebungen lange Zeit an Latein und Altgriechisch. Die noch nicht wie heute entwickelten und ausgebauten Verkehrs-, Informations- und Kommunikationsmittel beförderten diese Herangehensweise, die auf die Nutzung im späteren Beruf ausgerichtet war. Die damit begründete Tradition fremdsprachlichen Unterrichtens wirkt bis heute nach und beeinflusste nicht nur die Vorgehensweisen und Zielsetzungen, sondern auch die Grundlagen des Unterrichts, der Beurteilung der Schülerleistungen und die Herausbildung von Vorstellungen über Muttersprache und zu lernende Sprache(n). Man könnte von der ‚Last eines Begriffs' sprechen, der andere Sprachen als fremd definiert, als etwas, das – unabhängig von der erreichten Kompetenz auch in authentischen Verwendungssituationen – immer fremd bleibt, nie Eigenes wird, qua Begriff nicht werden kann. Historische Aspekte

Die Vorgehensweise der Vermittlung war linear, analytisch und explizit. Die Sprachstruktur wurde zur Grammatikregel, das Lexikon zu Vokabeln. Beides war auswendig zu lernen. Die Regelgrammatik, gewonnen aus schriftsprachlich gefassten Texten, war die einzige Referenzgrammatik; sie war präskriptiv und mit den Vokabeln zu vollständigen, korrekten Sätzen zu kombinieren. Das angestrebte Ziel war eine möglichst umfassende Kompetenz in der Fremdsprache, zu messen an der (vermeintlich) umfassenden Kompetenz eines Muttersprachlers. Grundlage des Unterrichtens waren schriftliche Texte (sowohl produktiv als auch rezeptiv) und die weitgehende Ausklammerung des Nonverbalen. Aus Angst vor Interferenzen, d. h. der nicht angemessenen Übertragung einer Struktur von einer Sprache auf eine Sprachlehre andere, wurden die Fremdsprachen möglichst separat gehalten. Erst nach zwei Jahren setzte eine neue Fremdsprache ein. Mit jeder dazukommenden Sprache wurde (wieder) am ‚Nullpunkt' angesetzt, die bereits erworbenen Kompetenzen in anderen Sprachen wurden ebenso wenig einbezogen wie vorangegangene Sprachlernerfahrungen. Beurteilt wurde, was die Schüler schriftlich produzierten, Maßstab war der (grammatisch) korrekte Satz bzw. Text, angestrichen wurden die Fehler, Richtiges als selbstverständlich – als gelernt zu Habendes – gesehen. Lehren und Lernen wurden als zwei Seiten einer Medaille betrachtet: es wurde davon ausgegangen, dass der Lernprozess das schriftlich und mündlich Präsentierte nachvollzog und der Lerner es in eigene Kompetenzen umwandelte.

Muttersprache – Fremdsprache

Ausgangspunkt war die Muttersprache, die als eigentliche Verkörperung von Sprache immer der Hintergrund blieb; die Fremdsprache wurde als von ihr, d.h. der Norm, abweichend wahrgenommen und – da sie eine Fremdsprache war – als per se schwierig und nur mit (hohem) Lernaufwand zu erwerben angesehen. Ein kurzer Überblick zur Geschichte der Fremdsprachendidaktik wird in Kap. 4.2.1 gegeben.

> **Nachdenkaufgabe:**
> ◆ Welches sind die wesentlichen Aspekte, in denen sich der Fremdsprachenunterricht, den Sie in der Schule hatten, von dem hier geschilderten traditionellen Modell unterscheidet? Wo sehen Sie Parallelen?

Abweichungen vs. Gemeinsamkeiten

Stand früher die Sprache und mit und in ihr das Abweichende, das Fremde im Vordergrund, so konzentriert sich das Bemühen, Mehrsprachigkeit durch schulische Vermittlung herzustellen, auf Kommunikation, sucht nach Gemeinsamkeiten, Ansatzpunkten, Übertragungsmöglichkeiten.

1.1 Fremde Sprachen?

Entwicklung muttersprachlicher Kompetenzen

Da Mehrsprachigkeit sich im schulischen Kontext auf den Lerner als Person, auf seine ‚Sprachigkeit' bezieht, kann nicht darauf verzichtet werden, seine bereits erworbenen Kompetenzen in der Muttersprache einzubeziehen, um auf ihnen aufzubauen und sie für den Erwerb weiterer Sprachen fruchtbar werden zu lassen. (Der Einfachheit halber wird hier davon abgesehen, dass viele Kinder bereits zwei- oder mehrsprachig sind, wenn sie in die Schule kommen.) Diese muttersprachlichen Kompetenzen sind weitgefächert; sie beschränken sich nicht auf sprachstrukturell-lexikalische Kenntnisse, sondern umfassen ebenso Kommunikationsverhalten und -strategien und Erwerbsstrategien. Sie sind durch bisher gemachte Erfahrungen geprägt und verändern sich auch und gerade durch schulische Erfahrungen. Je jünger die Lerner sind, desto weniger verfügen sie im sprachlichen Bereich über explizite Kenntnisse; ihr Sprachkönnen und Sprachwissen ist (noch) implizit, ihre Spracherwerbserfahrung noch aktuell. Gerade in den ersten Schuljahren erwerben die meisten Kinder über die vermittelten Inhalte eine hohe Zahl an neuen lexikalischen Einheiten; durch das Lesen findet darüber hinaus eine Auseinandersetzung mit Schriftsprache und den Prinzipien ihrer Konzeption statt. Die Kombination dieser Gegebenheiten bewirkt bei Kindern im Vor- und Grundschulalter ein anderes, häufig offeneres ‚Sich-Einlassen' auf eine neue Sprache, das an allgemeinsprachlichen Gegebenheiten und Sprachverwendungssituationen ansetzt.

Auch sehr junge Lerner wissen implizit, d. h. gehen ohne darüber nachzudenken davon aus, dass Sprache als zwischenmenschliches Kommunikationsmittel fungiert, dass Lautbilder und Lautketten Bedeutung zum Ausdruck bringen, dass Sprache sich in Wörtern, Sätzen und Texten realisiert, dass sprachliche Kommunikation in nicht-sprachliche eingebettet und teilweise durch sie bestimmt ist. Dieses sind die Eckpfeiler ihrer Erwartungen an (jede neue) Sprache. — *Metasprachliche Erwartungen*

Kinder, die bereits über mehr als eine Sprache verfügen, haben darüber hinaus auch die Erfahrung gemacht, dass in unterschiedlichen Sprachen dieselben Sachen und Tatbestände unterschiedlich benannt werden. Ihre metasprachlichen Fähigkeiten sind oft stärker ausgeprägt und ihr Herangehen an neue Sprachen ist in höherem Maße inhalts- und situationsorientiert. — *Metasprachliche Fähigkeiten*

Ältere Lerner verfügen selbstverständlich ebenso über diese impliziten Grundlagen, wenngleich sie bei ihnen durch im Vorfeld gemachte Lernerfahrungen bereits expliziert und modifiziert sein können. Hinzu kommt eine weiter fortgeschrittene kognitive Entwicklung. Die jeweiligen Lehr- und Lernerwartungen sind von daher andere. Hier wirken sich die in der Schule bereits gemachten Erfahrungen und ihre Umsetzung in eine entsprechende Lernerrolle nachhaltig aus.

Die impliziten Erwartungen, die von Seiten der Lerner an die in den Schulen unterrichteten Sprachen herangetragen werden, können aber noch weiter spezifiziert werden. (Vgl. auch Doyé [2005], der unter dem Begriff der „intercomprehension" den Grundlagen des Verstehens anderer Sprachen nachgeht.) Denn es handelt sich jeweils um Sprachen, die als indo-europäische Sprachen große Gemeinsamkeiten aufweisen. Dies betrifft insbesondere spezifische Kategorisierungen von Welt in Sprache, so beispielsweise die Genus- und Numerusorientierung der Nomen, die Tempusangabe durch morphologische Veränderungen des Verbs und Prosodie und Wortstellung als Kennzeichnung der Satzform. Diese Gegebenheiten indo-europäischer Sprachen finden sich keineswegs in allen Sprachen. So gibt es in den Bantusprachen zwar bis zu 19 verschiedene Kategorisierungen von Nomen, eine Differenzierung nach Geschlecht findet jedoch nicht statt. (Daraus erklären sich auch die Schwierigkeiten in der Verwendung der Personalpronomina, die viele Bantusprachensprecher haben, wenn sie indo-europäische Sprachen lernen.) Im Chinesischen beispielsweise werden Zeitangaben durch zusätzliche Partikel ausgedrückt, auf eine entsprechende zeitgebende morphologische Veränderung der Verbformen wird verzichtet. Und in den Tonsprachen hat der Tonverlauf innerhalb eines Wortes Relevanz für die Wortbedeutung, so dass andere Funktionen von der Prosodie nicht übernommen werden können — *Sprachliche Gemeinsamkeiten*

Betrachten wir – für den Fall des Englischen als zweite Sprache – die Ebene der germanischen Sprachfamilie, so lässt sich noch eine Reihe weiterer Parallelen erkennen, die einem Lerner mit Deutsch als Ausgangssprache keineswegs ‚fremd' sind. Dazu gehört beispielsweise nicht nur das Vorhandensein starker und schwacher Verben, sondern auch die direkte Parallelität — *Deutsch-Englisch* zwischen der Mehrzahl der starken Verben im Deutschen und den ‚unregelmäßigen' Verben im Englischen. Wird im Englischunterricht auf diese Übereinstimmung hingewiesen, ist dies für viele Schüler eine Lernhilfe. Verwandtschaften im Wortschatz, Internationalismen und Anglizismen bzw. mehr oder weniger eingedeutschte Wörter (downloaden, recycelbar etc.) kommen hinzu. Auch die Möglichkeit, die Bedeutung eines Satzes durch Betonung zu modifizieren (was beispielsweise im Französischen nicht möglich ist), gehört dazu, ebenso wie die Tatsache, dass die Bedeutung eines Wortes durch den Wortakzent (to pre'sent vs. the ‚present; ‚übersetzen vs. über'setzen) oder durch Vokallänge (sheep vs. ship; Stadt vs. Staat) festgelegt wird. In beiden Sprachen ist der Gebrauch von Personalpronomen auch im Nominativ notwendig. Hinzu kommt, dass die Parallelen im Lautrepertoire größer sind als die Unterschiede, wenngleich im Unterricht oft nur die Unterschiede ins Zentrum des Interesses rücken, Differenzen hervorgehoben werden und Gemeinsamkeiten wenig bis keine Beachtung finden.

Die Sprachlernerfahrungen und die Gesamtheit der vorhandenen sprachlichen und metasprachlichen, impliziten und expliziten Kenntnisse, die der Lerner mit Deutsch als Ausgangssprache an Englisch als erste neue Sprache heranträgt, bedürfen der Adaptation und Konkretisierung für diese neue Sprache. – Für andere Sprachen können andere Parallelitäten zugrunde gelegt werden, an denen anzusetzen ist.

1.2 Mehrsprachigkeit vs. Fremdsprachenkenntnis

Interlanguage

Seit Corder (1971) wissen wir, dass der Lerner im Erwerbsprozess einer zweiten Sprache eine Interimsprache, die so genannte Interlanguage, aufbaut. Diese ist gekennzeichnet durch Einflüsse aus der ersten und der zweiten Sprache, sie ist variabel, ebenso systematisch wie unsystematisch und nähert sich über Hypothesenbildung im günstigen Fall immer mehr der Zielsprache an. Dies gilt insbesondere, wenn die Vermittlung der neuen Sprache in einem offenen und handlungsbezogenen Kontext geschieht, der nicht durch lineare Progression und explizite Grammatikvermittlung gekennzeichnet ist, sondern versucht, die zu erwerbende Sprache immersiv (vgl. Kap. 4.2.1) und mit allen Sinnen erfahren und erwerben zu lassen, wie es insbesondere in den Anfangsjahren in der Grundschule geschieht.

Sprachstrukturbildungsprozesse

Dies ist der Kontext, in dem bereits heute sehr viele Schülerinnen und Schüler ihre erste institutionell geprägte Begegnung mit einer anderen Sprache machen. Bald wird es der Normalfall sein, denn die erste ‚Fremdsprache' hat bereits in sehr viele Grundschulen Eingang gefunden, und in den kommenden Jahren wird es immer selbstverständlicher werden, dass bereits in der dritten – in vielen Bundesländern auch schon in der ersten – Klasse eine andere Sprache vermittelt wird. Da die fremdsprachliche Arbeit in der Grundschule stark an der Immersionsmethode orientiert ist, vorrangig in der Mündlichkeit verbleibt und explizite Grammatikvermittlung – je nach Modell – nicht oder kaum vorsieht, geschieht die Hypothesenbildung der jungen Lerner in der Regel zunächst unbeeinflusst von präskriptiven, explizit formulierten Regeln. Aus dem Gehörten erschließen sie nach und nach in einem vielgleisigen grammatischen und lexikalischen Annäherungsprozess die Struktur der neuen Sprache, ohne dass ihnen ihr Prozess der Hypothesenbildung bewusst wird bzw. bewusst werden muss. Dieser Sprachstrukturbildungsprozess geschieht in der Interpretation des Gehörten *und* des Gesehenen unter Zuhilfenahme der vorhandenen Kompetenzen in der bereits beherrschten Sprache und dem vorhandenen Weltwissen. Die neue Sprache mit ihren zunächst unbekannten Lautketten wird durch die situationsbezogene Verwendung in bekannten Handlungen nach und nach lautlich und inhaltlich segmentiert, dadurch wird sie verständlich, nachvollziehbar und erwerbbar.

Von daher kommt der sprachübergreifenden Arbeit (deutsch-neue Sprache) ein wichtiger Stellenwert zu. Zwar sehen bereits viele Grundschullehrpläne eine solche Arbeit vor, oft fehlen jedoch noch die entsprechenden Hinweise, wie und wo dieser Sprachvergleich ansetzen soll. Nur im Bereich der bisherigen Grammatikbetrachtung des Deutschunterrichts der Grundschule (die sich vorrangig auf Wortarten und Satzteile konzentriert) zu arbeiten, reicht sicherlich nicht aus. Der Bogen muss weiter gespannt werden und allgemein- und metasprachliche Aspekte in hohem Maße berücksichtigen, und zwar aus der Interessenperspektive der Lerner und in einer ihnen verständlichen Ausdrucksweise. Dabei geht es um die Frage, wie Sprachen strukturiert sind, wie sie mit unterschiedlichen Mitteln das Gleiche bewerkstelligen.

Sprachvergleich

Nachdenkaufgabe:
- Worin begründet sich die rigide SVO-Ordnung im englischen und französischen Aussagesatz?
- Welches ist die entsprechende Ordnung in einem deutschen Hauptsatz?
- Warum kann im Spanischen, Italienischen, Polnischen auf die Verwendung der Personalpronomina im Nominativ verzichtet werden, nicht aber im Französischen?

Sprachvergleichender Grammatikunterricht kommt damit in die Nähe von Sprachphilosophie, die das Funktionieren von Sprachen untersucht und jeweils sprachintern begründet – ein auch für Grundschüler höchst interessanter Weg, Sprachstrukturen zu erkennen und zu erwerben, ganz nach der Maxime Goethes: Wer andere Sprachen nicht kennt, weiß nichts von seiner eigenen. Als veranschaulichendes Beispiel sei hier die Unterschiedlichkeit der so genannten Wortfolge, die ja eigentlich eine Satzteilfolge ist, in deutschen und englischen bzw. französischen Hauptsätzen angeführt. Die Flexibilität der Satzteilfolge im Deutschen, die das konjugierte Verb an zweiter Stelle im Hauptsatz erfordert, erlaubt es, den Platz von Subjekt und Objekt auszutauschen: Der Junge küsst das Mädchen. – Das Mädchen küsst der Junge. Dies ist weder im Englischen noch im Französischen möglich: The boy kisses the girl. – Le garçon embrasse la fille. Mit dem Ortswechsel ändert sich auch die Funktion im Satz (The girl kisses the boy. – La fille embrasse le garçon). Die Umstellung unter Beibehaltung der Funktion wird im Deutschen möglich durch die Deklination, die sich in unterschiedlichen Artikeln ausdrückt (Das Mädchen küsst den Jungen. – Den Jungen küsst das Mädchen).

Wortstellung

Grundschulische Arbeit mit und in einer anderen Sprache kann in der Regel den Vorteil nutzen, dass Deutsch und die neue Sprache von der Klassenlehrerin unterrichtet werden und so direkte und flexible Brücken geschlagen werden können. Anders sieht es aus, wenn die andere Sprache von Fachlehrkräften unterrichtet wird. In diesem Fall sind enge Absprachen zwischen den Unterrichtenden mehr als wünschenswert. Wird später eine weitere Sprache unterrichtet, kommt die Aufgabe des (methodischen und didaktischen) Brückenschlagens – jetzt zwischen der Ausgangssprache Deutsch und der ersten anderen Sprache auf der einen Seite und der neuen Zielsprache auf der anderen – vor allem der Fachlehrkraft der neuen Sprache zu. Dies heißt nicht, dass nicht auch bereits im Vorfeld Hinweise auf die zu erwartende zweite Zielsprache während der Arbeit in und mit der ersten sinnvoll sind. Insbesondere im Sprachvergleich kann bereits Interesse an weiteren Sprachen geweckt werden.

Sprachvergleich und Mehrsprachigkeit

Der Vergleich zweier Sprachen mag bei ausgangssprachlich monolingualen Lernern vielleicht noch die Vorstellung stützen, es handele sich um ein ‚Grundmodell' (die Muttersprache) und ein davon abweichendes Modell (die Zielsprache). Deshalb kommt der zweiten institutionell vermittelten Sprache, d.h. der dritten Sprache des Lerners, eine besondere Rolle zu. Sie erlaubt es, die Einsicht zu gewinnen bzw. zu vertiefen, dass Sprachen zwar unterschiedliche, jedoch gleichberechtigte Modelle zwischenmenschlicher Kommunikation sind. Gelingt es jedoch bereits in der grundschulischen Zielsprachenarbeit, auch ausgangssprachlich monolinguale Schüler erkennen zu lassen, dass in beiden Sprachen Gleiches mit unterschiedlichen Mitteln ausgedrückt wird und werden kann, dass alle Sprachen gleiche Berechtigung und viele Gemeinsamkeiten haben, die für jede Sprache zu individualisieren sind, so ist damit auch eine wesentliche Grundlage für die Offenheit für weitere Sprachen, für Mehrsprachigkeit gelegt.

Mehrsprachigkeit ist gekennzeichnet durch Handlungsbezug und Kommunikationsorientierung. Von daher sind wichtige Aspekte zur Förderung von Mehrsprachigkeit auch und gerade im schulischen Rahmen, den lernerinteressierenden Situationsbezug in den Mittelpunkt zu stellen, nonverbale Bestandteile der Kommunikation einzubeziehen, Hypothesenbildung als wichtigen Bestandteil von Spracherwerb zu sehen, bei den Lernern eine Haltung der ‚Korrekturoffenheit' zu erreichen, deren Grundlage der Wunsch nach Verbesserung der eigenen Kommunikationsfähigkeit ist. Fehler nicht als Versagen zu sehen und in der Lage zu sein, in der anderssprachigen Kommunikation eigenständig nach Daten zur Evaluation der eigenen Sprachkompetenz zu suchen (vgl. Kap. 5), sind wesentliche Bestandteile dieser Haltung.

1.3 Sprachenfolge

Sprachenangebot in Grundschulen

In vielen Bundesländern besteht bereits für die Grundschulen die Möglichkeit, zwischen verschiedenen Sprachen zu wählen – zumindest offiziell. De facto setzt sich Englisch mehr und mehr als einzige Sprache durch. Ausnahmen sind das Saarland, wo Französisch als einzige Sprache in der Grundschule angeboten wird und für alle Schülerinnen und Schüler obligatorisch ist, und Grenzregionen wie die Rheinschiene in Baden-Württemberg, wo ebenfalls Französisch als Nachbarsprache für alle verpflichtend ist. Auch in den östlichen Bundesländern gibt es in den Grenzregionen eine ganze Reihe von Schulen, die die Nachbarsprache als erste schulisch vermittelte Sprache anbieten. In Baden-Württemberg hat die Vermittlung der Nachbarsprache Französisch bereits eine recht lange Tradition. Das Programm „Lerne die Sprache des Nachbarn" (vgl. Pelz 1989) stand am Anfang einer Entwicklung, die inzwischen auch eine grenzüberschreitende Lehrerausbildung vorsieht und auf Begegnung und Austausch zwischen Schulen beiderseits der Grenze baut. Im deutsch-polnischen Grenzbereich gibt es seit einigen Jahren das Programm „Spotkanie" (Begegnung), das ebenfalls auf grenzüberschreitende Zusammenarbeit und Partnerschaft abzielt (vgl. www.raa-brandenburg.de), und in einer ganzen Reihe von Schulen im deutsch-polnischen Grenzbereich kann die Nachbarsprache gelernt werden. Auch in anderen Grenzgebieten finden sich ähnliche Projekte, z.B. im deutsch-tschechischen Austausch.

> **Nachdenkaufgabe:**
> - Informieren Sie sich über das grundschulische Angebot an Sprachen in Ihrem Bundesland. Informationen sind – auch im Internet – bei den Statistischen Landesämtern, den Kultus- und Schulbehörden erhältlich. Vergleichen Sie die im Lehrplan vorgesehenen Möglichkeiten mit der tatsächlichen Situation.
> - Welche Wahlmöglichkeiten sind – idealiter und de facto – in Hinsicht auf die dritte Sprache (2. Zielsprache) gegeben? Ab wann setzt diese in den verschiedenen Schularten ein?

Die Gründe, die für Englisch als erste schulisch vermittelte Sprache häufig ins Feld geführt werden, sind vielfältig. Zum einen ist es natürlich die Argumentation, dass Englisch inzwischen weltweit zur lingua franca geworden und auch im Umfeld der Kinder bereits in vielfältiger Weise vertreten ist. Von daher wird Englisch nicht nur als wichtigste Sprache gesehen, sondern auch als die, die zuerst gelernt werden sollte. Ein hoher Prozentsatz der Eltern und auch der Schülerinnen und Schüler möchte so früh wie möglich mit dem Englischunterricht beginnen. Weitere wichtige Gründe von Seiten der Schulen und Kultusministerien sind organisatorischer bzw. auch finanzieller Art. So kann Englisch an allen weiterführenden Schulen fortgeführt werden. Stundenpläne und Klassenbildung, nicht nur in der Grundschule, sind einfacher zu organisieren, die Lehreraus- und -fortbildung der Grundschullehrkräfte muss nicht parallel für mehrere Sprachen erfolgen. – Hinzu kommt das Argument der strukturellen Einfachheit und der Nähe zur deutschen Sprache und die Tatsache, dass der Markt viele Lehrwerke für Englisch in der Grundschule anbietet. All diese Gründe sind nicht von der Hand zu weisen.

Stellenwert von Englisch

Aber es gibt auch Argumente, die für andere Sprachen, insbesondere die Nachbarsprachen, als Zielsprache in der Grundschule sprechen. Hier greift vor allem die Tatsache, dass die direkte Kommunikation mit Gleichaltrigen im anderssprachigen Land sehr viel eher möglich ist. Und da die Zielset-

Nachbarsprachen

zung der andersprachigen Arbeit in der Grundschule sehr stark kommunikationsorientiert ist, können bei den Nachbarsprachen gerade in Begegnungssituationen die Sprach- und Kommunikationskompetenzen eingesetzt und erweitert werden. Dies gilt umso mehr, wenn auf der anderen Seite der Grenze die Kinder Deutsch als Nachbarsprache lernen. Hinzu kommt die Perspektive derjenigen Schüler, die in ihrer späteren Berufspraxis vor allem in kleinen und mittleren Unternehmen beschäftigt sein werden und dort dann in der grenzüberschreitenden Zusammenarbeit auf ihre nachbarsprachlichen Kompetenzen und ihre interkulturellen Erfahrungen zurückgreifen können.

Strukturkomplexität und Sprachenfolge

Der pragmatischen Begründung, dass Englisch als in den Grundzügen strukturell einfache Sprache auch schneller zu lernen sei, steht die Argumentation entgegen, dass der Erwerb einer strukturell komplexeren Sprache sinnvoll(er) ist, weil damit der Rahmen für die weiteren Sprachen größer gespannt wird. Denn in den Erwerb der folgenden Sprachen gehen alle bereits erworbenen Sprachen in ihrem jeweiligen Kenntnis- und Kompetenzstand als Ausgangskenntnisse ein. Englisch als erste andere Sprache engt vor allem in der Anfangsphase die Modellbildung ein – geht es doch in vielen Strukturbereichen darum, Komplexität abzubauen, zu ‚verlernen'. Für jede weitere Sprache muss dann der Bogen wieder weiter gespannt werden. Beginnt man jedoch mit einer Sprache mit größerer Komplexität, so kann Englisch später leicht in den durch die komplexeren Sprachen bereits gesetzten Rahmen eingebunden werden.

Strukturkomplexität im Erwerb in der Mündlichkeit

Der zielsprachenimmanente Vorzug, mit einer strukturell komplexeren Sprache zu beginnen, liegt nicht zuletzt darin, dass über die erworbenen sprachlichen Mittel, die ja nicht nur Wörter, sondern oft ganze Satzteile, zusammengehörende Wortgruppen, so genannte *chunks*, sind, sich syntaktische und morphologische Strukturen auditiv einprägen. Bei der Übertragung auf andere Sprachsituationen kann auf diese morpho-syntaktischen Strukturen zurückgegriffen werden, ohne dass sie in ihrer Vollständigkeit bereits erworben wären. Erwerb und Hypothesenbildung gehen ‚über's Ohr', bauen induktiv entdeckend Sprachgefühl auf – eine Vorgehensweise, die ja im Sprachvergleich der grundschulischen Arbeit vorgesehen ist und Schülerinnen und Schüler ermutigen soll, ihre eigenen Lernwege zu finden und auszubauen (vgl. Kap. 5).

Weitere schulische Zielsprachen

Ob und wann die Möglichkeit besteht, eine dritte Sprache in der Schule zu lernen, hängt von der besuchten Schulart ab. Während an Hauptschulen in der Regel nur eine Sprache, nämlich Englisch, obligatorisch ist und auch selten andere Sprachen in Form von Arbeitsgemeinschaften angeboten werden, ist an Realschulen die Möglichkeit gegeben, eine weitere Sprache als Wahlpflichtfach zu wählen. Lediglich an Gymnasien besteht die Verpflichtung, eine dritte Sprache zu lernen, sowie die Möglichkeit, darüber hinaus weitere Sprachen zu lernen. – Die in den letzten Jahren vielfach entstandenen neuen Schulformen entsprechen in ihren Zielsprachenangeboten und -verpflichtungen den Schularten, denen sie zugeordnet sind.

Beginn von Zielsprachenunterricht

In der Tradition des „Hamburger Abkommens" von 1964 setzte die erste ‚Fremdsprache' in der 5. Klasse ein, die zweite in der 7. und weitere – fakultativ – in der 9. bzw. 11. Klasse. Nachdem nun in allen Bundesländern, wenngleich auch noch nicht überall flächendeckend, die erste Zielsprache in die Grundschule vorverlegt wurde, ist auch der Beginn der zweiten in der Diskussion. In einigen Bundesländern wird ein früherer Beginn favorisiert, in anderen wird (noch) daran festgehalten, mit der weiteren Sprache erst in der 7. Klasse einzusetzen.

Auch in der Terminologie herrscht zurzeit noch Verwirrung: Allzu häufig wird, wie es bis vor nicht allzu langer Zeit ja auch berechtigt war, von der „1. Fremdsprache" gesprochen, wenn die erste neue Sprache in der weiterführenden Schule gemeint ist. Dies ist nicht nur verwirrend, sondern auch kontraproduktiv, denn die Lernerfahrungen und -ergebnisse, die die Kinder aus der Grundschule mitbringen, werden damit zumindest terminologisch negiert.

Terminologie

Das Sprachenangebot an deutschen Schulen befindet sich im Umbruch. Die Vorverlegung der ersten neuen Sprache in die Grundschule wird auf längere Sicht eine Flexibilisierung des weiteren Angebots mit sich bringen. Es steht einerseits zu hoffen, dass die Anzahl der angebotenen Sprachen ausgeweitet wird. Andererseits braucht es aber auch eine stärkere Differenzierung und klare Zielbestimmungen hinsichtlich der in den einzelnen Sprachen, Schulstufen und -arten zu erreichenden Kompetenzen (im Sinne einer Funktionalen Mehrsprachigkeit). Die Perspektive, von Klasse 1 bis zum Abitur Englisch lernen zu lassen, bedarf der Korrektur und einer Öffnung gegenüber anderen Sprachen. Bei ausreichendem Kompetenzstand im Englischen sollte der Englischunterricht zugunsten einer weiteren Sprache aufgegeben und Englisch in Form von interessenbezogenen Arbeitsgemeinschaften weiter gepflegt und ausgebaut werden.

Sprachenangebot

Auch der Erwerb der dritten Sprache der Lerner durchläuft die unterschiedlichen Stadien des Aufbaus und der Korrektur einer Interlanguage. Diese wird nun allerdings nicht nur aus der ersten, sondern auch aus der zweiten Sprache und den Informationen aus und über die dritte Sprache aufgebaut. Der relativ junge Zweig der Tertiärsprachenforschung untersucht dabei insbesondere den Einfluss, den die zweite Sprache (die erste ‚Fremdsprache') auf den Erwerb der neuen Sprache hat (vgl. insbesondere die Artikel in Hufeisen/Neuner [Hrsg. 2003] und in Hufeisen/Lindemann [Hrsg. 1998]). Die von Tschirner (2001) vorgebrachte Kritik sollte als Impuls gesehen werden, den Forschungszweig in höherem Maße als bisher mit Ansätzen in der Grammatik(vermittlungs)forschung zu verbinden (vgl. auch Kap. 6).

Tertiärsprachenforschung

Für all diejenigen, die in der Grundschule als neue Sprache nicht Englisch gelernt haben, ist Englisch in der Regel die zweite Zielsprache. Für diese Konstellation besteht zurzeit noch das Desiderat, die übersprachlichen und je einzelsprachigen Gemeinsamkeiten der ersten und zweiten Sprache unter besonderer Berücksichtigung der spezifisch grundschulisch erworbenen Kenntnisse herauszuarbeiten, auf denen für die neue Sprache Englisch aufgebaut werden kann. Das Gleiche gilt für die Kombination Deutsch/Englisch, die je nach gewählter dritter Sprache ähnlichen Analysen unterzogen werden muss. Dabei sollten die Besonderheiten der dritten Sprache herausgearbeitet werden, auch und gerade die, die als metasprachliche Informationen den Schülern relativ schnell zu vermitteln sind. Dies betrifft beispielsweise für Französisch als dritte Sprache die Tatsache, dass es hier im Gegensatz zu den anderen Sprachen nicht nur zwei Arten von Rechtschrei-

Französisch in der Grundschule

bung gibt, die *orthographe lexicale/d'usage* und die *orthographe grammaticale*, sondern auch unterschiedliche Erklärungsmodelle für die Grammatik der gesprochenen und der geschriebenen Sprache. Diese Unterscheidung ist in ihren Auswirkungen auf die Unterschiedlichkeit der gesprochenen und geschriebenen Versionen des Französischen und damit für die Hypothesenbildung, das Hör- und Leseverständnis der Schüler und Schülerinnen von Anfang an wichtig (vgl. Sarter 1997). Für Französisch nach Englisch ist aber auch die große Verwandtschaft im englischen und französischen Wortschatz eine wesentliche Lernerleichterung, wenn sie den Schülern bewusst gemacht wird und sie ermuntert und befähigt werden, diese zukünftig auch eigenständig zu entdecken.

[Randnotiz: Französisch nach Englisch]

> **Nachdenkaufgabe:**
> - Überprüfen Sie im *Grund- und Aufbauwortschatz Französisch* (Klett) die ersten Seiten des Grundwortschatzes darauf, ob und welche Entsprechungen zwischen den Grundeintragungen der französischen Wörter und ihrem jeweiligen Bedeutungspendant im Englischen bestehen.
> - Können Sie beispielsweise für die Verben Hypothesen hinsichtlich einer potentiellen Regelhaftigkeit der Parallelität finden?

[Randnotiz: Sprachfamilien]

Vermehrt wurde in den letzten Jahren auch die Möglichkeit geschaffen, in der Schule eine nicht indo-europäische Sprache zu lernen; vor allem Chinesisch wird inzwischen an einer ganzen Reihe von Gymnasien als fakultatives Fach angeboten. Verbleibt die vierte Sprache (einschließlich der Muttersprache) im Rahmen des traditionellen schulischen Angebots, so können Verbindungen zu einer bereits vorher gelernten Sprache dieser Sprachfamilie geknüpft werden, die den Lernfortschritt beschleunigen helfen. Insbesondere im Bereich der romanischen Sprache liegen hier bereits umfangreiche Erkenntnisse und Vorschläge zu einer romanischen Mehrsprachigkeitsdidaktik vor (vgl. z. B. Meißner/Reinfried [Hrsg. 1998]).

[Randnotiz: Sprachenfolge und Lernerfolg]

Untersuchungen über den Einfluss der gewählten Sprachenfolge auf den schulischen Sprachlernerfolg stehen bislang noch weitgehend aus. Zum einen sind sie schwierig durchzuführen, kommen doch sehr viele andere Variablen, insbesondere die Motivation (vgl. Kap. 5) mit ihren unterschiedlichen Ausrichtungen, Begründungen und Aspekten – die nicht zuletzt durch Sprachunterricht selbst gefördert oder verhindert werden – ins Spiel. Zum anderen sind das Sprachenangebot und der Beginn der unterschiedlichen Sprachen erst vor kurzem in Bewegung gekommen, sodass insbesondere im schulischen Rahmen noch keine umfassenden Forschungen in diesem Gebiet durchgeführt werden konnten.

[Randnotiz: Mehrsprachigkeit in Schule und Ausbildung]

Schülerinnen und Schüler in und zu Mehrsprachigkeit auszubilden, bedarf in erster Linie einer neuen Sicht auf Sprache und Sprachen, die in ihrer allgemeinen und spezifischen Verwandtschaft und Verzahnung zu sehen und zu vermitteln sind. Diese Problematik erfordert Fachlehrer, die nicht in ‚ihrer' Sprache verhaftet bleiben, sondern in der Lage sind bzw. sich in die Lage versetzen, ihre gesamten anderssprachigen Kompetenzen zu aktivieren, sprachübergreifend auszubauen und ihre Sprachkenntnisse und die der

Schülerinnen und Schüler auch in ihrem anderen, nicht sprachlichen Fach einzubringen, und zwar über den bislang üblichen Bilingualen Unterricht hinaus. Dies wird zukünftig ein Bestandteil der Ausbildung nicht nur von Sprachlehrkräften sein müssen. Denn Mehrsprachigkeit zeichnet sich in hohem Maße durch Offenheit und Selbstverständlichkeit im Umgang mit Sprachen aus, Lehrkräfte sollten da keine Ausnahme machen. Im Sinne eines selbstverständlichen Umgangs mit anderen Sprachen ist nicht einzusehen, dass in anderen Fächern (Geschichte, Geographie etc.) auf den Einsatz originalsprachiger Texte verzichtet wird, wenn es um das/ein Zielsprachenland geht. (Denn jede Lehrkraft hat während ihrer eigenen Schulausbildung mindestens zwei Sprachen gelernt. Diese werden jedoch, auch von den Sprachlehrkräften, selten im Unterrichtsgeschehen anderer Fächer aktiviert, bleiben ‚totes Kapital'.) Wenn schon nicht mit authentischen Materialien gearbeitet wird, ist beispielsweise auch ein Vergleich von Originalquellen mit ihrer Übersetzung eine nicht nur sprachliche Herausforderung.

2 Rahmenbedingungen

Kulturhoheit der Länder

Die Rahmenbedingungen für Schule und Unterricht werden in Deutschland auf der Grundlage der Kulturhoheit der Länder definiert; in den einzelnen Ländern sind die jeweiligen Kultusministerien zuständig. Durch diese föderale Struktur des Bildungswesens ergibt sich eine große Vielfalt an Bildungsgängen im Schulbereich. Die Kultusminister der Länder verständigen sich in der „Ständigen Konferenz der Kultusminister der Länder in der Bundesrepublik Deutschland" (KMK) auf die allgemeinen Richtlinien, die in jedem Bundesland zugrunde zu legen sind. Die Lehrerausbildung ist auch in der Kulturhoheit der Länder; hier liegt die Zuständigkeit beim jeweiligen Wissenschaftsministerium. Lehramtsstudiengänge mit ihren jeweiligen Prüfungs- und Studienordnungen und Fächern orientieren sich an den Schularten im jeweiligen Bundesland.

Lehrpläne

Die Datenbank der KMK (http://db.kmk.org/lehrplan) weist im Mai 2005 für das Fremdsprachenangebot in der Bundesrepublik insgesamt 1240 (!) verschiedene Lehrpläne aus. (Davon sind 298 für die Sekundarstufe II, 901 für die Sekundarstufe I und 41 für die Grundschule.) Seit einiger Zeit werden – angestoßen nicht zuletzt durch die europäischen Vereinheitlichungsbestrebungen auch im Bildungsbereich – Anstrengungen gemacht, die doch recht unüberschaubare Anzahl von Ausbildungsvorgaben zu überwinden und zu einer größeren Einheitlichkeit zu kommen. So sind in der letzten Zeit einerseits bereits einige bundesländerübergreifende Rahmenlehrpläne für die Grundschule entstanden. Andererseits werden in mehr und mehr Bundesländern Zentralprüfungen für das Abitur und das Ende der 10. Klasse angestrebt.

2.1 Standards

Struktur der Lehrerausbildung

Es verwundert nicht, dass auch im Bereich der Lehrerausbildung eine große Vielfalt an unterschiedlichen Ausbildungsgängen und Anforderungsprofilen gegeben ist. Die Lehramtsstudiengänge für Sprachen unterscheiden sich vor allem nach Schulstufen (Grundschule, Sekundarstufe I, Sekundarstufe II) und den dort angebotenen Sprachen; in manchen Bundesländern sind in den Studiengängen zwei Schulstufen/-arten miteinander verbunden, in anderen dagegen sind sie spezifisch stufenbezogen. In einigen Bundesländern richtet sich der Umfang des studierten Fachs im Lehramtsstudiengang danach, ob es als erstes oder zweites Fach studiert wird – ohne in Rechnung zu stellen, dass eine derartige Differenzierung an der Schule später nicht gegeben sein wird. Aufgrund dieser Disparität kann es passieren, dass Studienabschlüsse eines Bundeslandes nicht in (allen) anderen anerkannt werden. Obwohl an nicht wenigen Schulen das Sprachenangebot über die traditionellen ‚Fremdsprachen' (Englisch, Französisch, Italienisch, Spanisch und Russisch) hinausgeht und auch gerade die jeweiligen Nachbarsprachen

(Niederländisch, Tschechisch, Polnisch) beinhaltet, ist bislang noch nicht Sorge dafür getragen worden, dass für all diese Sprachen auch Lehramtsstudiengänge einführt werden und damit der Unterricht methodisch-didaktisch abgesichert werden kann. Analoges gilt bislang auch für die immer wichtiger werdenden Sprachen Chinesisch und Japanisch. Zurzeit werden an zwei Universitäten im Bundesgebiet Lehramtsstudiengänge für Chinesisch erarbeitet. – Wen nimmt es wunder, dass auch das Referendariat nicht einheitlich gestaltet ist?

Nun wird in der Folge der Bologna-Konferenz von 1999 bereits seit einiger Zeit die Umstellung der Lehramtsstudiengänge auf Bachelor- und Masterstudiengänge vorangetrieben. Im Dezember 2004 einigte sich die KMK auf „Standards für die Lehrerbildung" (vgl. www.kmk.org/doc/beschl/standards_lehrerbildung.pdf. – Grundlagen und Materialien dazu finden sich unter www.kmk.org/Lehrerbildung-Bericht_der_Ag.pdf). Sie gelten für den gesamten Bereich der Bildungswissenschaften, definiert als „die wissenschaftlichen Disziplinen, die sich mit Bildungs- und Erziehungsprozessen, mit Bildungssystemen sowie mit deren Rahmenbedingungen auseinandersetzen" (ebda., S. 1). Mit Beginn des Ausbildungsjahres 2005/2006 sollen diese Standards in allen Bundesländern Gültigkeit erhalten, und zwar sowohl für die erste Phase der Ausbildung (Universität bzw. Pädagogische Hochschule) einschließlich ihrer praktischen Anteile als auch für die zweite Phase der Ausbildung, den Vorbereitungsdienst bzw. das Referendariat, und darüber hinaus für Fort- und Weiterbildung. Die Standards sollen Eingang in die Studienordnungen finden, und es ist vorgesehen, die Lehrerbildung künftig regelmäßig darauf basierend zu evaluieren. Begründet wird die Einführung dieser Standards mit der Qualitätssicherung der schulischen Bildung, deren Voraussetzung in entsprechenden beruflichen Qualifikationen der Lehrkräfte liegt.

Standards in der Lehrerausbildung

Aufbauend auf den Schulgesetzen der Länder und den darin festgeschriebenen Bildungs- und Erziehungszielen werden zum Berufsbild des Lehrers fünf zentrale Punkte genannt (vgl. ebda., S. 3): Lehrer werden (1.) definiert als „Fachleute für das Lehren und Lernen", die sich (2.) ihrer Erziehungsaufgabe, die sie in Zusammenarbeit mit den Kolleginnen und Kollegen und den Eltern erfüllen sollen, bewusst sind. Ihrer „Beurteilungs- und Beratungsaufgabe", die „hohe pädagogisch-psychologische und diagnostische Kompetenzen" verlangt, kommen sie (3.) „kompetent, gerecht und verantwortungsbewusst" nach. Sie nutzen (4.) regelmäßig Fort- und Weiterbildungsangebote und sind offen für Kontakte der Schule nach außen. Darüber hinaus engagieren sie sich (5.) in der Weiterentwicklung der Schule, bei der Herstellung einer „lernförderlichen Schulkultur und eines motivierenden Schulklimas", was die Mitwirkung an „internen und externen Evaluationen" einschließt.

Berufsbild des Lehrers

Die notwendigen Kompetenzen, d.h. die „Fähigkeiten, Fertigkeiten und Einstellungen, über die eine Lehrkraft zur Bewältigung der beruflichen Anforderungen verfügt" (ebda., S. 4) und die sich vor allem in der Vermittlung fachlicher Inhalte realisieren, werden für die vier Kompetenzbereiche „Unterrichten", „Erziehen", „Beurteilen" und „Innovieren" aufgelistet. Dabei wird unterschieden zwischen den Standards, die in der ersten Ausbildungsphase erworben werden, und denen, die in der zweiten Phase darauf auf-

Aufbau von Kompetenzbereichen

bauend hinzukommen. Die Zielsetzungen der beiden Phasen gründen auf dem unterschiedlichen Stellenwert von Theorie und Praxis. „Ausgehend von dem Schwerpunkt Theorie erschließt die erste Phase die pädagogische Praxis, während in der zweiten Phase diese Praxis und deren theoriegeleitete Reflexion im Zentrum steht. Das Verhältnis zwischen universitärer und stärker berufspraktisch ausgerichteter Ausbildung ist so zu koordinieren, dass insgesamt ein systematischer, kumulativer Erfahrungs- und Kompetenzaufbau erreicht wird." (ebda., S. 4)

Dass die Vermittlung anderer Sprachen im „Berufsfeld Schule" mehr als Sprach- und Fachkompetenz erfordert, wird deutlich anhand der elf aufgeführten Kompetenzen, über die die Lehrkraft verfügen soll (vgl. ebda., S. 7–13).

Kompetenzbereich	Kompetenzen
Unterrichten	1. Sach- und fachgerechte Planung und Durchführung von Unterricht 2. Unterstützung des Lernprozesses der Schülerinnen und Schüler durch eine entsprechende Gestaltung des Unterrichts; ihre Motivierung und Befähigung zur sinnvollen Nutzung des Gelernten 3. Förderung des selbstbestimmten Lernens der Schüler
Erziehen	4. Kenntnis der sozialen und kulturellen Lebensumstände der Schüler und schulische Einflussnahme auf ihre individuelle Entwicklung 5. Vermittlung von Werten und Normen, Unterstützung des je eigenen Urteilens und Handelns der Schüler 6. Konfliktlösungsfähigkeit
Beurteilen	7. Diagnostizierung von Lernvoraussetzungen und Lernprozessen, gezielte Förderung und Beratung von Schülern und Eltern 8. Transparente Maßstäbe zur Beurteilung und Erfassung von Schülerleistungen
Innovieren	9. Kenntnis und Anerkennung der besonderen Anforderungen ihres Berufs als „öffentliches Amt" 10. Selbstverständlichkeit einer ständigen Weiterbildung im und für den Beruf 11. Beteiligung an Schulprojekten (Planung und Umsetzung)

Der Erwerb dieser Kompetenzen erfolgt aufeinander aufbauend im Rahmen der für die beiden Phasen definierten Standards.

> **Nachdenkaufgabe:**
> Lesen Sie sich die für die einzelnen Kompetenzen jeweils angegebenen Standards durch und
> - reflektieren Sie ihre jeweilige Relevanz insbesondere für Sprachlehrkräfte (bezogen auch auf die Schulstufe und -art, an der Sie später unterrichten möchten),
> - überprüfen Sie, in welchem Maße diese Standards bereits Eingang in Ihre Ausbildung gefunden haben. Wo sehen Sie den größten Veränderungsbedarf?

Auch für den Sprachunterricht wurden Standards angestrebt und inzwischen auch gesetzt. Die wichtigsten Bestrebungen, zu europaweiten Definitionen solcher Standards zu kommen, wurden vom Europarat initiiert und vorangetrieben. Das Ergebnis, der *Gemeinsame Europäische Referenzrahmen für Sprachen: lernen, lehren, beurteilen* (Trim et al. [2001]) (GeR), ist die inzwischen EU-weit anerkannte Richtlinie für die Festschreibung von Standards im sprachlichen Bereich. Die in ihm festgehaltenen – und in Teilkompetenzen beschriebenen – drei Niveaus haben jeweils zwei Stufen, unterteilt nach den rezeptiven Fertigkeitsbereichen Hören und Lesen und den produktiven Sprechen und Schreiben. Die folgende Tabelle (vgl. www.goethe.de/z/50/commeuro/303.htm) gibt die jeweiligen Erwartungen an die Sprach- und Kommunikationskompetenz in einem Gesamtüberblick wieder.

Sprachkompetenzen nach dem GeR

Niveaustufen des GeR

Gemeinsame Europäische Referenzrahmen

Kompetente Sprachverwendung	C2	Kann praktisch alles, was er/sie liest oder hört, mühelos verstehen. Kann Informationen aus verschiedenen schriftlichen und mündlichen Quellen zusammenfassen und dabei Begründungen und Erklärungen in einer zusammenhängenden Darstellung wiedergeben. Kann sich spontan, sehr flüssig und genau ausdrücken und auch bei komplexeren Sachverhalten feinere Bedeutungsnuancen deutlich machen.
	C1	Kann ein breites Spektrum anspruchsvoller, längerer Texte verstehen und auch implizite Bedeutungen erfassen. Kann sich spontan und fließend ausdrücken, ohne öfter deutlich erkennbar nach Worten suchen zu müssen. Kann die Sprache im gesellschaftlichen und beruflichen Leben oder in Ausbildung und Studium wirksam und flexibel gebrauchen. Kann sich klar, strukturiert und ausführlich zu komplexen Sachverhalten äußern und dabei verschiedene Mittel zur Textverknüpfung angemessen verwenden.
	B2	Kann die Hauptinhalte komplexer Texte zu konkreten und abstrakten Themen verstehen; versteht im eigenen Spezialgebiet auch Fachdiskussionen. Kann sich so spontan und fließend verständigen, dass ein normales Gespräch mit Muttersprachlern ohne größere Anstrengung auf beiden Seiten gut möglich ist. Kann sich zu einem breiten Themenspektrum klar und detailliert ausdrücken, einen Stand-

Selbständige Sprachverwendung		punkt zu einer aktuellen Frage erläutern und die Vor- und Nachteile verschiedener Möglichkeiten angeben.
	B1	Kann die Hauptpunkte verstehen, wenn klare Standardsprache verwendet wird und wenn es um vertraute Dinge aus Arbeit, Schule, Freizeit usw. geht. Kann die meisten Situationen bewältigen, denen man auf Reisen im Sprachgebiet begegnet. Kann sich einfach und zusammenhängend über vertraute Themen und persönliche Interessengebiete äußern. Kann über Erfahrungen und Ereignisse berichten, Träume, Hoffnungen und Ziele beschreiben und zu Plänen und Ansichten kurze Begründungen oder Erklärungen geben.
Elementare Sprachverwendung	A2	Kann Sätze und häufig gebrauchte Ausdrücke verstehen, die mit Bereichen von ganz unmittelbarer Bedeutung zusammenhängen (z. B. Informationen zur Person und Familie, Einkaufen, Arbeit, nähere Umgebung). Kann sich in einfachen, routinemäßigen Situationen verständigen, in denen es um einen einfachen und direkten Austausch von Informationen über vertraute und geläufige Dinge geht. Kann mit einfachen Mitteln die eigene Herkunft und Ausbildung, die direkte Umgebung und Dinge im Zusammenhang mit unmittelbaren Bedürfnissen beschreiben.
	A1	Kann vertraute, alltägliche Ausdrücke und ganz einfache Sätze verstehen und verwenden, die auf die Befriedigung konkreter Bedürfnisse zielen. Kann sich und andere vorstellen und anderen Leuten Fragen zu ihrer Person stellen – z. B. wo sie wohnen, was für Leute sie kennen oder was für Dinge sie haben – und kann auf Fragen dieser Art Antwort geben. Kann sich auf einfache Art verständigen, wenn die Gesprächspartnerinnen oder Gesprächspartner langsam und deutlich sprechen und bereit sind zu helfen.

GeR Der Gemeinsame Europäische Referenzrahmen (GeR) gilt inzwischen als Basis für die Erstellung von Lehrplänen und Lehrwerken, ist Richtlinie vieler Prüfungen und Orientierungsrahmen für nicht-muttersprachlichen Sprachunterricht in vielen Ländern Europas. Er ist mit der Absicht entwickelt worden, die Disparität anderssprachiger Ausbildung in Europa zu überwinden. Zentrale Kategorie, an der er sich orientiert, ist die Kommunikation. Dabei bekommt durch die Beschreibung von Teilqualifikationen auch Funktionale Mehrsprachigkeit einen anerkannten Stellenwert. Die unterschiedlichen Niveaus des Referenzrahmens werden mehr und mehr auch zu Zielvorgaben für die unterschiedlichen Bildungsabschlüsse und Lehrpläne, und das parallel dazu konzipierte Europäische Sprachenportfolio (vgl. Kap. 4.4) soll lernbegleitend und Lernerautonomie fördernd eingesetzt werden.

Angestoßen nicht zuletzt durch diese Internationalisierungstendenzen im europäischen Einigungsprozess finden sich auch im Schulbereich verstärkt Anstrengungen zur Herstellung von Standards und bundesländerübergreifenden Vergleichsmaßstäben. Wichtige Funktion hat in diesem Zusammenhang das Verbundprojekt der Bund-Länder-Kommission „Fremdsprachen lehren und lernen als Kontinuum: Schulpraktische Strategien zur Überbrückung von Schnittstellen im Bildungssystem", zu dem sich elf Bundesländer zusammengeschlossen haben und in dessen Rahmen auch die unterschiedlichen Niveaus des GeR für die unterschiedlichen Kompetenzen durch die Formulierung von Referenzaufgaben für den Unterricht konkretisiert werden sollen. So sah die KMK bereits im Oktober 1997 im „Konstanzer Beschluss" Untersuchungen vor, angefangen in der Sekundarstufe I, um den Lern- und Leistungsstand der Schülerinnen und Schüler zu vergleichen. Neben den muttersprachlichen, mathematischen und naturwissenschaftlich-technischen sollen auch die fremdsprachlichen Kompetenzen verglichen werden. Insbesondere für Englisch wurden diese in einigen Bundesländern inzwischen für die Sekundarstufe I formuliert.

Standards als Zielsetzung von Sprachunterricht

2.2 Lehrpläne

In den Rahmenlehrplänen, Lehrplänen und Rahmenplänen sind die Vorgaben für die Didaktik und Methodik eines Faches formuliert. Dabei legen die neueren Lehrpläne in hohem Maße Wert darauf, das jeweilige Fach in das Gesamtprojekt „Schulische Bildung und Erziehung" einzugliedern. Dies kann in unterschiedlicher Form geschehen, sei es, dass die Vorgaben für die entsprechende(n) Sprache(n) offizieller Bestandteil des Gesamtplans für die entsprechende Schulstufe sind (dies ist insbesondere bei den Rahmenlehrplänen für die Grundschule der Fall), sei es, dass zu Beginn des Lehrplans der „Beitrag des Fachs" zur Ausbildung der Schülerinnen und Schüler dargelegt wird. Neben den schulart- und schulstufenspezifischen Inhalten und anderssprachigen Kommunikationskompetenzen, die in den einzelnen Lehrplänen aufgeführt sind und die unter den Begriffen der Sach- und Methodenkompetenz gefasst werden, wird in den neueren Lehrplänen auch die Stärkung und Herausbildung von Sozialkompetenz und Personalkompetenz als übergreifende Aufgabe des anderssprachlichen Unterrichts gesehen. Gerade hierfür wären mehr und direktere fach-, d.h. sprach- und kulturspezifisch orientierte Ausführungen hilfreich, die die beiden letztgenannten Kompetenzen in Verbindung zu der ebenfalls aufgeführten interkulturellen Handlungskompetenz setzen (vgl. Kap. 8).

Allgemeine Lernziele

Die in den letzten Jahren erfolgte Einführung anderer Sprachen in die Grundschule ist insbesondere seit der Jahrtausendwende durch entsprechende Lehrpläne in den Bundesländern abgesichert worden. Diese Lehrpläne sind von den bildungspolitischen Entscheidungen des jeweiligen Landes abhängig und unterscheiden sich daher in einer ganzen Reihe von Punkten. Dazu gehören die Vorgaben, ab welcher Klassenstufe mit dem Unterricht einer neuen Sprache begonnen wird, wie viele Sprachen unterrichtet werden können und welche Sprachen das sind. Dadurch ergibt sich ein recht vielfältiges Bild für die Sprachangebote an Grundschulen in Deutschland.

Grundschule

Die jeweiligen Lehrpläne sind unterschiedlich in ihrer Länge und die Vorgaben, die sie machen, sind dementsprechend mehr oder weniger konkret und ausführlich. Sie alle können und sollen ergänzt werden durch Materialien, die auf den Bildungsservern der Länder (die Internetadressen finden sich in der Literaturliste) angeboten werden.

Niveau A1/GeR

In vielen Lehrplänen ist als zu erreichende Kompetenz für das Ende der (vierjährigen) Grundschulzeit explizit das Niveau A1 des GeR definiert. Auch für die folgenden Schulstufen wird der GeR zugrunde gelegt (werden). Die Diskussionen, welche Niveaustufe jeweils als Ziel anzusetzen ist, sind noch nicht abgeschlossen. Bedenkt man die Spannbreite an Schularten, Sprachenzahl und Sprachenfolge und die jeweils anzusetzenden Lernjahre, so wird die Komplexität dieser Aufgabe deutlich.

Situation in der Sek. I

In der Sekundarstufe I ist die größte Bandbreite an Lehrplänen gegeben, umfasst sie doch sowohl Haupt- und Realschulen als auch die Sekundarstufe I im Gymnasium und auch alle unterschiedlichen schulartübergreifenden Schulen in den einzelnen Bundesländern mit ihren unterschiedlichen (obligatorischen und fakultativen) Sprachangeboten und Sprachfolgen. Problematisch ist zum gegenwärtigen Zeitpunkt, dass bislang kaum ein Lehrplan für die Sekundarstufen die Tatsache berücksichtigt, dass die Schülerinnen und Schüler in der Regel bereits zwei oder sogar vier (in Berlin und Brandenburg sogar bis zu sechs) Jahre lang eine andere Sprache in der Grundschule gelernt haben. Noch nicht abschließend geklärt ist die Frage, wann die zweite schulisch vermittelte Sprache einsetzen soll. Es zeichnet sich zumindest für das Gymnasium die Tendenz ab, mit einer zweiten Sprache früher als bisher (7. Klasse) einzusetzen, sei es in der 6. oder bereits in der 5. Klasse. Eine Entscheidung darüber, inwieweit auch in der Realschule und Hauptschule eine weitere Sprache für alle Schüler hinzukommt, bleibt der Zukunft vorbehalten.

Diese neu einsetzende Sprache wäre nun in der Folge der Einführung der ersten Zielsprache in der Grundschule im traditionellen Sprachgebrauch als „2. Fremdsprache" auszuweisen. Für Englisch sind in der Regel dann die in der Grundschule erworbenen Kompetenzen als Ausgangs- und Ansatzpunkte für die Weiterführung in der Sekundarstufe I zu setzen. Gerade für die Anfangszeit in der Sekundarstufe I müssten nicht zuletzt die methodisch-didaktischen Lernerfahrungen der Grundschule aufgenommen und Hinweise für die Überleitung in die methodisch-didaktischen Spezifika der weiterführenden Schulen gegeben werden. (Dies gilt auch für die Erstellung entsprechender Lehrwerke.)

Funktionale Mehrsprachigkeit als mögliche Zielsetzung

Die Lehrpläne für Sprachen und die Lehrwerke der Sekundarstufe I müssen in höherem Maße auf die verschiedenen Perspektiven (Berufsausbildung oder Fortsetzung der Schullaufbahn) ausgerichtet werden. Insbesondere hierfür sollte das Konzept der ‚Funktionalen Mehrsprachigkeit' mehr Bedeutung bekommen. Vergleichbares gilt auch für die unterschiedlichen Schularten und ihre Abschlüsse in der Sekundarstufe II.

> **Nachdenkaufgabe:**
>
> Rufen Sie im Internet (über www.bildungsserver.de) den Lehrplan für Ihr Bundesland, die angestrebte Schulstufe bzw. Schulart und die studierte Sprache auf.
> - Wo und inwieweit finden Sie Standards dort bereits festgeschrieben?
> - Sind im Sinne einer Ausbildung der Schülerinnen und Schüler zu Mehrsprachigkeit Bezüge zu anderen (bereits gelernten oder später zu lernenden) Sprachen hergestellt?
> - Welche der aufgeführten Themenbereiche, die im Lehrplan angegeben sind, haben/werden Sie im Rahmen Ihres Fachstudiums aufarbeiten können? Wo entstehen Lücken und welcher Art sind diese?

2.3 Lehrwerke

Die Präsenz der Lehrpläne in der Routine des tagtäglichen Unterrichts ist vor allem in den Lehrwerken gegeben – wenngleich auch nicht immer auf dem aktuellsten Stand. Denn Lehrwerke werden auf der Grundlage von Lehrplänen konzipiert, entwickelt und verändert. Von den Lehrbuchverlagen initiiert und in Auftrag gegeben, werden sie in der Regel von Lehrkräften ausgearbeitet, die dabei von Vertretern der universitären Fachdidaktik wissenschaftlich begleitet und beraten werden. Die Entscheidung, dieses oder jenes Lehrwerk im Unterricht zugrunde zu legen, fällt in der Regel auf Schulebene. Bevor jedoch die Anforderungen neuer Lehrpläne, umgesetzt in Lehrwerken, in die Schulen kommen, vergeht in der Regel eine lange Zeit. Normalerweise durchläuft der neue Lehrplan zunächst eine Erprobungsphase, bevor er endgültig erlassen wird. Die Umsetzung der darin formulierten Anforderungen in Lehrwerke erfordert ebenfalls ihre Zeit für Erarbeitung, Abstimmung, Drucklegung etc. Hinzu kommt, dass ein neues Lehrwerk, bevor es in den Schulen eingeführt werden kann, im jeweiligen Bundesland in einem ministeriellen Genehmigungsverfahren geprüft wird. Verläuft dieses positiv, kann das Lehrwerk in den Schulen eingesetzt werden. Die Zeitspanne, die gebraucht wird, um anhand von Lehrwerken neue Richtlinien und Erkenntnisse auch tatsächlich in den Unterricht zu bringen, kann dadurch mehrere Jahre umfassen. Interessierte Lehrkräfte werden zwischenzeitlich sicherlich mit selbst ausgewählten und/oder erstellten Materialien diese Situation zu verbessern suchen. (Die Erprobungsphase für den Lehrplan Englisch für die Grundschule in Nordrhein-Westfalen ist beispielsweise bis 2007 angesetzt [vgl. www.kmk.org/cgi-bin/dorint.exe]).

Vom Lehrplan zum Lehrwerk

Lehrwerke sind wichtige Arbeitsmaterialien für Lehrkräfte und Schüler. In der Regel umfassen sie das Lehrbuch, ein Schülerarbeitsheft, ein grammatisches Beiheft, eine CD-Rom und ein Lehrerhandbuch. Sie geben Sicherheit, sind arbeitserleichternd, die Arbeit mit ihnen ist planbar. (Gerade Lehrerhandbücher sind oft sehr kleinschrittig und detailliert in ihren methodischen Vorschlägen.) Dies birgt allerdings die Gefahr, in Lehrwerksroutine zu erstarren und dadurch einen für viele Schülerinnen und Schüler nicht unbe-

Arbeit mit Lehrwerken

dingt motivationsfördernden Unterricht zu machen: erst der Text, dann die Vokabeln, dann die grammatischen Übungen, bei jeder Lektion Frontalunterricht und in regelmäßigen Abständen ein bisschen Partner- oder Gruppenarbeit (nach Berichten vieler Studienanfänger ist diese ‚notorische' Vorgehensweise auch heute noch in allzu vielen Klassenzimmern Realität).

Schuleigene Lehrpläne

Im Rahmen der größeren Autonomie, die Schulen inzwischen bereits oft zugestanden wird, wird in Lehrplänen (so z. B. in den Lehrplänen für Sprachen in der Sek. I in Brandenburg) die Erstellung eines schuleigenen Lehrplans durch die Fachkonferenzen erwartet. Dabei sollen u. a. Lehrwerke nur in ausgewählten Teilen zugrunde gelegt werden (müssen). Schuleigene Lehrpläne sind dabei zwei Zielen verpflichtet: zum einen soll eine größere Orientierung auf die lokalen Gegebenheiten erfolgen, zum anderen muss eine Vergleichbarkeit der festgelegten Ziele garantiert bleiben.

3 Veränderungen

Eine Zweitsprache ist Kommunikationssprache auch außerhalb des Unterrichts und der Schule, während die „Fremdsprache" auf die Situationen schulischer Vermittlung beschränkt ist. Diese Gegebenheiten bringen zum einen große zeitliche und inhaltliche Unterschiede für anderssprachige Anwendungszusammenhänge, zum anderen auch eine erheblich geringere Anzahl von anderssprachigen Modellen für die „Fremdsprache" mit sich.

Gehen wir von dieser Unterscheidung zwischen „Zweitsprache" und „Fremdsprache" aus, so befindet sich die neue Zielsprache in der grundschulischen Unterrichtssituation in einer Zwitterstellung: Die psychisch-kognitiven Lern- und Erwerbsbedingungen und unterrichtsinternen kommunikationsorientierten Vermittlungszusammenhänge entsprechen, bedingt durch das Sprachbad der immersiven Methodik, weitgehend denen einer Zweitsprache, die zeitlichen und personal-kommunikativen Bedingungen hingegen entsprechen eher den Voraussetzungen, die traditionell für Fremdsprachenunterricht gelten. Die in den Anfangszeiten der Vorverlegung oft geäußerte Annahme, Kinder im Grundschulalter lernten besser als Ältere, ist inzwischen weitgehend zugunsten der Aussage korrigiert, dass Lerner im Vor- und Grundschulalter anders lernen. Dies hängt mit der zeitlich noch größeren Nähe zum Erwerbsprozess ihrer Muttersprache(n), ihrer noch größeren Plastizität des Gehirns sowie ihrer kognitiven Entwicklung insgesamt zusammen.

Viele vielleicht allzu spontan entwickelte Annahmen haben sich zwischenzeitlich als nicht haltbar erwiesen bzw. als in Abhängigkeit von anderen Variablen zu konkretisierende herausgestellt (vgl. Sarter 1997, Kap. 4). Dies betrifft beispielsweise die Annahme, dass Kinder im Grundschulalter quasi problemlos die Aussprache der neuen Sprache erwerben würden. Deshalb sind eine ganze Reihe von spielerischen Übungen entwickelt worden, um das Laut- und Intonationsrepertoire der neuen Sprache zu üben. Ebenso kann die Motivation, mit der Kinder im Grundschulalter in der anderssprachigen Arbeit mitmachen, nicht als altersgegeben angesehen werden. Diese Motivation bedarf ständiger Remotivierung und ist, gerade gegen Ende der Grundschulzeit, oft durch – von Eltern, älteren Geschwistern etc. – übernommene Vorstellungen über ‚richtiges' Fremdsprachenlernen (mit Vokabel- und Grammatikregellernen) gefährdet, insbesondere bei den Schülerinnen und Schülern, die bereits eine gymnasiale Perspektive entwickelt haben.

Bereits zweisprachige Schüler sind gegenüber einsprachigen Mitschülern insofern im Vorteil, als ihnen die Erfahrung des ständigen Sprachwechsels und des handlungsorientierten Erwerbs zweier Sprachen in und aus Situationen heraus vertraut ist. Bei Monolingualen hingegen ist anfangs manchmal eine Barriere des *verbalen* Nicht-Verstehens vorhanden, die ein Sich-Einlassen auf die Situation als Spracherwerbsausgangspunkt erschwert. Zweisprachigen kommen hier ihre in der Erfahrung des Umgangs mit mehr als einer Sprache gewonnenen metasprachlichen Fähigkeiten entgegen (vgl.

Marginalia:
- Fremdsprache – Zweitsprache
- Situation der Zielsprache in der Grundschule
- Annahmen über Lerner im Grundschulalter
- Zweisprachige Ausgangspositionen

Bense [1981], Ben Zeev [1977a, 1977b]) – vorausgesetzt, die Fähigkeiten werden von der Lehrkraft erkannt und anerkannt.

Sprachlernertypen/ Leistungsstärke

Auch die spontan vielleicht nahe liegende Annahme, dass insgesamt leistungsstarke Schüler sich auch beim Erwerb der neuen Sprache durch zielsprachenkonforme Äußerungen besonders hervortun, ist ebenso wenig durchgängig haltbar wie die Annahme, dass bereits zwei- oder mehrsprachige Kinder durch eine weitere Sprache überfordert sind. Die erste Hypothese beruht darauf, dass ‚Leistungsstärke' sich vorrangig in einer Auswahl von Fächern (in der Regel diejenigen, in denen eher analytisches Denken verlangt wird, wie Mathematik, nicht aber in Kunst, Musik, Sport) anerkannt manifestiert. Es wird verkannt, dass Spracherwerb, zumal in immersiven Situationen, unterschiedlicher Intelligenzen (vgl. Kap. 5.1.1) bedarf und analytisch-explizite Herangehensweisen, also die Suche nach Strukturen eher als imitative Adaptation, in dieser Erwerbssituation unter Umständen noch nicht ausreichend Hilfestellung erfahren. Die Komplexität der Lehr- und Lernsituation in der Grundschule, die die Spannbreite aller (Sprach)Lernertypen zu berücksichtigen hat, ist noch nicht in ausreichendem Maße in das Blickfeld der Forschung geraten. Interessant wäre in diesem Zusammenhang beispielsweise die Frage, ob die unterschiedlichen Erwerbstpyen, auf die Szagun (2000, Kap. 8) im Zusammenhang des Muttersprachererwerbs hinweist, sich auch in einer vorrangig immersiv orientierten Spracharbeit, insbesondere im Vor- und Grundschulalter, während der im deutschen Schulsystem noch wenig explizite Grammatikkenntnisse aufgebaut werden, wiederfinden. Eine derartige Fragestellung scheint auch deshalb interessant, weil sie nicht zuletzt einen wertvollen Beitrag zur Klärung des Begriffs „Sprachbegabung" leisten könnte. Leistungsstärken in anderen – eher analytisch orientierten Fächern – müssen aufgrund der grundschulischen Methodik in der Arbeit in der neuen Sprache und der zum Teil noch nicht stringent genug geplanten Didaktik im sprachstrukturellen Bereich (s.u.) nicht automatisch auch bessere Erwerbsergebnisse in der neuen Sprache bedeuten. Hier sind unter Umständen eher imitativ ausgerichtete Lernertypen im Vorteil. Für Lehrkräfte gilt es, sich dieser Tatsache bewusst zu sein, um zu verhindern, dass Erwartungshaltungen (eigene und die der Mitschüler und Mitschülerinnen) aus anderen Fächern auf den anderssprachlichen Unterricht übertragen und damit die Entfaltungsmöglichkeiten der je gegebenen Stärken *aller* Schüler beeinträchtigt werden.

3.1 Grundschulische Spracharbeit

Methodisch- didaktische Aspekte

Didaktik und Methodik der neuen Sprache in der Grundschule orientieren sich am Lernziel „Elementare Kommunikationsfähigkeiten" und an der insgesamt die Grundschule kennzeichnenden Methodik. Für den Unterricht bedeutet dies, dass die Spracharbeit in kurze Sequenzen aufgeteilt ist, dass die neue Sprache in der Handlung vermittelt wird, dass die Motivation der Kinder und ihre ständige Remotivierung durch ihre aktive Teilnahme an der Aktion, in der Mündlichkeit und durch spielerische Elemente hergestellt und aufrecht erhalten wird. In vielen Bundesländern ist außerdem vorgesehen, die neue Sprache auch in bilingual konzipierten Modulen und Teilmodulen in andere Fächer zu integrieren. Ansatzpunkt der Arbeit ist die Lebenswelt der Schüler; die von ihnen erworbenen Kompetenzen sollen direkt verwertbar sein und so die Sinnhaftigkeit des Lernens einer anderen Sprache verdeutlichen. Dazu gehören Austausch und Partnerschaft ebenso wie – soweit und wann immer möglich – das Einbinden muttersprachlicher Sprecher in die anderssprachigen Aktivitäten. War anfangs der Unterricht in der neuen Sprache von der benotenden Leistungsbeurteilung ausgeschlossen, ist in letzter Zeit eine Tendenz festzustellen, zumindest in den beiden letzten Grundschuljahren (3. und 4. Klasse) bereits Noten zu geben, die jedoch bislang noch nicht versetzungsrelevant sein sollen.

Leitfaden des Unterrichts ist, die neue Sprache als Mittel einzusetzen. Die Handlungsfelder sind weit gespannt. Dazu gehört übergreifend die Herstellung einer anderssprachigen Klassenzimmerroutine (so genannte classroom phrases), die sich auf die Interaktion und die meta-unterrichtliche Kommunikation richtet und fächerübergreifend, aber auch während der Pausen, verwendet werden kann. Auch die sprachlichen Wendungen, die für die unterschiedlichen Spiele (s. u.) gebraucht werden, gehören dazu. *Sprachverwendung*

Wichtige Bestandteile der anderssprachigen Aktivitäten sind Lieder und Reime, Geschichten und Spiele. Ihre Einsatzmöglichkeiten sind vielfältig; ihre Auswahl sollte nach didaktischen Gesichtspunkten erfolgen; von daher sind sie sorgfältig auszuwählen. Die Vorteile der Verwendung von Liedern und Reimen, die durch pantomimisch illustrierende Bewegungen begleitet werden sollten, liegen in der Schaffung von Gemeinsamkeit. Die Lerner können ihre ersten Versuche in der neuen Sprache zusammen mit den anderen Lernern unternehmen, sich in der Gemeinschaft aufgehoben fühlen und sich so Sicherheit erarbeiten. Rhythmus, Melodie und Prosodie unterstützen die erforderliche Gedächtnisleistung ebenso wie Reime. Da der inhaltlichen Spannbreite von Liedern und Reimen keine Grenzen gesetzt sind, finden sich viele Ansatzpunkte auch für einen fächerübergreifenden Einsatz. *Lieder und Reime*

Es gilt jedoch zu bedenken, dass Lieder in ihrem Rhythmus und ihren Akzentsetzungen oft nicht der normalen Prosodie gesprochener Sprache entsprechen. Ihre lexikalische und (morpho)syntaktische Komplexität geht in vielen Fällen über die sprachlichen Kompetenzen der Schülerinnen und Schüler hinaus, so dass eine detaillierte Arbeit am Text sich nicht anbietet. Vielmehr muss die Umsetzung in begleitende Storytelling-Aktivitäten (vgl. Kap. 4.2) im Vordergrund stehen.

Bei der Auswahl sind neben inhaltlichen und sprachdidaktischen Kriterien das Alter der Lerner und ihre sich wandelnden Interessen zu beachten. Gleiches gilt auch für Geschichten. Ebenso wie Lieder und Reime sollten sie in der Anfangszeit in der Mündlichkeit verbleiben, durch begleitende Bilder, interpretierende Gestik, Mimik und Pantomime der vortragenden Lehrkraft für die Kinder so anschaulich werden, dass sich ihr Inhalt erschließt. Dabei erfordert der Einsatz von Bilder- und Kinderbüchern aus dem Zielsprachenland in der Regel eine sprachliche Vereinfachung. Insofern gilt es für die auswählende und vorbereitende Lehrkraft nicht nur, angemessene Inhalte zu finden, sondern im Vorfeld die sprachlichen Lernziele zu präzisieren und den anderssprachigen Erzähltext so aufzubereiten, dass diese Lernziele – seien sie lexikalischer Art, seien sie sprachstruktureller Art – von den Lernern erreicht werden können. Dies bedeutet eine hohe *Alter der Schüler* lexikalische und strukturelle Redundanz: Das zu Lernende muss so oft wiederkehren, dass die Einheiten im Gedächtnis haften bleiben. Dabei darf die Wiederholung jedoch nicht in Monotonie umschlagen, sondern muss die vielfältigen Mittel der Stimme ebenso nutzen wie die Möglichkeiten unterschiedlicher inhaltlicher Einbettung.

Zur Festigung bietet sich eine Reihe weiterer Be- und Verarbeitungsmöglichkeiten und Umsetzungen an. Rollenspiele, Dialoge, kleine Theaterstücke können bereits in der Grundschule erarbeitet werden, auch in Form von fächerübergreifender Projektarbeit, die die Lerner während eines längeren Zeitraums nach und nach zu mehr Eigenständigkeit und Sozialkompetenz durch die Zusammenarbeit mit anderen führt.

Spiele und spielerische Aktivitäten

Spiele und spielerische Aktivitäten gehören ebenfalls zum methodisch motivierenden Repertoire der grundschulischen Heranführung der Lerner an eine neue Sprache. Auch ihr Einsatz ist nicht willkürlich, sondern richtet sich nach den angestrebten sprachlichen Lernzielen. Dass diese nach und nach erreicht werden, sollte den Schülerinnen und Schülern in angemessenen Abständen ins Bewusstsein gerufen werden. Die Vergegenwärtigung ihres eigenen sprachlichen Kompetenzzuwachses durch anregende, ‚unterhaltsame' Aktivitäten fördert die Einsicht, dass Lernen Spaß macht, machen kann und sollte. Erkenntniszuwachs kann so als befriedigende, selbstbestätigende Freude empfunden werden, die den Spaß ebenso auf das Ergebnis wie auf den Aneignungsweg bezieht und so die Herausbildung eigenständiger, personalkompetenter Lernerpersönlichkeiten fördert. Spiel als Lernmethode trägt zu den übergeordneten Lernzielen, die auch im Unterricht einer anderen Sprache verfolgt werden sollen, bei. Sozialkompetenz und auch Methodenkompetenz werden geschult, Teamfähigkeit wird gefördert und immer wieder auf die Probe gestellt.

Auch der Einsatz von Spielen bedarf sprachdidaktischer Begründung. Mit einer eher methodisch ausgerichteten Kategorisierung nach Aktivität (Memory, Kim-, Würfel-, Karten-, Bewegungs- und Rollenspiele usw.) und Teilnehmern (Einzel-, Partner-, Gruppenspiele) ist die Ausrichtung an didaktischen Absichten vorrangig zu berücksichtigen. Für den Einsatz im Sprachunterricht müssen Spiele vor allem Sprachwiederholungs- und Anwendungsmöglichkeiten bieten. Sie können sich auf Wortschatz oder Sprachstruktur, auf Hördiskriminierung, auf Hörverstehen oder situatives Hörverständnis konzentrieren und dabei die unterschiedlichen methodischen Spielmöglichkeiten nutzen.

Lernziel Hören

Die Lernziele, die im grundschulischen Unterricht in einer anderen Sprache verfolgt werden, finden sich sprachstrukturell in allen Bereichen: Aussprache und Prosodie, Lexikon und Grammatik. Die angestrebten Kompetenzen werden zu Beginn vor allem im Bereich der Rezeption aufgebaut: angefangen mit situativem Hörverständnis, über die Herausbildung zielsprachenspezifischer Hördiskriminierungsfähigkeit, hin zum Hörverstehen, das weitgehend auf visuelle Unterstützung verzichten kann. In dem Sprachbad, in das die Lerner eintauchen, lernen sie nach und nach, die anderssprachige Lautkette zu untergliedern, den einzelnen Lautsegmenten Bedeutung zuzuordnen. Um die Segmentierung der Lautkette entsprechend den anderssprachigen Lautbildern (im Sinne Saussures) bewerkstelligen zu können, bedarf es – im Französischen aufgrund der *chaîne parlée* wesentlich mehr als im Englischen – gezielter spielerischer Übungen, die die Lerner bei der Segmentierung unterstützend leiten, ihnen helfen, die Wort- und Bedeutungsgrenzen immer adäquater zu ziehen. Dabei sind insbesondere in der Anfangszeit, solange die mündlichen Äußerungen noch ohne die Begleitung von Schriftbildern bleiben, sprachstrukturelle Prioritäten zu setzen. Eine genaue Abgrenzung aller einzelnen Wörter bleibt dem Stadium vorbehalten, in dem das Schriftbild begleitend hinzukommt.

Das Prinzip der Immersion verbietet Vokabellernen nach traditionellem Muster. Die Konkretisierung und der Erwerb des Lexikons der neuen Sprache müssen ebenso wie die Überprüfung in und aus verbalem und nonverbalem Handeln erfolgen. Entscheidend ist nicht, dass die Schülerinnen und Schüler wissen, was ein Wort oder Ausdruck ins Deutsche übertragen heißt, sondern dass sie es im konkreten Gebrauch kommunikationsadäquat verwenden (können). Insbesondere sprachstrukturelle Kenntnisse werden implizit aufgebaut, später – und auf gezielte Nachfrage von Seiten der Schüler – können sie expliziert werden.

Lexikon

Die Hördiskriminierungsfähigkeiten, die auf- und ausgebaut werden, zielen vor allem auf die Laute, die im Deutschen nicht vorkommen bzw. in phonetisch-phonologischer Abänderung vorhanden sind. Im Laufe der Zeit sollen gezielt phonologisch orientierte Hörerwartungen für die zweite Sprache aufgebaut werden, zum Beispiel die Fähigkeit, die phonologisch relevanten unterschiedlichen e-Laute im Französischen zu unterscheiden (/ə/ vs. /e/ vs. /ɛ/ [le-les-lait]), die Relevanz von Stimmlosigkeit oder Stimmhaftigkeit von Konsonanten am Wortende zu beachten (im Deutschen durch die Auslautverhärtung ein vernachlässigter Bereich), wie beispielsweise bei dog vs. doc, feed vs. feet, thing vs. think. Je nach regionalsprachigen Gewohnheiten im Deutschen kann es auch die Fähigkeit betreffen, überhaupt zwischen stimmhaften und stimmlosen Konsonanten zu unterscheiden bzw. dieser Unterscheidung bedeutungsdifferenzierende Beachtung zu schenken. Für die produktive Seite bedeutet es, die entsprechenden Laute phonetisch zielsprachengerecht artikulieren zu können bzw. dies zu lernen. Auch hier bieten sich für Schüler, die die in Frage kommenden Laute nicht spontan produzieren/artikulieren (können), spielerische Übungen an, gegebenenfalls auch mit technischen Hinweisen (Artikulationsort, Zungenstellung etc.), um sie zu diesem Können hinzuführen. Voraussetzung ist jedoch, dass die Lehrkraft zunächst selbst über das entsprechende Wissen und Hörvermögen verfügt, um Überschreitungen der zielsprachlichen Phonemgrenzen zu erkennen und korrekte Artikulation beschreiben zu können (vgl. Kap. 6.1.1).

Hördiskriminierung

Aussprache

Neben Aussprache und Prosodie sollen die Schülerinnen und Schüler lernen, selber einfache, kommunikativ orientierte Äußerungen zu produzieren. Diese können/werden anfangs vor allem imitativ sein, dann mehr und mehr eigenständige Formulierungsanstrengungen erkennen lassen.

> **Nachdenkaufgabe:**
> ◆ Erklären Sie auf der Grundlage der Theorie der Hypothesenbildung, warum gerade an nicht strukturgemäßen, d.h. falschen Formulierungen die Eigenständigkeit der Schülerproduktion erkannt werden kann.

Satzbildung	Sollen die Lerner in die Lage versetzt werden, sprachproduktiv eigenständig zu handeln, so ist es unabdingbar, dass sie über die grundlegenden Strukturen zur Bildung von Sätzen verfügen. Diese müssen und können ihnen im Laufe von vier bzw. zwei Jahren grundschulischer Ausbildung in der Zielsprache vermittelt werden, ohne dass expliziter Grammatikunterricht erfolgt – vorausgesetzt, die *didaktischen* Zielsetzungen werden stringent und mit entsprechender Methodik und ausreichender Wiederholung angegangen, so dass die Lerner die entsprechenden Strukturen übernehmen und sie ‚quasi automatisch' selber verwenden. Die Liste der ‚Regeln' ist insbesondere für das Englische (für Französisch vgl. Sarter 1997) nicht nur sehr überschaubar, sondern bedeutet auch eine Reduzierung der Komplexität gegenüber dem Deutschen und kann mit den Schülerinnen und Schülern in einem entdeckenden Sprachvergleich gut explizit herausgearbeitet werden. Die didaktisch begründete Auswahl sollte auf den Erwerb dieser Strukturen zielen; sie müssen im Sinne einer spiraligen Progression immer wieder aufgegriffen, wiederholt und ausgebaut werden, und zwar an Hand der unter-
Inhalte	schiedlichen Themenbereiche, die im Laufe der Jahre im Mittelpunkt der lexikalischen Progression, die im Übrigen auch spiralig verläuft, stehen. Diese Themenbereiche sind an der Lebenswelt und den Interessen der Lerner orientiert. Es hat sich inzwischen eine Art Kanon herausgebildet, der häufig die folgenden Bereiche aufgreift: Meine Familie und ich, Wetter, Kleidung, Tiere (Haustiere, Tiere auf dem Bauernhof, Tiere im Zoo), Feste und der Tagesablauf Gleichaltriger im anderen Land. In zyklischen Kreisen werden die Themen immer wieder aufgegriffen und ausgeweitet.
Zeitplanung	Setzt die Vermittlung der anderen Sprache in der dritten Klasse und mit zwei Unterrichtsstunden pro Woche ein, so stehen bei der vierjährigen Grundschule für die Vermittlung der elf Grundregeln (s. u.) in etwa 150 bis 160 Unterrichtsstunden zur Verfügung. Bei einem Beginn bereits in der ersten Klasse verdoppelt sich die Zahl. Dann, und insbesondere bei der sechsjährigen Grundschule, sind die sprachstrukturellen Ziele weiter zu stecken. Vergangenheitsformen – die allerdings auch bereits früher verwendet werden können und sollten – können dann (Klasse 3 und 4) ebenso hinzukommen wie andere komplexe Sätze (Klasse 5 und 6).
Explizierung von Sprachstrukturen	Die Explizierung der Grundstrukturen sollte allerdings erst dann einsetzen, wenn genügend implizites Wissen aufgebaut ist und der gleitende Übergang zu Lesen und Schreiben im Englischen eingesetzt hat. Dann befruchten sich struktureller Sprachvergleich und sprachübergreifende Grammatikarbeit gegenseitig.

Da in Klasse 1 und 2 die Lese- und Schreibkompetenzen im Deutschen erst aufgebaut und gefestigt werden, empfiehlt sich ein verzögerter Einsatz von Schrift für die zweite Sprache. Dabei gilt die Stufenfolge von Schriftbild (Gedächtnisstütze durch Wiedererkennungsfunktion) – wiedererkennendes Lesen – Schreiben. Die Vermittlung der Schriftsprache als spezifisch konzipierte Sprachvariante im Sinne des *code écrit* (Söll 1980) bleibt den weiterführenden Schulen vorbehalten. In der Grundschule geht es um die schriftliche Fassung der verwendeten gesprochenen Sprache. Der Einsatz von Schriftbildern, der erst erfolgen sollte, wenn die Aussprache des betreffenden Wortes oder kleinen Satzes erworben ist, hat auch die Funktion, die Automatisierung der Zuordnung von Lauten und Buchstaben(kombinationen),

3.1 Grundschulische Spracharbeit

Grundlegende Sprachstruktur Englisch	Mögliche Grundschulformulierung (Ausnahmen bleiben hier unberücksichtigt.)	Integrative Spracharbeit/Deutsch
Regelmäßige Pluralbildung der Nomen (Regel 1)	Wenn ich ein Hauptwort in der Mehrzahl gebrauchen will, hänge ich einfach ein –s dran.	Vielzahl der Pluralformen im Deutschen erarbeiten
Konjugation der Vollverben im Präsens (Regel 2)	Alle Formen der Tuwörter sind gleich, bis auf die 3. Person Einzahl. Hier muss ich ein –s anhängen.	Konjugationsformen deutscher Vollverben im Präsenz erarbeiten
Bestimmter Artikel (Regel 3)	Es gibt nur einen bestimmten Begleiter. Das ist „the".	Artikelsystem im Deutschen aufzeigen
Unbestimmter Artikel (Regel 4)	Es gibt nur einen unbestimmten Begleiter. Das ist „a".	
Morphologische Unveränderlichkeit des Adjektivs (Regel 5)	Wiewörter verändern sich nie.	Komplexität der Veränderung der Adjektive im Deutschen aufzeigen
Wegfall der Deklination (Regel 6)	Hauptwörter verändern sich nicht, egal wo sie im Satz stehen.	Komplexität der Deklination von Nomen im Deutschen aufzeigen
SVO-Wortstellung (Regel 7)	Weil sich Begleiter und Hauptwort nicht verändern, muss ich im Englischen immer erst das Subjekt, dann das Verb und dann das Objekt nennen.	Unterschiedliche Regelung für Haupt- und Nebensatz; Hauptsatz: Flektiertes Verb in zweiter Position – Nebensatz: Flektiertes Verb in Endposition
Wortstellung in Nebensätzen (Regel 8)	Haupt- und Nebensatz unterscheiden sich nicht in der Folge der Satzteile. Im Nebensatz muss ich einfach die entsprechende Konjunktion, z. B. „because" („weil") an den Anfang setzen.	
Gebrauch von „to do" bei Fragen (außer bei „who" [Nominativ]) (Regel 9)	Wenn ich eine Frage stelle, umschreibe ich das Tuwort mit „do"; dies mache ich nicht, wenn die Frage mit „who" („wer") anfängt.	(regionalsprachlicherGebrauch der Umschreibung mit „tun")
Gebrauch von „to do" bei Verneinung der Vollverben (Regel 10)	Wenn ich einen Satz verneinen will, stelle ich „don't/do not" vor das Tuwort. Bei der 3. Person Einzahl heißt es „doesn't/does not". Bei „I am, you are etc." brauche ich das nicht zu tun.	
Verlaufsform im Präsenz (Regel 11)	Wenn ich gerade etwas tue, sage ich „I am" und hänge „-ing" an das Tuwort. Das gilt auch für andere Personen. Ich verwende dann die entsprechende Form von „to be" und „-ing".	(regionalsprachlicher Gebrauch: ich bin gerade am ... o. ä.)

die für die Ausgangssprache Deutsch angestrebt wird, als *eine* mögliche Phonie-Graphie/Graphie-Phonie-Relation bewusst werden zu lassen und damit zu verhindern, dass die ausgangssprachlich automatisierte Zuordnung auf andere Sprachen übertragen wird.

Vom Können zum Wissen

Die Vermittlung einer neuen Sprache in der Grundschule erfordert von der Lehrkraft ein hohes Maß an diagnostischer Kompetenz, didaktischer Planung und gezielter methodischer Auswahl. Die sprachstrukturell angestrebten Lernziele sind in vielfältiger, immer wieder anderer Weise den Schülerinnen und Schülern so weitgehend wie möglich implizit zu vermitteln. Der gezielte Auf- und Ausbau rezeptiver und produktiver Sprachkompetenz geht – anders als in den weiterführenden Schulen – *vom Können zum Wissen*. Dabei sind die Lernwege und -strategien, die Stärken und Schwächen der einzelnen Schülerinnen und Schüler, gegen Ende der Grundschulzeit auch ihre individuelle Perspektive der anschließenden Weiterführung, in Rechnung zu stellen. Daraus ergibt sich die Notwendigkeit einer methodischen und didaktischen Binnendifferenzierung, die auch und gerade die Erwartungen leistungsstarker Schüler aufnimmt und erfüllt – ohne sie jedoch zu Lernzielen für alle zu machen.

Teilleistungsstörungen

Im Zusammenhang mit der Vorverlegung der ersten neuen Sprache in die Grundschule ist eine weitere Problematik ins Bewusstsein gerückt, die bislang kaum Berücksichtigung fand: die Schülerinnen und Schüler mit Teilleistungsstörungen (insbesondere Lese-Rechtschreib-Schwächen). (Für eine erste Information vgl. dazu auch „Legasthenie – Häufige Fragen" [www.kjp.uni-marburg.de/kjp/legast/leg/ueberblick.htm] und Sellin ([2004]). Lehrwerke oder auch Arbeitsblätter, die allgemein für ansprechend gehalten werden, weil sie aufgelockert sind, unterschiedliche Schriftarten und -größen, in unterschiedlichen Richtungen über die Seite verteilt usw. beinhalten, verschließen für viele Kinder mit LRS den Zugang zur neuen Sprache. Da (noch) nicht alle Lehrkräfte mit dieser Problematik vertraut sind, werden solche Schülerinnen und Schüler oft als ‚dumm', ‚faul' oder (wenn sie aufgegeben haben, dem fortschreitenden Unterricht zu folgen) als desinteressiert eingestuft.

3.2 Problemkreise beim Übergang

Sprachenwahl

Der Übergang in eine weiterführende Schule, in der Regel nach vier Jahren, impliziert je nach Schulart unterschiedliche Perspektiven und Zielsetzungen. So kann die Sprache, die in der Grundschule gelernt wurde, weitergeführt werden, es kann aber auch bedeuten, dass mit dem Wechsel in die andere Schulart eine andere Sprache einsetzt und die grundschulisch gelernte aufgegeben werden muss. Dies ist in der Regel der Fall, wenn in der Grundschule nicht Englisch gelernt wurde. Wie bereits ausgeführt, ist momentan der Zeitpunkt, zu dem mit der dritten (d.h. der zweiten schulisch vermittelten) Sprache begonnen wird, in der Diskussion, und endgültige Festlegungen, insbesondere bundesweite, sind noch nicht absehbar. Es steht zu hoffen, dass die Möglichkeit, in der 5. Klasse eine weitere Sprache hinzuzunehmen, möglichst bald für alle Schüler gegeben wird. Dies ist insbesondere dann wünschenswert, wenn die erste Zielsprache bereits seit der 1. Klasse gelernt wird.

Unabhängig davon sind mit dem Wechsel der Schulstufe einige grundlegende Veränderungen gegeben, mit denen Schülerinnen und Schüler zu Beginn des neuen Schuljahres konfrontiert werden und auf die sie in der Regel nicht ausreichend vorbereitet sind. Von daher ist für die Lehrkräfte in der weiterführenden Schule die Kenntnis der methodischen und didaktischen Vorgehensweise der Grundschule notwendig, um ‚die Schüler dort abzuholen, wo sie sind'.

Eine wesentliche Veränderung ist der Übergang vom Klassenlehrer- zum Fachlehrerprinzip. Damit verengt sich die Grundlage der Beurteilung der Schüler und ihrer Leistungen auf ein Fach (unter Umständen auf zwei Fächer, falls die Lehrkraft ein weiteres Fach in der Klasse unterrichtet). Stärken einzelner Schüler in anderen Lernbereichen können so sehr viel weniger wahrgenommen und als Elemente für das Lernen der neuen Sprache eingebunden werden, nicht zuletzt auch zum Positiven der gesamten Lernergruppe. Auch Schwächen (beispielsweise Teilleistungsstörungen wie Legasthenie) können weitaus weniger berücksichtigt, in Rechnung gestellt oder gezielt angegangen werden. *Klassenlehrer- und Fachlehrerprinzip*

Fachübergreifende und fächerverbindende Herangehensweisen bedürfen mit dem Fachlehrerprinzip der Absprachen innerhalb des Kollegenteams. Diese bedeuten nicht nur erhöhten Zeitaufwand, sondern auch Teamfähigkeit bzw. -willigkeit von Seiten aller beteiligten Lehrkräfte. *Fächerübergreifende Arbeit*

Die weiter fortgeschrittene kognitive Entwicklung der Schülerinnen und Schüler und ihr bereits erworbenes Wissen erlauben und erfordern andere Herangehensweisen, die jedoch vor allem in der Anfangsphase die bisherigen Lernerfahrungen und Lernergebnisse aufgreifen und weiterentwickeln sollten. (Vgl. in diesem Zusammenhang insbesondere die Theorie der Entwicklungsstadien Jean Piagets; einen ersten Überblick verschaffen die Kapitel 11 bis 14 in Oerter/Montana [Hrsg. ^{4}1998]: Montana [1998], Oerter/Dreher [1998], Sodian [1998], Schneider/Büttner [1998].) *Lernerfahrungen*

Insbesondere die Art des Wissensaufbaus unterscheidet sich: So zielt die Vermittlung der neuen Sprache in der Grundschule vorrangig auf implizites Wissen ab; die Erschließung des Lexikons soll aus der Handlung und die Erschließung der Sprachstruktur aus dem Lexikon in seiner jeweiligen, oft und vielfältig wiederholten Verwendung erfolgen. Spracherwerb folgt damit dem von Krashen formulierten Paradoxon, nach dem Sprachen am besten gelernt werden, wenn sie nicht (in der herkömmlichen Weise) gelernt werden. *Aufbau impliziter Kenntnisse*

In der weiterführenden Schule hingegen ist – selbst, wenn in einer ersten Phase der Annäherung und Hinführung ebenso verfahren wird – der Aufbau von explizitem Wissen vorgesehen. Dies bedeutet eine Trennung von Sprachstruktur (als Grammatik) und Lexikon (als Vokabeln). Mit dieser Parallelsetzung tritt eine Trennung beider – im Grunde nicht trennbarer – Bereiche ein. Die Sprachstruktur – jetzt Grammatikregel – wird in Übungen auf den Wortschatz angewandt, in der Hoffnung, dass dies zu einer Internalisierung, einer spontan angemessenen Verwendung führt (zur Problematik der Grammatikvermittlung und des Grammatikerwerbs vgl. Kap. 6). *Sprachstruktur – Grammatik; Lexikon – Vakabeln*

Mündlichkeit und direkter Situationsbezug werden ergänzt durch Schrift, Schriftlichkeit und Situationsunabhängigkeit der vermittelten sprachlichen Bereiche. Damit verlagert sich nicht nur die Relevanz von nonverbalen und *Loslösung vom ‚hic et nunc'* verbalen Komponenten der Kommunikation, sondern auch das Verhältnis von Rezeption und Produktion (vgl. Kap. 7). Erforderte die Mündlichkeit starke auditive und auditiv-visuelle Gedächtnisleistungen, so birgt die nun einsetzende Schrift- und Textorientierung die Gefahr, das visuelle Gedächtnis zu stark in den Vordergrund zu bringen. Grammatische und lexikalische Progression erfolgt gelenkt durch noch nicht ausreichend angepasste Lehrwerke immer noch sehr linear, d.h. die Bereiche werden nacheinander erarbeitet und dann als gelernt vorausgesetzt. Die Korrektheit schriftlicher produktiver Sprachleistungen droht, den Kommunikationserfolg in der Mündlichkeit – der nicht an vollständige und korrekt formulierte Sätze gebunden ist – als Maßstab der Leistungsbeurteilung in den Hintergrund zu drängen. Da immer noch viele Lehrwerke zu sehr in dieser Richtung orientiert sind, benötigt die Lehrkraft Fachwissen, Berufskompetenz und Souveränität, um damit umzugehen.

4 Unterricht und Unterrichtsgestaltung

Auf die Unterrichtsgestaltung haben unterschiedliche Parameter Einfluss, insbesondere die verwendeten Methoden und die Sozial- und Arbeitsformen. Sie alle stehen im Dienst der Vermittlung der Unterrichtsinhalte und müssen an diesen und an der konkreten Lernergruppe orientiert werden. Dabei haben im Laufe der Zeit unterschiedliche Sichtweisen auf Sprache, Sprachlernen, auf Lerner und die Art der von ihnen erwarteten und erbrachten Lernleistungen vorgeherrscht und die konkrete Unterrichtsgestaltung beeinflusst.

Inhalte und Methoden

Der Einsatz von Sozial- und Arbeitsformen bedarf in erster Linie methodischer Entscheidungen, um vorgesehene Lehrziele möglichst weitgehend in Lernziele und Lernergebnisse bei den Schülerinnen und Schülern umzuwandeln. Die inhaltliche Seite ist hier leitend und soll durch den Einsatz entsprechender Medien und Materialien und in angemessenen Sozial- und Arbeitsformen zum Erwerb inhaltlicher und sprachlicher Kompetenzen verhelfen. Dabei sind Schüler- und Handlungsorientierung wichtige Kriterien für die Auswahl der Inhalte, Medien, Materialien und methodischen Vorgehensweise. Ihre Kopplung erfolgt nach methodologischen Gesichtspunkten.

Integraler Bestandteil von Unterricht und Unterrichtsgestaltung ist die Überprüfung, ob und in welchem Maße es gelungen ist, die Lehrziele in Lernergebnisse umzuwandeln. Dass kein Gleichheitszeichen zwischen Lehren und Lernen gesetzt werden kann, sondern dass in den Prozess des Lernens und Erwerbens vielfältige andere Parameter hineinspielen, wurde bereits angesprochen. Eine innovative Herangehensweise an Leistungsermittlung und Leistungsbeurteilung, die die Schülerinnen und Schüler selbst in hohem Maße in diesen Prozess einbezieht, ist mit dem Europäischen Sprachenportfolio gegeben, auf das am Ende des Kapitels eingegangen wird. Nicht alle einzelnen Aspekte des Unterrichts und der Unterrichtsgestaltung können hier ausführlich behandelt werden, deshalb wird die Lektüre der entsprechenden Kapitel im *Handbuch Fremdsprachenunterricht* (Bausch et al. [Hrsg. ^{4}2003]) und in Bovet/Huwendieck [Hrsg. ^{3}2000] empfohlen.

Überprüfung

4.1 Sozial- und Arbeitsformen

Unter ‚Sozialform' wird die unterrichtlich organisierte Art der Interaktion zwischen den Beteiligten verstanden: Frontalunterricht, Grupppen-, Partner-, Einzelarbeit. Wenn der Frontalunterricht auch in vielen Reformbestrebungen seit langem kritisiert wurde, so ist er doch – wenngleich auch oft durch Gruppen- und Partnerarbeit durchbrochen – insbesondere in den weiterführenden Schulen mit größter Wahrscheinlichkeit immer noch die leitende Sozialform im Sprachunterricht. Allerdings erlauben geschlossene Klassenzimmertüren und die Hürden, die empirische Forschung zu überwinden hat (Behörden, Schulen, Lehrkräfte, Eltern) kaum eine gesicherte Einschätzung im Bereich des ‚normalen' alltäglichen Unterrichtens.

Frontalunterricht

Frontalunterricht hat Vor- und Nachteile und ist in seiner Planung wesentlich an die Vorstellungen und Bestrebungen der unterrichtenden Lehrkraft, auch und gerade in Bezug auf sich selbst und die eigene Rolle, gebunden. Deshalb gilt es, die im Folgenden aufgezeigten Komponenten, durch die Frontalunterricht häufig gekennzeichnet ist, vor dem Hintergrund des eigenen Selbstverständnisses als Lehrer kritisch zu reflektieren und, wenn nötig, seine konkrete Ausgestaltung so zu modifizieren, dass die potentiell negativen Aspekte so wenig wie möglich zum Tragen kommen.

Spezifika

Beim Frontalunterricht sitzt die Klasse der Lehrkraft als Einheit gegenüber und wird von ihr als solche betrachtet und behandelt. Eine auf individuelle Stärken und Schwächen eingehende Binnendifferenzierung ist – nicht zuletzt in Abhängigkeit von der Klassenstärke – nur in begrenztem Umfang möglich. Planung, Steuerung und Kontrolle des Unterrichtsgeschehens liegen in der Hand der Lehrkraft. Über kürzere oder längere, mehr oder weniger anschauliche und durch entsprechende Materialien und/oder Tafelbilder aufgelockerte Vorträge, Beschreibungen und Erklärungen werden die Unterrichtsinhalte den Lernern nahe gebracht. Hinzu kommt das Verfahren der fragenden Entwicklung, oft in Anlehnung an die Sokrates zugeschriebene Mäeutik. Aufgabe der Schülerinnen und Schüler ist es, aufzupassen, zuzuhören, mitzudenken, die Informationen im Gedächtnis zu speichern und die Fragen der Lehrkraft zu beantworten. Ein französischer Pädadoge bezeichnete diese Situation einmal als das grundlegende Paradoxon von Schule: Der Lehrer, der die Antworten kennt, fragt – die Schüler antworten.

Problematisches

Die im Frontalunterricht bevorzugt eingesetzten Arbeits- und Übungsformen (Nachsprechen, Vorlesen, Diktate, Nacherzählungen, Lückentexte, Einsetzübungen etc.) orientieren die Schüleraktivität auf die Lehrkraft, erwarten von ihr Bestätigung oder Korrektur. Innerhalb der Lernergruppe sind kaum Interaktionsmöglichkeiten vorgesehen, die Schülerinnen und Schüler werden eng geführt. Die unterschiedlichen Lerntypen (vgl. Kap. 5) gleich gut anzusprechen, ist schwierig; die individuellen Sprechzeiten der einzelnen Schüler sind sehr gering, zudem abhängig von der jeweiligen Persönlichkeit und der Motivation, sich an dieser Form des Unterrichts aktiv zu beteiligen, so dass es vorkommen mag, dass einzelne Schüler über einen längeren Zeitraum hinweg sich nie in der anderen Sprache äußern. Sie aufzurufen, auch wenn sie sich nicht gemeldet haben, kann zwar ihre individuelle Sprechzeit erhöhen, birgt jedoch immer die Gefahr, Misserfolgserlebnisse vor der gesamten Klasse heraufzubeschwören und dadurch motivationshemmend zu wirken. Insgesamt sind die Schüler in ihrem Sozialverhalten stark auf die Lehrkraft ausgerichtet, Leistungen werden individuell und manchmal auch in Konkurrenz zu anderen erbracht. Die Macht der Lehrkraft ist gerade im Frontalunterricht groß und allgegenwärtig.

Vorteilhaftes

Frontalunterricht als „ökonomische Sozialform" (Walter 2003) des Unterrichtens ermöglicht Wissensvermittlung an die ganze Klasse gleichzeitig und ein direktes Angehen der Lehrziele. Je homogener der Kenntnisstand und je vergleichbarer das Leistungsverhalten der Schüler, desto besser kann diese Art der Wissensvermittlung greifen und die Lehrziele zu Lernergebnissen werden lassen. Alle Fähigkeiten und Fertigkeiten, die durch gelenktes Arbeiten aufgebaut und durch unmittelbare Erfolgskontrolle bestätigt werden können und sollen, können in einem Lernertypen und -persönlichkeit berücksichtigenden und respektierenden Frontalunterricht vermittelt werden. Der Aufbau von Wissen, Einsichten und Erkenntnissen in den Bereichen der Landeskunde, des interkulturellen Lernens, in (kognitivierender) Sprachbetrachtung und Sprachvergleich kann durch Lehrererklärung und -nachfrage konzentriert(er) angegangen werden. Der Unterricht in dieser Form ist prinzipiell gut plan- und stringent durchführbar. Nicht nur Unaufmerksamkeit und Desinteresse, das sich in störendem Verhalten ausdrückt, sondern auch Neugier, Wissensdurst und interessierte Nachfragen von Seiten der Schülerinnen und Schüler können diese Stringenz durchbrechen. Aktive Lerner, die das oben erwähnte Paradoxon, dem Lehrer das zu erzählen, was er schon weiß, nicht in der Weise verinnerlicht haben, dass es konstituierender Bestandteil ihrer Schülerrolle geworden ist, sondern die ihrerseits die Lehrkraft als Informationsquelle und -hilfe sehen, ‚behindern' mit ihren Nachfragen das von der Lehrkraft geplante Fortkommen. Die Chancen, dass die auf ihre Fragen gegebenen Antworten ihr Wissen und ihre Kompetenzen direkter und nachhaltiger voranbringen, sind jedoch sehr groß.

Die Kompetenzen, die die Lehrkraft in den Frontalunterricht einbringen muss, sind beträchtlich. Neben den selbstverständlichen Voraussetzungen wie Fachwissen und Sprachkompetenz ist sozialpsychologisches Fingerspitzengefühl notwendig, um unzureichende Schülerleistungen vor allen Mitschülern angemessen und motivierend korrigieren zu können (und wollen). Bei gleichzeitiger Konzentration auf einzelne Schülerantworten muss die gesamte Klasse im Auge behalten werden. Reaktionen einzelner Schülerinnen und Schüler, auch und gerade nonverbale, müssen bemerkt werden, damit auf ihre Ursachen (Nicht-Verstehen, andere Meinung etc.) eingegangen werden kann. Die methodische und methodologische Kompetenz muss es erlauben, Inhalte für alle aktivierend und motivierend darzustellen.

Kompetenzen der Lehrkraft

Dadurch, dass während der Phasen des Frontalunterrichts die Impulsgebung immer wieder bei der Lehrkraft liegt, kann auch Einsprachigkeit durchgehalten bzw. immer wieder hergestellt werden. (Es gilt aber zu berücksichtigen, dass das Bestehen auf Einsprachigkeit insbesondere unsichere Schüler demotivieren kann.) Da die anderen Sozialformen nicht der ständigen und direkten Kontrolle der Lehrkraft unterliegen, ist gerade die Verwendung der Zielsprache in Gruppen- und Partnerarbeit, auch wenn sie von der Lehrkraft gewünscht wird, nicht immer garantiert.

Gruppen- und Partnerarbeit haben ihre Bedeutung nicht zuletzt in der Ergänzung zum Frontalunterricht. Sie bieten jedem einzelnen Schüler die Möglichkeit, aktiv zu werden und den gemeinsamen Arbeitsauftrag und dessen Erfüllung mitzugestalten. In der intensiven verbalen und nonverbalen Kommunikation wird die Gruppe, die sich durch das gemeinsame Ziel konstituiert, zum Bezugspunkt der dynamischen Beziehungen untereinander. Je nachdem, welche unterschiedlichen Lernerfahrungen vorher gemacht wurden, muss Teamfähigkeit und Zielorientierung entweder erst hergestellt werden oder es kann bereits auf diesen Fähigkeiten aufgebaut werden. Da die Arbeit in der Gruppe oder mit einem Partner zumindest zeitweise der direkten Kontrolle der Lehrkraft entzogen ist, besteht die Möglichkeit, Hemmungen und Ängste abzubauen, eine höhere Sprechbereitschaft und den Mut zur Formulierung des eigenen Wissens und Interesses zu entwickeln. Sozialkompetenz als übergeordnetes Lernziel beinhaltet die

Gruppenarbeit

Fähigkeit zum Umgang mit den Stärken und Schwächen des Anderen, dessen Stärken ebenso wie die eigenen Gewinn bringend und anerkennend in die gemeinsame Arbeit einzubringen, Schwächen gemeinsam zu bewältigen bzw. zu kompensieren. Lernen von- und miteinander als Bestandteil gemeinsamen problemlösenden Handelns erfordert die Fähigkeit zum Aushandeln gruppen- bzw. partnerbezogener Eigenverantwortlichkeit. (All dies sind im Übrigen nicht nur Voraussetzungen für das Gelingen von Gruppen- und Partnerarbeit von Schülern, sondern sie gelten auch für fächerübergreifende Zusammenarbeit von Lehrkräften.)

Gruppenbildung und -aufgaben

Am schnellsten und einfachsten erfolgt Gruppen- bzw. Partnerbildung durch das Zusammenfassen zweier oder mehrerer Schüler, die zusammensitzen. Für kurzfristig zu erledigende Aufgaben ist diese Vorgehensweise wahrscheinlich am angebrachtesten. Es sollte jedoch darauf geachtet werden, dass nicht immer dieselbe Gruppe oder dieselben Partner zusammenarbeiten. Partnerarbeit kann auch zwischen zwei (direkt oder diagonal) hintereinander sitzenden Schülern stattfinden. Um nicht Segmentierungen innerhalb der Klasse, die Herausbildung beständig gut oder schlecht zusammenarbeitender Teams zu fördern, sollte – im Interesse einer ausgewogenen Gruppenbildung – die kurze Unruhe und Zeitverzögerung nicht gescheut werden, neue und andere Teams zusammenzustellen. Schülerbestimmte Zusammensetzungen bieten sich vor allem bei umfangreicheren Aufgabenstellungen, insbesondere im Rahmen von Projekten, an. Sie sollten aber erst nach der Diskussion und Klärung der anfallenden Teilaufgaben und der dazu jeweils benötigten Kompetenzen erfolgen. Die unterschiedlichen Gruppen können parallel denselben Arbeitsauftrag erledigen. Das Interesse liegt dann nicht nur in der jeweiligen Erarbeitung, sondern auch im Vergleich der unterschiedlichen Ergebnisse. Es kann aber auch ein gemeinsames Anliegen in seinen unterschiedlichen Teilbereichen von verschiedenen Gruppen behandelt werden.

Die Aufträge an die Gruppen/Partner müssen in ihren Teilen und Arbeitsaufgaben präzise und eindeutig formuliert und verstanden, die Aufgabenstellung klar, aber auch offen für Eigeninitiative der Gruppe sein. Die Vorstellung der Arbeitsergebnisse vor der gesamten Klasse und deren gemeinsame Nachbesprechung sollte die Regel sein.

Gruppenarbeit erfordert von der Lehrkraft intensive und detaillierte Vorbereitung der zu erledigenden Aufgaben, eine angemessene Zeitplanung, Koordinierung der einzelnen Aktivitäten der Gruppen oder Partner bei unterschiedlichen Arbeitsaufträgen, Hilfestellung und Beratung der einzelnen Gruppen während der Erledigung der Aufträge und eine zusammen mit den Schülern evaluierende Ergebnissicherung. Daraus ergibt sich eine durchaus intensivere Arbeit der Lehrkraft als im Frontalunterricht.

4.2 Methoden und Methodologie

Definitionen

Unter ‚Methoden' bzw. ‚Methodik' versteht man generell die unterschiedlichen Wege zur Vermittlung von Inhalten. In der fachdidaktischen Diskussion ist der Begriff im Laufe der Zeit mit unterschiedlichen Inhalten gefüllt worden, die z. T. nebeneinander existieren und sich gegenseitig ergänzen.

Insgesamt umfasst er die von der Lehrkraft eingesetzten Verfahren und Herangehensweisen, mit denen die jeweiligen inhaltlichen Aspekte, seien es grammatische Bereiche, seien es landeskundliche Kenntnisse oder interkulturelle Erkenntnisse, vermittelt werden sollen. Während sich die Didaktik mit den Lehrinhalten befasst (das „Was"?), geht es in der Methodik um die Lehrverfahren und die Lehrprozesse (das „Wie"). Dies schließt gegebenenfalls auch die Konzipierung und Herstellung geeigneter Materialien ein. Welche Methoden wann, wozu, bei welchem Zielpublikum und Lehrzielen eingesetzt werden, bedarf begründender Auswahl, die alle einschlägigen Aspekte zu berücksichtigen weiß. Wenngleich die Bezeichnung auch im deutschsprachigen Raum wenig gebräuchlich ist, so sei sie hier doch für diese Grundlage verwendet: Methodologie.

Methodologie und Methoden des Sprachunterrichts ergeben sich aus größeren allgemeinen Zusammenhängen und Zielsetzungen, die einen immer konkreter werdenden Bezugspunkt haben (für die folgenden Ausführungen vgl. Neuner 2003). Die allgemeine Ebene ist die Bildungstheorie, die sich auf Kultur und Gesellschaft in ihrer Gesamtheit bezieht und sich dementsprechend aus den sozial- und kulturwissenschaftlichen Bezugswissenschaften speist. Im Rahmen der Pädagogischen Theorie kommt die Schule mit ihren institutionellen Faktoren ins Blickfeld. Auf dieser Ebene sind Allgemeine Didaktik, Erziehungswissenschaften, Entwicklungspsychologie und Lerntheorien ebenso wie schulbezogene Pädagogik verortet. Die nächste Konkretisierungsstufe ist die unterrichtete Sprache und Kultur als Schulfach. Die Festlegung der Lernziele fällt wie in anderen Fächern in die Verantwortung der Fachdidaktik und geschieht auf institutionell oberster Ebene in den jeweiligen Lehrplänen. Die konkrete Auswahl des Stoffes, seine Ausrichtung und Aufbereitung sind in Abhängigkeit von der jeweiligen Schulart lernerorientiert. Hier kommen – in unterschiedlicher Abstufung der Verantwortlichkeiten – die Kultusbehörden, Schulen, Fachkonferenzen und Fachlehrer ins Spiel. Die Bezugswissenschaften, aus denen sich fachdidaktische Entscheidungen begründen, sind Sprach-, Kultur- und Literaturwissenschaft; hinzu kommt die Spracherwerbstheorie, die in ihren neurophysiologisch und erwerbspsychologisch orientierten Bestandteilen über die Sprachwissenschaft hinausgeht. Die vierte Ebene ist die des Fachunterrichts. Hier konkretisieren sich die je einschlägigen Aspekte der anderen Ebenen und werden in der Fachmethodik umgesetzt. In der Interpretation der gegebenen soziokulturellen, institutionellen und fachwissenschaftlichen Faktoren werden die lerngruppenspezifischen Entscheidungen und ihre Prinzipien erarbeitet: Gliederung und Organisation des Unterrichts, Verwendung der unterschiedlichen Medien, Arbeits- und Sozialformen.

Zusammenhänge und Zielsetzungen

Nachdem andere Sprachen (,Fremdsprachen') im 19. Jahrhundert in den Fächerkanon der (Höheren) Schulen aufgenommen worden waren, orientierte sich, wie bereits erwähnt, ihre Methodik und Didaktik zunächst an den alten Sprachen Latein und Griechisch. Jedoch schon 1882 forderte Wilhelm Viëtor mit einer prägnanten, auch später immer wieder ins Gedächtnis gerufenen Formulierung: „Der Sprachunterricht muss umkehren" (in: Schröder [Hrsg. 1984]). Seitdem wurden unterschiedliche Methoden für die Vermittlung anderer Sprachen entwickelt, begründet und im Unterricht angewandt, nicht immer jedoch wurden sie systematisch und stringent umge-

Kurzer historischer Überblick

setzt. Es gab vielmehr immer ein Nebeneinander unterschiedlicher Konzeptionen, die in den Unterricht Eingang fanden.

Grammatik-Übersetzungs-Methode

Bis in die 60er Jahre des vorigen Jahrhunderts wurde schulischer Fremdsprachenunterricht vor allem an Gymnasien erteilt und war durch die ‚Grammatik-Übersetzungs-Methode' geprägt. Einige ihrer konstituierenden Elemente finden sich auch noch heute im täglichen Unterrichtsgeschehen des anderssprachlichen Unterrichts. Sie ist durch eine analytisch-explizite Herangehensweise gekennzeichnet und war ausgerichtet auf den damals noch wesentlich geringeren Prozentsatz von Schülerinnen und Schülern, die ein Gymnasium besuchten. Dem Lernen einer anderen Sprache wurde durch die Auseinandersetzung mit anderen kulturellen Werten und Normen, insbesondere der ‚hohen' Literatur, der Wert der Persönlichkeitsbildung zugeschrieben. Fremdsprachenlernen als Privileg und Eliteschulung setzte neben der Sprachvermittlung über Grammatik und Übersetzung auf das Bekanntmachen mit den Bildungsgütern der anderen Kultur als Ausdruck der kulturellen und zivilisatorischen Leistungen des Zielsprachenlandes.

Die Grammatikregeln waren auf der Grundlage der Kategorien der Grammatik der lateinischen Sprache formuliert (mit der Folge einer hohen Anzahl von ‚Ausnahmen', da diese Ausgangsbasis in vielen Punkten der jeweiligen modernen Sprache nicht oder nur unzureichend entsprach); die Vokabeln waren die vermeintlichen Entsprechungen deutscher Wörter und Begriffe. Beides galt es miteinander zu kombinieren. Wurden die jeweiligen Vorgaben befolgt, war das Ergebnis ein korrekter Satz. Die erworbene Kompetenz wurde durch Übersetzungen in die und aus der Fremdsprache überprüft und durch vorbereitende Übungen aufgebaut. Es verwundert nicht, dass Grammatik, Lexikon und Sprachverständnis insgesamt an die Schriftsprache, auch und gerade an die literarische Sprache gebunden waren. Entsprechend dem damaligen Zielpublikum orientierte man sich an einem kognitiven Lernkonzept, das ein verstehendes Anwenden der Konstruktionsregeln und das Lernen der anderen Sprache als Schulung in Logik und Einübung in ordnendes Denken sah. Schrift und Schriftlichkeit hatten auch bereits in der Anfangsphase des Unterrichts große Bedeutung. Direkte Anwendungsmöglichkeiten der erworbenen Sprachkompetenz außerhalb des Unterrichts waren eher selten, ebenso wie Austausch und Partnerschaft. Die Arbeits- und Sozialformen, die mit der ‚Grammatik-Übersetzungs-Methode' einhergingen, waren vor allem Einzelarbeit und Frontalunterricht.

Direkte Methode

Spätestens seit Viëtor gab es aber auch Bestrebungen, die Vermittlung einer anderen Sprache an ihrer Eigenschaft als Kommunikationsmittel auszurichten. Die so genannte Direkte Methode, die keine geschlossene Konzeption hatte, sondern unterschiedliche Aspekte anderer methodischer Vorschläge aufnahm, verfolgte in ihrer induktiven Herangehensweise das Prinzip der ‚Natürlichkeit', indem auf die Verwendung der Muttersprache der Lerner verzichtet wurde. Der Unterricht erfolgte einsprachig in der neuen Sprache und in Anlehnung an den Erwerb der Muttersprache. Forderungen, die gerade in den letzten Jahren wieder aufgekommen sind, wurden bereits damals erhoben: Abschaffung von Grammatikunterricht und Übersetzung, Sprachvermittlung durch ihren Gebrauch in Kommunikationssituationen (diese Idee wurde von dem Amerikaner Berlitz vertreten), Spracherwerb in

Spiel und Bewegung ... Mit dieser Hinwendung zur gesprochenen Sprache kam auch der Bereich der Phonetik und Aussprache ins Blickfeld.

Die Orientierung der sprachwissenschaftlichen und (lern)psychologischen Forschung der 30er bis 50er Jahre an behavioristischen Axiomen hatte auch im Bereich der Sprachvermittlung Auswirkungen. Die in diesem Rahmen entwickelte Audiolinguale Methode setzte auf die von B. F. Skinner formulierten Prinzipien der behavioristischen Lerntheorie. Lernen wird begriffen als Verhaltensänderung, bedingt durch positive und negative Verstärkung (Verhaltenskonditionierung). Ebenso wie für die Muttersprache müssen für die neue Sprache über Reiz-Reaktion-Schemata, Nachahmung und Konditionierung durch Verstärkung Verhaltensmuster (,habits') aufgebaut werden. Durch so genannte *pattern drills*, d.h. durch kontinuierliches Einüben der Strukturen, werden die ,Sprachreflexe' für die neue Sprache aufgebaut. Der expliziten Kenntnis von Regeln wird keine Wichtigkeit beigemessen. Im Unterricht stand Sprachüben im Vordergrund, wenngleich auch in konkreten Unterrichtssituationen muttersprachliche Erklärungen und induktive Grammatikerklärung zum Teil akzeptiert waren. Insbesondere in den Anfangsphasen wurde auf Schrift und Schreiben verzichtet, um die Strukturen in der Mündlichkeit zu festigen.

<small>Audiolinguale Methode</small>

Die mit Bloomfield (1935) verbundene strukturalistische Sprachbeschreibung, die versuchte, durch die genaue Beschreibung der jeweils betrachteten Sprache deren Besonderheiten (Grammatik) zu erfassen, wurde zum Grammatikmodell im Hintergrund. Dessen Grundlage war die gesprochene Sprache; das Verfahren war induktiv, deskriptiv und rein synchronisch, ausgerichtet an Sätzen in ihren syntagmatischen und paradigmatischen Beziehungen, die über Substitution und Segmentierung ermittelt wurden. In diesem Rahmen entwickelte Grammatiken konnten jedoch keinen nachhaltigen Eingang in die schulische Vermittlung finden.

<small>Sprachbeschreibung</small>

Der Unterricht sollte einsprachig, mündlich und situativ ausgerichtet sein; *speech patterns* und *pattern drills* waren eingebettet in Alltagssituationen, die sich sprachlich an der Authentizität muttersprachlicher Sprachvorbilder orientierten. Durch Imitation und Wiederholung sollten die Lerner diese Sprachgewohnheiten als Muster übernehmen. Die Progression hatte grammatische Ausrichtung durch eine kontinuierliche und systematische Steigerung der Komplexität der *speech patterns*. Die Übungen bestanden in zahlreichen Variationen desselben Musters, in Substitutionsübungen und Übungen zur Bildung von Sätzen aus Einzelelementen (*patterns*). Sprachunterricht reihte sich ein in das Modell des ,Programmierten Lernens' und war häufig durch Arbeit im Sprachlabor gekennzeichnet. Im landeskundlichen Bereich wurde praktisch verwendbares Alltagswissen und die Beherrschung alltäglicher Kommunikationssituationen angestrebt.

<small>Methodik</small>

Da die Audiolinguale Methode auf der Ausblendung kognitiv ausgerichteten Wissenserwerbs beruht, wurde sie in Deutschland zunächst als adäquate Sprachvermittlungsmethode für die Hauptschule betrachtet. Ende der 60er Jahre, im Zuge der Bildungsexpansion aufgrund des so genannten Sputnikschocks, fand sie zeitweise auch Eingang ins Gymnasium.

<small>Zielpublikum</small>

Bei der Audiovisuellen Methode handelt es sich um eine – zunächst vor allem in Frankreich, dann in den USA entwickelte – Ausweitung der Audiolingualen Methode. Sie ist gekennzeichnet durch eine Betonung des visuel-

<small>Audiovisuelle Methode</small>

len Aspekts, der Anschaulichkeit und nutzt die vorangeschrittene Entwicklung technischer Medien (Dia, Filme, Video, Folien). Aber nicht nur visuelle Medien wurden zu integralen Bestandteilen des Unterrichts, auch auditive Medien wurden weiterentwickelt und verfeinert. Dazu gehörten insbesondere Sprachlabor, Tonband und Kassette. Der authentischen Sprechsituation wurde große Bedeutung beigemessen; Kontext und Situation wurden zu wesentlichen Komponenten der veränderten Sprachauffassung. Der Dialog fand als Textsorte Eingang in den Unterricht, Hör- und Sprechkurse wurden der Arbeit mit dem Lehrwerk oft vorgeschaltet. Auch hier wurde auf die Muttersprache und auf kognitivierende Elemente gerade im Bereich von Grammatikerklärungen verzichtet. Die Erarbeitung der Lektionen unterlag einer strengen Phaseneinteilung.

Kritik

In die schulische Unterrichtspraxis fand die Audiovisuelle Methode in dieser Stringenz jedoch kaum Eingang; einzelne Elemente hingegen wurden in andere Methoden übernommen. Die vorgebrachte Kritik richtete sich vor allem gegen die lerntheoretische Grundannahme, nach der Sprachenlernen als Verhaltensmodifikation zu sehen ist und die Rolle der Lehrkraft über weite Strecken durch den Einsatz der Medien bestimmt, wenn nicht gar darauf reduziert ist. Schülerinnen und Schüler wurden in ihren rezeptiven und reproduktiven Fähigkeiten gefördert und gefordert, nicht aber in ihrer produktiven Eigenständigkeit; ihre kognitiven und kreativen Fähigkeiten konnten sie kaum einbringen. Auch an den vor allem an der grammatischen Progression orientierten Lehrwerken, die wenig ansprechend wirkten, wurde bald Kritik laut.

Änderungen in der Unterrichtspraxis

In der unterrichtspraktischen Realität, wo im Großen und Ganzen weiterhin die ‚Grammatik-Übersetzungs-Methode' vorherrschte, wurde versucht, Teile dieser neueren Ansätze einzubringen. Die erweiterte Zielsetzung beinhaltete eine möglichst große Aktivierung der Lerner, lebendige Sprechsituationen und weitgehende Einsprachigkeit. Die Wortschatz- und Grammatikarbeit erfolgte nun auch induktiv. So ging es vielfach darum, neue Wörter in entsprechenden Sinnzusammenhängen zu vermitteln, in der Grammatik vom Beispiel zur Regel zu kommen, unter teilweiser Aufgabe der linearen Progression zugunsten einer eher zyklischen Herangehensweise. Übersetzungsübungen verloren ihren methodisch hohen Stellenwert, wurden jedoch nicht ganz aufgegeben. – Nicht zuletzt unter dem Einfluss Noam Chomskys (1959, 1965), dessen Auseinandersetzung mit Skinner (1957) wesentlich zu einer Relativierung der strukturalistisch-behavioristischen Sprach- und Lernmodelle beitrug, und der durch seine Werke angestoßenen Weiterentwicklung der Spracherwerbstheorien kamen für die Sprachvermittlung vermehrt kognitive Aspekte ins Blickfeld, ohne jedoch zu einer durchgehenden Unterrichtsmethode entwickelt zu werden.

Spracherwerb durch Immersion

Das vor allem ab den 70er Jahren des letzten Jahrhunderts in Kanada, insbesondere in Québec, vorangetriebene Modell des Spracherwerbs durch Immersion hatte in Deutschland Einfluss auf die Konzeption der grundschulischen Vermittlung einer anderen Sprache und auf Modelle des Bilingualen Unterrichts. Kindern aus anglophonen Familien sollte im Rahmen ihrer schulischen Ausbildung die französische Sprache durch ein ‚Eintauchen' in die zweite Sprache vermittelt werden. In der am breitesten angelegten Variante (‚total immersion') fand der gesamte Unterricht – ohne vorherige oder parallel verlaufende zusätzliche Sprachausbildung in Mutter- oder

Zweitsprache – in der Zielsprache statt. Sprache wurde zum Medium des Unterrichts, über und in ihrer Verwendung erworben. Der Aufbau der zweitsprachlichen Kompetenz erfolgte implizit. (Vgl. auch Rebuffon [1993].)

Aufgrund der wesentlich geringeren zeitlichen Anteile für die Verwendung der anderen Sprache kann bei uns jedoch nicht auf zusätzliche Anstrengungen im methodisch-didaktischen Bereich verzichtet werden. Auf die Spezifika grundschulischer Methodik und Didaktik wurde bereits eingegangen. Bilinguales Lehren und Lernen basiert ebenfalls auf der Verwendung der Zielsprache als Medium der Kommunikation und Informationsvermittlung und -aufnahme. In der Regel geht Bilingualem Unterricht eine Phase intensiveren Zielsprachenlernens in den vorangehenden Klassen voran. (Zu den unterschiedlichen Aspekten, Erfahrungen und Projekten vgl. im Internet die Bibliographie „Bilinguales Lehren und Lernen" [o. J.].) *Bilinguales Lernen*

Insgesamt baute sich aus Elementen der hier nur kurz vorgestellten Methoden, ergänzt durch Elemente so genannter Alternativer Methoden wie Suggestopädie und Total Physical Response (TPR) und andere Herangehensweisen wie Stationen Lernen im Laufe der Zeit ein Methodenpluralismus auf, der im weiteren Verlauf zu einer Differenzierung der unterschiedlichen Zielgruppen im konkreten Unterrichtsgeschehen beitrug. So berücksichtigt beispielsweise das zunächst in der Grundschule entwickelte Stationen Lernen in erhöhtem Maße die verschiedenen Lerntypen und ist bemüht, unterschiedliche Herangehensweisen zu ermöglichen (vgl. Hegele [1999], Bauer [1997]). *Weitere Methoden*

Ein wesentlicher Anstoß kam von außerhalb: die breit geführte Debatte um Kommunikative Kompetenz, die unter anderen von Habermas (1981) beeinflusst war. Zusammen mit neueren Erkenntnissen in der Sprachlern- und -erwerbsforschung und der Entwicklung von konstruktivistisch ausgerichteten Lerntheorien wurde Kommunikationskompetenz zur zentralen Kategorie für die Vermittlung anderer Sprachen und Kulturen. Sie umfasst neben einem breiten Spektrum an Methoden auch eine geänderte inhaltliche Gesamtzielsetzung. Die Lerner werden nicht so sehr als ‚zu Belehrende' gesehen; ihre je eigene Erwerbs- und Lerntätigkeit rückt in den Mittelpunkt, und zwar nicht nur bezogen auf den Spracherwerb, sondern auch auf allgemeine Lerndispositionen und Lernstrategien, die in den Sprachunterricht hineinspielen. Lernern wird in ihrem Lernverhalten Autonomie zuerkannt, sie werden als Subjekte des eigenen Lernprozesses gesehen. *Lernziel kommunikative Kompetenz*

Die vormals quasi in eins gesetzten Lehr- und Lernziele werden in der Erkenntnis getrennt, dass Schüler zum einen nicht so lernen, *wie* sie gelehrt werden, dass also ihre Wahrnehmungs-, Erkenntnis- und Memorierwege und -strategien andere, individuelle Bahnen einschlagen, dass sie zum anderen aber auch nicht unbedingt das lernen, *was* sie (explizit) gelehrt werden. Die (für die Unterrichtspraxis analytische) Unterscheidung von Lehren und Lernen kann an einer Euro-Münze verdeutlicht werden: während die Seite mit dem Eurowert in allen Ländern gleich aussieht, ist die andere jeweils unterschiedlich. In dieser Unterschiedlichkeit prägt sie ihren konkreten Stellenwert der unterschiedlichen Kaufkraft in den einzelnen Ländern. Gleiches trifft auf den Lehrprozess zu: dasselbe Vorgehen, dieselben Inhalte werden von den einzelnen Lernern jeweils in Abhängigkeit von ihren je spezifischen Variablen aufgenommen, eingereiht und interpretiert. Die Aus- *Lehr-/Lernziele* wahl der Methoden und Materialien, Sozial- und Arbeitsformen ist deshalb an dieser lernerbezogenen Vielfalt von Aspekten (vgl. Kap. 5) auszurichten.

Orientierung auf die Lerner

Eine Orientierung auf kommunikative Kompetenz bringt die gesamte Person des Lerners ins Spiel: Neben den sprachlichen Kompetenzen und inhaltlichen Kenntnissen geht es auch um die Stärkung sozialer und personaler Kompetenz, um Kommunikationsstrategien, um Sprache als Handlung, als Medium. Die Unterstützung und Förderung der aktiven Rolle der Lerner wird zum wesentlichen Bestandteil der Arbeit der Lehrkraft. Auf der Grundlage der oben gemachten Ausführungen besteht ihre Aufgabe darin, die Lehrperspektive methodisch in Lernperspektiven umzusetzen. Der Abschied von der Idee eines kollektiven Lernens bedeutet auch den Abschied von einer einheitlichen Methodik. Damit der Einsatz unterschiedlicher methodischer Ansätze jedoch nicht zu einem beliebigen, mehr oder weniger zufällig ausgewählten Durcheinander führt, müssen zu treffende Entscheidungen in der Perspektive der jeweiligen konkreten Lernergruppe (sowohl als Gruppe als auch als einzelne Lerner und Lernerinnen) reflektiert und getroffen werden. Dies verlangt von der Lehrkraft ein hohes Maß an Souveränität (gegründet in der Analyse der in ihrer Lernergruppe vorhandenen Lerntypen, Persönlichkeiten und lernstrategischen Herangehensweisen der Schülerinnen und Schüler). Die Auswahl der unterschiedlichen methodischen Ansätze, Sozial- und Arbeitsformen ist als Bringschuld der Lehrkräfte zu sehen, die in der Verantwortung stehen, Sprachwissen und -können und landeskundliche Inhalte allen Lernern mit ihren je unterschiedlichen Erwerbskompetenzen zugänglich zu machen.

4.3 Medien und Materialien

Definition

Definieren wir als „Medium" alle Übermittler von Zielsprache und zu vermittelnden Inhalten, so haben wir es mit einem sehr breiten Spektrum von ‚Überträgern' zu tun. In den letzten Jahren sind die so genannten modernen Medien oft Gegenstand methodisch-didaktischer Betrachtungen geworden. Aber auch die traditionellen Medien anderssprachlichen Unterrichts sind vielfältig in der Literatur behandelt worden. Zu den seit langem im Unterricht eingesetzten Medien gehören Texte aller Art, Bilder und Zeichnungen, Videos, Filme und akustische Aufzeichnungen, insbesondere Lieder aus dem Zielsprachenland. Wichtige und beständige Medien sind seit jeher die Lehrwerke, die durch vielfältige Materialien (CD, Folien etc.) ergänzt werden. Das wichtigste Medium jedoch ist die Lehrkraft. Ihre Art der Vermittlung von Sprache und Inhalten hat wohl den nachhaltigsten Einfluss auf die Motivation der Lernenden und damit auf deren Lern- und Erwerbsanstrengungen.

Auswahlkriterien

Der Entscheidung, andere Medien als das Lehrbuch im Unterricht einzusetzen, gehen sowohl methodische als auch didaktische Erwägungen voraus. Sie beruhen auf den Eckpfeilern:

- Lernziele (sprach-/kommunikationsorientiert, rezeptiv und/oder produktiv, Wissenserwerb über Informationsaufnahme und -verarbeitung),
- Zusammensetzung der Lernergruppe (Alter der Lerner, Lerntypen, Lernjahr, allgemeine Vorkenntnisse),
- Möglichkeiten der Umsetzung (zeitlich, technisch, methodisch).

Im Zusammenspiel dieser Größen ist die Auswahl der Medien zu treffen. Aber auch zeitliche und technische Gegebenheiten sind wesentliche Faktoren, ist doch der Einsatz technischer Medien (Video/DVD, Computer) meistens mit besonderen Vorkehrungen, wie z. B. der Bereitstellung der Apparate, verbunden. Außerdem ist beispielsweise für die Arbeit mit Videos ein größerer Zeitaufwand erforderlich. Oft können dieselben Lernziele über den Einsatz unterschiedlicher Medien angestrebt werden (bspw. landeskundliche Informationen über geschriebene oder gehörte Texte, über Videos oder über Internetseiten). Anschaulichkeit und Attraktivität der jeweiligen Materialien werden im Sinne eines methodisch abwechslungsreichen und motivierenden Unterrichts ebenfalls zu Kriterien der Auswahl. Jedoch verliert auch der abwechslungsreichste Einsatz unterschiedlicher Medien schnell seinen Reiz, wenn anschließend immer nach demselben Muster verfahren wird oder wenn die Lernziele nicht medienkonform sind (ein Bespiel dafür scheint der Einsatz von Liedern zu sein, der allzu oft zu Grammatik- und Wortschatzübungen verkommt). Das Medienangebot ist mit den unterschiedlichsten Materialien sehr groß und droht, methodisch-didaktische Begründungen zugunsten einer ‚Spaß'didaktik in den Hintergrund treten zu lassen.

Die Materialien, mit denen über die verschiedenen Medien gearbeitet werden kann, werden häufig in so genannte authentische und nicht authentische Materialien eingeteilt. Als ‚authentisch' werden dabei gemeinhin Materialien eingestuft, die sprachlich keiner didaktischen Bearbeitung für die Lernergruppe unterzogen wurden. Wenngleich diese Einteilung auch auf tönernen Füßen steht – denn letztendlich sind auch didaktisierte Materialien authentisch („echt, zuverlässig, verbürgt, glaubwürdig") – so erlaubt sie einerseits doch eine Differenzierung des Arbeitsmaterials für den Unterricht. Andererseits zeigt sie aber auch eine Nähe zu bestimmten Progressionsvorstellungen, deren kritische Reflexion Not täte. Denn so nahe liegend die Befürchtung ist, dass Schülerinnen und Schüler durch ‚authentische' Materialien schnell überfordert sein könnten, so sehr werden die Lerner dadurch in ein Gerüst gezwungen, das ihnen Lernprozesse nur innerhalb eines vorgegebenen Rahmens zutraut und zugesteht. Diese an einer linearen Progression orientierte ‚Häppchen'-Didaktik scheint wenig geeignet, Lernerautonomie zu fördern, Neugier zu wecken und eigenständige Investitionen in die Erarbeitung von Inhalt und Sprache zu unterstützen. Die Individualität der Lerner auch in Wissensbestand und Kompetenzerweiterung anzuerkennen, erfordert sicherlich eine größere Souveränität von Seiten der Lehrkraft als eine Klasse im Gleichschritt denken und lernen lassen zu wollen. Nicht didaktisch aufbereitete Materialien sind sehr häufig für Schülerinnen und Schüler wesentlich interessanter, werden als Herausforderung gesehen und als solche angenommen, wenn denn Eigenständigkeit honoriert wird und es gelingt, die je erworbenen Wissenszuwächse, d.h. die individuelle Progression einzelner Lerner oder Lernerinnen, Gewinn bringend in den Unterricht einzubinden. Das Lernziel als Auswahlkriterium für den Einsatz von Medien und Materialien darf also nicht so eng gefasst sein, dass andere individuelle Lernergebnisse und Erkenntnisse darin nicht vorgesehen wären.

Es ist nicht so sehr die Unterschiedlichkeit der Medien und der Materialien, die Unterricht interessant macht, als vielmehr die durch sie ermöglichten Arbeitsweisen und Sozialformen, der Raum, der den Lernern gegeben

Authentische Materialien

Zweck der Unterschiedlichkeit von Medien und Materialien

wird und das Engagement und die Art des Engagements, das ihnen zugestanden, aber auch abverlangt wird. Dies alles begründet zu konzipieren und in den Unterricht einzubringen, ist methodisch-didaktische Feinarbeit und betrifft nicht nur die Rezeption unterschiedlicher Medien und Materialien, sondern auch die Frage des produktiven Umgangs damit.

Computer

Insbesondere die modernen Medien, Computer und Internet, bieten in dieser Hinsicht viele Möglichkeiten. Insgesamt können vier Einsatzgebiete unterschieden werden, von denen allerdings nur zwei direkt im Unterricht einzusetzen sind. Das erste Mittel – im außerschulischen Bereich inzwischen vielfältig vertreten und von vielen Schülerinnen und Schülern genutzt – ist die Lernsoftware. Wenngleich ihr Einsatz im Unterricht aus unterschiedlichen Gründen nicht vertretbar ist – es sei denn zu Demonstrationszwecken –, so sollte doch jede Lehrkraft einen Überblick über die wichtigen Angebote, die ja oft auch von Schulbuchverlagen kommen, haben.

Lernsoftware

Nicht alle sind empfehlenswert; viele verfahren nach überholten methodisch-didaktischen Prinzipien, setzen insbesondere im Bereich der Grammatik und des Wortschatzes auf Drill und wiederholendes Einüben. Bei anderen überwiegt die Faszination des Spielerischen. Sprachlernprogramme, die Attraktivität des Arbeitens (Abwechslungsreichtum der Bildschirmgestaltung und der Aufgaben) und erzielbaren Lernerfolg in ausgewogenem Verhältnis bieten, können wichtige Unterstützungs- und Wiederholungsfunktion für die Arbeit von Schülerinnen und Schülern außerhalb des Unterrichts haben. Der Vorteil des Arbeitens mit guten Sprachlernprogrammen liegt in der individuellen Aufmerksamkeit und direkten Rückmeldung, die jeder Lerner auf seine Eingaben bekommt. Da es im Unterricht nicht möglich ist, jedem Einzelnen diese Aufmerksamkeit und Rückmeldung ständig zukommen zu lassen, ist dies ein wichtiger Vorteil von Sprachlernprogrammen. Die Lehrkraft muss in der Lage sein, die wesentlichen Anforderungen an gute Sprachlernprogramme formulieren zu können, um Schülern und auch Eltern beratend zur Seite zu stehen.

Textproduktion

Die zweite Möglichkeit, den Computer für den Sprachunterricht zu nutzen, ist, ihn als Werkzeug zur Textproduktion einzusetzen. Hierzu können vor allem die gängigen Textverarbeitungsprogramme genutzt werden. Der Gedanke, dass Schülerinnen und Schüler vor allem in fortgeschrittenen Lernjahren Texte, Hausaufgaben oder gar Klassenarbeiten, mit dem Computer schreiben, mag verwundern, ja vielleicht sogar Ablehnung hervorrufen. Es könnte der Einwand kommen, sie könnten ja dann die eingebauten anderssprachigen Korrekturprogramme für Rechtschreibung und Grammatik nutzen. Doch: was spricht dagegen? Sie hätten ja sonst auch die Gelegenheit, in Wörterbüchern und Grammatiken nachzuschlagen, um einen möglichst korrekten Text abzuliefern. Allerdings wäre es ihrer Initiative und ihrer sich selbst zugesprochenen Kenntnis und nicht zuletzt den zu Hause verfügbaren Hilfsmitteln überlassen, wo und wann sie nachschlagen bzw. nachfragen. Im Gegensatz dazu zeigen ihnen die Korrekturprogramme, wo Fehler sein könnten und machen Verbesserungsvorschläge. Auch die Thesaurus-Programme können genutzt werden, am besten abgesichert durch Parallelüberprüfungen in einsprachigen Wörterbüchern.

Selbst gesteuertes Lernen

Es kann also passieren, dass ein Schüler, der bei der herkömmlichen handschriftlichen Hausaufgabe einen fehlerhaften Text abliefert, nun einen (so gut wie) korrekten Text einreicht. Der Lehrkraft ist die Aufgabe der Korrektur abgenommen, dem Schüler die unangenehme Situation, seinen Text mit rot angestrichenen Fehlern zurückzubekommen, zu wissen, dass umsitzende Klassenkameraden und natürlich die Lehrkraft darüber informiert sind. Wenn er die Korrekturprogramme genutzt hat, weiß nur er, welche Stufen der Textverbesserung sein abgegebener Text durchlaufen hat, er hat die Möglichkeit gehabt, sich während der Textproduktion mit seinen sprachlichen Unzulänglichkeiten auseinander zu setzen, an ihnen zu arbeiten, sie zu verbessern.

Freie Texte zu schreiben ist ein höchst komplexer Vorgang, in dem sich Prozess und Produkt oft über-, ja durchkreuzen. Die inhaltliche Konzeption und ihr oft diskontinuierlicher Aufbau folgen selten der Linearität des herzustellenden Produkts. Viele andere Variablen kommen bereits beim muttersprachlichen Schreiben ins Spiel (Adressat, Zielsetzung des Schreibens, Konzentration, Sprachkenntnis und zu verwendende Sprachebene etc.). Für die Abfassung nicht-muttersprachlicher Texte erhöht sich die Komplexität der Aufgaben. Dies wird häufig im Sprachunterricht nicht gesehen bzw. unterschätzt. Arbeiten zur Schreibforschung (nicht nur) im Bereich der Grundschule beispielsweise sehen als wesentliche Bereicherung der Textproduktion am Computer, dass dort der lineare Prozess des Schreibens durchbrochen werden kann, dass durch die Möglichkeiten der Umstellungen, Einfügungen, Umformulierungen ohne erneutes (Ab)Schreiben des gesamten Textes Freiräume für die Interaktion des Verfassers mit seinen Ideen, seiner Textkonzeption und der Abfassung des Textes gegeben sind, die beim traditionell handschriftlichen Verfassen und Schreiben eines Textes nicht möglich sind (vgl. z. B. Kochan [1998]).

Die fortschreitende sprachliche und inhaltliche Verbesserung des Textes ist durch das Programm dokumentierbar und kann in ihren einzelnen Schritten nachvollziehbar gemacht werden. Es ist die Entscheidung des Lerners, diese Hilfen in Anspruch zu nehmen oder die Korrekturprogramme auszuschalten. Entscheidet er sich dafür, die zur Verfügung stehenden Mittel zu nutzen, hat er einen entscheidenden Schritt in Richtung auf Lernerautonomie, auf selbst gesteuertes und eigenverantwortetes Lernen gemacht. Die Zeit, die er in die Abfassung seines Textes investiert hat, ist sicherlich länger und die Arbeit intensiver als bei einer herkömmlichen handschriftlichen Texterstellung – und der Lernerfolg nachhaltiger.

Für die Lehrkraft bedeutet dies einen Verlust an Kontrolle, der subjektiv vielleicht auch als Machtverlust empfunden werden mag. Aufgabe und Rolle der Lehrkraft verschieben sich in solch einer Perspektive weg von Kontroll- und Überwachungsfunktionen hin zur Ausbildung von Schlüsselfertigkeiten der Schülerinnen und Schüler nicht nur zum Lernen anderer Sprachen. Dazu gehört die Fähigkeit, die gegebenen Möglichkeiten des Mediums effizient nutzen können und die (gesuchte) Auseinandersetzung mit dem eigenen Lernstand. Auch die elektronischen Medien müssen in ihrer Spannbreite zunächst einmal bekannt und vertraut gemacht werden, ebenso wie die Arbeit mit Wörterbüchern ja auch einführende Hilfestellung braucht, um alle in ihnen vorhandenen Informationen ausschöpfen zu können.

Das Internet eröffnet die Möglichkeit des weltweiten Informationszugangs. Recherchen zu landeskundlichen Themen, zu aktuellen Gegeben-

Schreibprozess

Selbstverständnis der Lehrkraft

Internet

heiten sind möglich, entsprechendes Bild- und Textmaterial kann aus dem Internet bezogen werden. Dies ist sowohl für die individuelle Arbeit der Schülerinnen und Schüler eine wichtige Bereicherung als auch für gemeinsame Fragestellungen und Projekte. Aber auch die Lehrkraft hat die Möglichkeit, diese Quellen zur Vorbereitung ihres Unterrichts zu nutzen. Angesichts der quantitativen Unüberschaubarkeit der im World Wide Web zur Verfügung stehenden Einträge und ihrer sehr unterschiedlichen Qualität bedarf es der Fähigkeit, begründet auszuwählen. Es müssen Kriterien für die Bewertung von Quelltexten (einschließlich Bild- und Tonmaterial) vorhanden sein, um zu einer sinnvollen Auswahl kommen zu können. Sollen Internetquellen von Schülerinnen und Schülern gesucht und eingesetzt werden, gilt es, im Vorfeld ihrer Suche mit ihnen Erkenntnisinteressen und Auswahlkriterien zu diskutieren.

Anderssprachige Internetseiten bieten die kulturspezifische Perspektive auf die behandelten Gegenstände und sind daher von besonderem Interesse. Hinzu kommt, dass die abrufbaren Informationen in der Regel sehr viel aktueller sind als Lehrbuchtexte. Die Tatsache, dass sie in der Regel die sprachlichen Kompetenzen der Lerner und Lernerinnen überschreiten, sollte nicht abschrecken, die – auch eigenständige – Arbeit der Lerner sollte jedoch erst initiiert werden, wenn die Diskrepanz zwischen anderssprachigem Text und lernersprachigen Kompetenzen in überschaubaren Schritten überbrückbar ist.

Der Computer bietet sich ebenfalls hervorragend an, Austausch- und Partnerschaftsprojekte in Tandem-Arbeit durchzuführen (vgl. Kap. 8.2).

Autorenprogramme

Der vierte Bereich, der Computer und Internet für Lehrkräfte anderer Sprachen interessant macht, sind die Autorenprogramme, d. h. Programme, mit deren Hilfe Übungen unterschiedlichster Art erstellt werden können und die z.T. kostenfrei abgerufen werden können. (Vgl. beispielsweise www.hotpotatoes.de, www.puzzlemaker.de, www.goethe.de/z/50/uebungen.) Solche Programme können auch genutzt werden, indem Schülerinnen und Schüler selbst Aufgaben erstellen, die dann jeweils von den anderen in der Klasse gelöst werden.

Didaktische Begründung

Die Fähigkeit, Computer und Internet einzusetzen, ist heute eine Schlüsselqualifikation. Dennoch werden diese Medien im Unterricht vielfach gemieden. Dies kann auf den hohen Zeit- und Organisationsaufwand (beispielsweise könnte ein Raumwechsel nötig sein) zurückgeführt werden. Es fühlen sich auch nicht alle Lehrkräfte ausreichend kompetent im Umgang mit diesen Medien und befürchten einen negativen Eindruck bei den Schülern. Dies sollte jedoch nicht bedeuten, die modernen Medien gänzlich außer Betracht zu lassen. Denn sie können und werden von Schülerinnen und Schülern außerhalb der Unterrichtsstunden auch für die Erledigung der Hausaufgaben und mitverantwortliche Vorbereitung von Unterrichtsstunden genutzt werden. – Auch für diese Medien gilt, dass ihr Einsatz methodisch-didaktischen Zielsetzungen folgen muss, dass also die Arbeit mit ihnen nachhaltigere und größere Lernerfolge verspricht.

4.4 Evaluation

Zielsetzung des Unterrichts ist der kontinuierliche Aufbau von Kommunikationsfähigkeiten in der anderen Sprache und Kultur und die Vermittlung von Wissen über die Sprache und die Zielsprachenkultur in einschlägigen Bereichen. Dieser Kompetenzaufbau ist ein – nicht immer gradlinig verlaufender – Prozess, der insbesondere im sprachlichen Bereich durch Fehlleistungen unterschiedlicher Art gekennzeichnet ist. Es verwundert nicht, dass ein Großteil der Unterrichtszeit die ‚Behandlung' eben dieser Fehlleistungen zum Gegenstand hat. Dabei handelt es sich (selbstverständlich?) um die Leistungen oder Fehlleistungen der Schüler. Dass diese aber unter Umständen durch methodische und/oder didaktische Fehlleistungen der Lehrkraft (mit) begründet sind, steht selten zur Debatte. Das Gleichheitszeichen, das immer noch zu oft und zu spontan zwischen Lehren und Lernen gemacht wird, verhindert in vielen Fällen, dass individuelle lernerspezifische Erklärungen für die Fehlleistungen gesucht und gefunden werden (s. u.).

Sowohl im Bereich der schriftlichen als auch der mündlichen Produktion ist Fehlerkorrektur notwendig. Wichtig sind ihre Grundlagen und die Art, wie sie ausgeführt wird. Dabei ist insbesondere für die Korrektur der schriftlichen Produktionen eine Einheitlichkeit der Kriterien erforderlich, um den Schülerinnen und Schülern auch bei einem Lehrkraftwechsel verlässliche Maßstäbe für die an sie gestellten Anforderungen an die Hand zu geben. Dies betrifft – gerade in einem Unterricht, der sich an der Herausbildung kommunikativer Sprachkompetenzen orientiert – beispielsweise die Frage, ob die Korrektur- und damit die Bewertungskriterien sich am Sprach*system* oder am aktuellen Sprach*gebrauch* orientieren. Es geht mit anderen Worten darum, welchen Stellenwert deskriptive und präskriptive Grammatik der Sprache haben. Für das Französische impliziert dies beispielsweise die Frage einer systemkonformen Verwendung von Indikativ und *subjonctif*. Während französischsprachige Muttersprachler häufig einen bedeutungsdifferenzierenden Gebrauch der Modi nach den einschlägigen Konjunktionen (z. B. après que) machen, ist nach präskriptiven Schulgrammatiken nur ein Modus vorgeschrieben. Es ist Aufgabe der Fachkonferenzen, sich hier auf eine gemeinsame Anforderung zu einigen. Dies mag zwar im Einzelfall zu kontroversen Auseinandersetzungen führen, schafft aber Transparenz auch für die Lerner.

Es könnte beispielsweise auch eine Entscheidung über die Erstellung von Texten am Computer (unter Nutzung der vorhandenen Korrekturprogramme) von der Fachkonferenz herbeigeführt und dadurch die Möglichkeit geschaffen werden, kontinuierlich dieses eigenverantwortete Verhalten bei Schülerinnen und Schülern aufzubauen und zu fördern.

Das Korrekturverhalten von Lehrkräften für den Sprachunterricht in der Mündlichkeit ist von Kleppin/Königs (1991) untersucht worden. Aufgrund ihrer Unterrichtsbeobachtungen unterscheiden sie fünf Gegensatzpaare von Korrekturinterventionen, und zwar: verbal/nicht verbal (verbal differenziert in metasprachlich [die Schüler sich herantasten lassend] und objektsprachlich), direkt/indirekt, unterbrechend/nicht unterbrechend, ausholend/nicht ausholend und kognitiv/imitativ. Parallel dazu werden drei affektive Dimensionen herausgestellt: laut/leise, freundlich/unfreundlich, humorvoll/ironisch/streng (vgl. Kleppin/Königs 1991, 67–73). Interessanterweise stellte sich heraus, dass die Selbsteinschätzungen der Lehrkräfte und ihr objektives Korrekturverhalten sich keinesfalls deckten.

Nachhaltigkeit von Korrekturen

Nun könnte man argumentieren, dass beispielsweise morpho-syntaktische Fehler nicht im Raum stehen bleiben sollten, weil sie sich zum einen beim sich äußernden Schüler, zum anderen aber auch bei den anderen ‚festsetzen' könnten. Da bislang jedoch noch keine Erkenntnisse über die generelle Nachhaltigkeit solcher Korrekturen vorliegen (und zwar weder für den Bereich der Mündlichkeit noch für die Verbesserung der angestrichenen Fehler in schriftlichen Produktionen) – und zu befürchten steht, dass ihr Einfluss nicht durch allzu große Nachhaltigkeit gekennzeichnet ist –, wäre es notwendig, über andere, eher präventive Modelle nachzudenken, d. h. den Erwerbsprozess der Schülerinnen und Schüler so zu gestalten, dass die Nachhaltigkeit bereits beim Lernen erreicht wird. Diese Idee mag vielleicht bei einer Reihe von Lehrkräften ein mitleidiges Lächeln hervorrufen – haben sie doch seit Jahren die Erfahrung gemacht, dass es ohne Fehler und Korrektur nicht geht. So richtig das ist: viele Fehler könnten vermieden werden, würde der pädagogische Leitsatz, die Schüler dort abzuholen, wo sie sind, ernst genommen. Das hieße nämlich, zunächst einmal zu erkunden, wo die einzelnen Schüler denn ‚sind', die Grundlagen ihrer Ausgangspositionen und ihre Erklärungsmodelle zu erkennen, dort anzusetzen und sie entsprechend an die zu erwerbenden Strukturen heranzuführen bzw. sie ihre eigenen Wege dorthin erkunden und finden zu lassen.

Lerner individuell abholen

Lerner einbinden

Die Entscheidung, in der einen oder anderen Weise korrigierend einzugreifen, hängt nicht zuletzt von der verfolgten Zielsetzung ab. Steht kommunikative Verständigung im Vordergrund, so werden sich sprachkorrigierende Eingriffe auf ein Minimum beschränken. Nur bei durch sprachliche Unkorrektheiten bedingten Fehlinterpretationen des Gesagten ist ein unterbrechender Eingriff notwendig und sinnvoll. Ob dieser jedoch von Seiten der Lehrkraft kommen muss bzw. sollte, ist zu diskutieren. Denn ein solches Vorgehen enthebt die übrigen Schüler der Notwendigkeit, sich darüber bewusst zu werden, dass die Kommunikation aufgrund von sprachlichem Unvermögen behindert wird, dies durch Nachfragen zu dokumentieren und damit der Sprecherin bzw. dem Sprecher wichtige Rückmeldungen zur Notwendigkeit der Verbesserung oder Veränderung der Formulierung zu geben.

Ursachenforschung

Soll Korrektur von Seiten der Lehrkraft zu einer nachhaltigen Verbesserung von Schülerleistungen führen, so reicht eine Herstellung von korrekten Sätzen und Äußerungen nicht aus. Es wären zumindest in bestimmten Abständen Fehlerdiagnosen und Fehleranalysen durchzuführen, um ihre Ursachen herauszufinden und dort gezielt verändernd anzusetzen. Nach von Kleppin/Königs (1991) erhobenen Daten ist eine Nachhaltigkeit mündlicher Korrekturen zumindest dann häufiger gegeben, wenn dabei kognitivierend verfahren wird. Zu Kognitivierung im Sprachunterricht vgl. bspw. Börner/Vogel (Hrsg. 1997) und Tönshoff (1992).

Leistungsbeurteilung

Leistungsbeurteilung lässt sich nach Topsch (2004, 127) in ‚Groß-' (Zeugnisse) und ‚Kleinformen' (laufende Rückmeldungen zu erbrachten oder nicht erbrachten Leistungen) unterteilen. Denn eine Beurteilung von Schülerleistungen erfolgt nicht nur durch die erteilten Noten, sei es im Zeugnis, sei es für Klassenarbeiten. Diese sind zwar die offensichtlichsten Ergebnisse der Beurteilung. Sie sind jedoch zahlenmäßig gering und basieren vorrangig auf schriftlichen Leistungen. Obgleich seit der kommunikativen Wende im anderssprachigen Unterricht auch die mündlichen Fähigkeiten in die Zeugnisnote eingehen sollen, ist doch die schriftliche Grundlage immer noch die ausschlaggebende Komponente für die Leistungsbeurteilung im Zeugnis. (Nicht zuletzt aufgrund der Nachprüfbarkeit der Beurteilung. Mündliche Leistungen nachprüfbar, justiziabel, zu machen, ist zwar aufwendiger, jedoch nicht unmöglich. Sie können beispielsweise durch Kassetten oder Unterrichtsmitschnitte dokumentiert werden.) Über die ‚Großformen' der Beurteilung hinaus finden sich aber in jeder verbalen und jeder nonverbalen Reaktion der Lehrkraft Schülerleistungen und Schülerverhalten beurteilende Aspekte. Diese ‚Kleinformen' der Bewertung werden nicht selten unterschätzt. Weil es sich häufig um immer wiederkehrende Muster des Verhaltens der Lehrkraft handelt, haben sie das gesamte Schuljahr hindurch begleitende Rückwirkungen auf Motivation und Leistungsverhalten der Schülerinnen und Schüler. Gerade im laufenden Unterrichtsgeschehen ist die Trennung zwischen objektiv erbrachter Leistung und ihrer subjektiven Interpretation nicht immer klar. Sich dieser Tatsache bewusst zu sein, beinhaltet die Chance, zu einer objektiveren Bewertung zu kommen.

Bewertungen setzen implizit oder explizit Bezugsnormen voraus. Für die schulische Beurteilung von Leistungen können nach Topsch (2004, 121) drei unterschiedliche Normsysteme herausgearbeitet werden: die Sozialnorm (d.h. Bezugspunkt der Leistungsbeurteilung ist die Lernergruppe, die individuelle Bewertung orientiert sich am durchschnittlichen Leistungsstand der Gesamtheit dieser Gruppe), die Sachnorm (d.h. die Bewertung orientiert sich unabhängig von der gegebenen Gruppe an vorher festgeschriebenen Lernzielen) und die Individualnorm (d.h. Bezugspunkte der Beurteilung sind das Wissen und die Kompetenzen des einzelnen Lerners). Diese drei Normensysteme sind miteinander verwoben und werden nicht immer klar unterschieden. Interessant sind nun zwei Entwicklungsstränge, die in den letzten Jahren eingesetzt haben: Einerseits kommt mit der Entwicklung hin zu Vergleichsarbeiten und Zentralprüfungen eine stärkere Orientierung an der Sachnorm ins Blickfeld, andererseits gewinnt gerade auch im Bereich des Sprachenlernens die Individualnorm größere Relevanz.

Bezugsnormen

War es traditionell Aufgabe und Vorrecht der Lehrkräfte, die Leistungen der Schüler in das Gesamtspektrum der zu erbringenden Ergebnisse einzuordnen und sie in diesem Rahmen durch Noten zu beurteilen, so ist mit dem *Gemeinsamen Europäischen Referenzrahmen für Sprachen* (GeR, vgl. Kap. 2) eine neue Dimension von Beurteilung ins Spiel gekommen: die Beurteilung der eigenen Leistungen durch die Schülerinnen und Schüler selbst. Zu diesem Zweck wurden und werden so genannte Sprachenportfolios entwickelt und den Schülern an die Hand gegeben.

Das Europäische Sprachenportfolio (ESP)

Das Europäische Sprachenportfolio ist eine Art Dossier, durch das Sprachkompetenzen in anderen Sprachen als der Muttersprache festgehalten werden. Seine Entwicklung wurde in der zweiten Hälfte der 90er Jahre vom Europarat für die 44 Mitgliedstaaten angestoßen. (Auf den entsprechenden Internetseiten finden sich ausführliche Erläuterungen zum ESP [vgl. vor allem http://culture2.coe.int/portfolio//documents/apendix2.pdf]. Für Lehrkräfte ist ein umfangreicher Text vorhanden, der in die Arbeit mit Sprachenportfolios im Unterricht einführt [vgl. Little/Perclová o. J.].) Die Entschließung des Europarates vom Oktober 2000 im Wortlaut:

> „**Resolution on the European Language Portfolio**
> The European Ministers of Education [...], CONSIDERING:
> - [...]
> - the encouraging results of the PILOT PROJECTS conducted in 15 member States in an initial pilot phase (1998 to 2000) in order to explore the practical potential, feasibility and effects of a European Language Portfolio.
>
> RECOMMEND THAT:
> The Governments of member states, in harmony with their education policies:
> 1. implement or create conditions favourable for the implementation and wide use of the ELP according to the *Principles and Guidelines* laid down by the Education Committee;
> 2. Where it is decided to introduce the ELP, they:
> 2.1. ask a competent body (such as an national committee) to examine ELP models for compulsory education, to establish whether they meet the agreed criteria, and to forward them with an recommendation to the European Validation Committee;
> 2.2. ask the competent body to monitor compliance with the *Principles and Guidelines* at the national, regional, local level;
> 2.3. create conditions to enable learners to use ELPs throughout formal and informal education;
> 2.4. assist teachers in the effective use of the ELP through appropriate training programmes and support;
> 2.5. take steps to ensure that an ELP is acknowledged as a valid record of competence regardless of its country, region, sector or institution of origin;
> 2.6. facilitate co-operation between education institutions and other relevant agencies at all levels, be they public or private, with a view to the harmonious development and implementation of ELPs;
> 2.7. monitor the dissemination and impact of the ELP and report the findings to the Council of Europe regularly, and at least once every three years."
>
> (http://culture2.coe.int/portfolio//documents/ResolutionELP.doc).

Definition Es handelt sich sowohl um ein Instrument zum Nachweis vorhandener Sprachfähigkeiten und deren Präsentation durch ausgewählte Arbeiten als auch um einen ständigen Lernbegleiter, und zwar von der Grundschule bis hin zur Erwachsenenbildung. Dadurch wird die Möglichkeit eröffnet, den eigenen Sprachlernprozess kontinuierlich zu reflektieren und zu dokumentieren.

Inzwischen sind vielfältige Modelle für unterschiedliche Länder und Regionen und für die unterschiedlichen Altersgruppen entstanden; bis Mai 2005 wurden insgesamt 65 unterschiedliche Sprachenportfolios akkreditiert (s. u.). Darüber hinaus gibt es auch in Deutschland viele Sprachenportfolios, mit denen bereits gearbeitet wird, die jedoch noch nicht akkreditiert sind. Auf den Internetseiten der Landesinstitute für Fort- und Weiterbildung der unterschiedlichen Bundesländer sind häufig Hinweise zum Stand der Entwicklung, oft auch Materialien und Bezugsadressen für bereits entwickelte Portfolios für die unterschiedlichen Schulstufen zu finden.

1. Die folgende Auflistung gibt einen Überblick über die bisher akkreditierten Sprachenportfolios (Stand: 06.05.2005):	Stand der Akkreditierungen
2. Länder, in denen bereits Sprachenportfolios vom Primar- bis zum Sek. II-Bereich eingeführt sind: Deutschland/Thüringen, Frankreich, Irland (für den Zweitspracherwerb von Migrantenkinder), Russische Föderation (einschließlich Ausbildung von Sprachenlehrern, Übersetzern und Dolmetschern), Schweden, Spanien, Tschechische Republik, Ungarn.	
3. Länder, in denen für den Sekundarbereich I und II Sprachenportfolios akkreditiert wurden: Niederlande, Portugal	
4. Länder mit Sprachenportfolios für den Primarbereich: Bulgarien, Italien, Nordirland, Vereinigtes Königreich	
5. Länder mit Sprachenportfolios für den Sek. I-Bereich: Deutschland/Hamburg, Griechenland, Italien/Umbrien und Lombardei, Polen, Slowakische Republik, Slowenien	
6. Länder mit Sprachenportfolios im Sek. II-Bereich: Georgien, Italien/Turin und Apulien, Österreich, Schweiz, Türkei.	
Vgl. http://culture2.coe.int/portfolio/inc.asp?L=E&M=$/208-1-0-1/main_pages/…/&L=E&=$t/208-1-0-1/main_pages/portfolios.html	

Allen Sprachenportfolios liegen die gleichen Zielsetzungen zugrunde. Sie sollen die Mobilität in Europa erleichtern, die Mehrsprachigkeit und den Dialog zwischen Angehörigen unterschiedlicher Kulturen fördern und damit zur Stärkung und Bewahrung der vorhandenen Kulturen beitragen. Sprachenlerner jeder Altersstufe sollen motiviert werden, sich ihre Sprachkompetenzen aktiv und differenziert bewusst zu machen. Die pädagogische Funktion sieht auf die Förderung der Motivation, andere Sprachen zu lernen, die jeweiligen Sprachkompetenzen zu verbessern und neuen interkulturellen Begegnungen gegenüber aufgeschlossen zu sein. Dieses soll vor allem durch die Förderung des autonomen Lernens, die Reflexion und Planung des eigenen Lernprozesses geschehen und zu einem aktiven, die Begegnung mit anderen Sprachen und Angehörigen anderer Kulturen suchenden Verhalten führen und nicht zuletzt zu einem lebenslangen Lernen anderer Sprachen beitragen.

Zielsetzungen

Alle Sprachenportfolios sind an den Kompetenzniveaus des *Gemeinsamen Europäischen Referenzrahmens für Sprachen* mit ihren Unterteilungen orientiert. Dieser gemeinsame Orientierungsrahmen soll die Sprachkompetenzen europaweit vergleichbar und die Grundlage ihrer Beurteilung transparent machen.

ESP – GeR

Jedes Sprachenportfolio ist vom Lerner selbst auszufüllen, es ist und bleibt sein Eigentum. Es setzt sich obligatorisch aus drei Bestandteilen zusammen: Sprachenpass, Sprachbiographie und Dossier. Im Sprachenpass wird der aktuelle Stand der jeweiligen Sprachkompetenzen und der interkulturellen Er-

Bestandteile

fahrungen dokumentiert. Die Sprachbiographie gibt Auskunft über bisherige Spracherwerbserfahrungen und interkulturelle Erfahrungen. Hilfestellungen für die Selbsteinschätzung und die Reflexion des eigenen Sprachlernens sind ebenso enthalten wie solche zur Planung des weiteren Sprachenlernens. Im dritten Teil sollen unterschiedliche Arbeiten den Fortgang des eigenen Spracherwerbs dokumentieren.

Selbstevaluation   Schülerinnen und Schüler sind es bislang kaum gewöhnt, sich in einer über allgemeine Einschätzungen hinausgehenden Weise mit ihren eigenen Leistungen und Leistungsdefiziten auseinander zu setzen. Um sich die Fähigkeit zur Evaluation des jeweils gegebenen Kompetenzstandes zu erarbeiten, braucht es Zeit und beratend-leitende Führung von Seiten der Lehrkraft. So kann beispielsweise eine Unterrichtsstunde oder Unterrichtseinheit damit ausklingen, dass den Schülerinnen und Schülern Zeit gegeben wird, ihre eigenen Lernzuwächse zu reflektieren und festzuhalten. Dies kann anfangs über vorgegebene Fragestellungen erfolgen, ohne dass die Lehrkraft die jeweiligen Ergebnisse und Erkenntnisse einsammelt und durchsieht. Hilfreich, gerade auch für die Auseinandersetzung mit dem eigenen Lernstand und dem eigenen Lernverhalten, ist eine vorausschauende Einschätzung auf erwartete Ergebnisse von Tests oder Klassenarbeiten. Muss der Schüler im Vorfeld der zu erbringenden Leistung formulieren, welches Ergebnis er erwartet, kann er dies nicht tun, ohne sich über seine Vorbereitung und seinen Kenntnisstand in Bezug auf die geforderte Leistung klar zu werden.

Lernberatung   Durch das ESP wird die Rolle der Lehrkraft zukünftig um den wichtigen Aspekt des Beratens ergänzt werden. Hierzu sind entsprechende Fähigkeiten in der Beobachtung und Diagnose notwendig sowie der Wille, zusammen mit dem einzelnen Schüler die Leistungen zu diskutieren und gemeinsam Vorschläge zur Verbesserung zu erarbeiten. Dass dies weder im Rahmen des normalen Unterrichtsablaufs noch in den Pausen, quasi ‚zwischen Tür und Angel' möglich ist, versteht sich. Beratungsstunden für Schüler, die eigenverantwortlich, autonom und bewusst ihren Lernprozess begleiten und vorantreiben, werden notwendig. Denn es nützt mittel- und langfristig wenig, die Schülerinnen und Schüler zu Eigenverantwortung zu motivieren, sie diesbezüglich in die Pflicht zu nehmen, wenn dies nicht durch die notwendige Förderung und Begleitung von Seiten der ebenfalls verantwortlichen Lehrkräfte abgesichert und gestützt wird. An diesem Zusammenspiel wird sich künftig die Qualität nicht nur von Sprachenlernen, sondern von Schule insgesamt messen lassen müssen.

5 Variable Lerner und Lernerinnen

Der methodisch-didaktische Sprachgebrauch lässt uns im Allgemeinen von ‚den' Schülerinnen und Schülern sprechen. Dabei gerät die gesamte Lernergruppe ins Blickfeld. Gruppen setzen sich jedoch aus höchst unterschiedlichen, individuellen Personen, d.h. auch unterschiedlichen Lerntypen, zusammen. In jeder Lernergruppe findet sich eine große Bandbreite an Lernerpersönlichkeiten und Lerntypen mit unterschiedlichen und unterschiedlich verarbeiteten schulischen und außerschulischen (Lern)Erfahrungen, mit unterschiedlichen Intelligenzen, Herangehensweisen und Motivationen. Diese Differenzen sind im Einzelnen für das Lernen einer anderen Sprache noch nicht ausgelotet worden, und es gehört auch (noch) nicht zum Standardprogramm von Klassen- bzw. Fachkonferenzen, ein individuelles Lernerprofil für jeden Schüler, das jeweils in Zusammenarbeit mit ihm erarbeitet wurde, zugrunde zu legen.

Individuelle Lernerprofile

In der Regel wird vielmehr auf die gesammelten spontanen Beobachtungen und Interpretationen zurückgegriffen. Um aber zu einer individuell begründeten Lernberatung auch und gerade im Zusammenhang der Fortschreibung der Sprachenportfolios durch die Schülerinnen und Schüler kommen zu können, müssen die jeweiligen Lernerpersönlichkeiten klarer erkannt werden, um dann die Beratung in verstärktem Maße individualisieren zu können (vgl. auch den Kompetenzbereich ‚Beurteilen' der von der KMK formulierten Standards der Lehrerbildung).

Der Bremer Rahmenplan Englisch für die Primarstufe von 2004 widmet diesem lernerorientierten Aspekt unter der Überschrift „Lerntheoretischer Hintergrund" bereits ein Teilkapitel (S. 7 f.). Auf der Grundlage der von Gardner (1991) aufgestellten Theorie der Multiplen Intelligenzen werden Möglichkeiten aufgezeigt, die unterschiedlichen Stärken der Schüler und Schülerinnen individuell zu diagnostizieren und Materialien und Methodik der Unterrichtsgestaltung angegeben, die den jeweiligen Intelligenz-Arten entgegenkommen. Im Anhang erfolgt noch einmal ein Überblick über die „Acht Arten zu lernen" (S. 20) und eine „Checkliste zur Erfassung der ‚Multiple Intelligences'" von Kindern in der Primarstufe (S. 21 f.).

5.1 Lerntypen

Die häufig vorgenommene Einteilung der Lerntypen nach der Art der Informationsaufnahme (visuell, auditiv, visuell-auditiv, taktil-haptisch etc.) ist wichtig und wird immer öfter im Unterricht berücksichtigt. Sie greift mit Sicherheit aber zu kurz. Denn entscheidend ist nicht nur, über welche Kanäle Informationen aufgenommen werden, sondern auch und gerade, wie sie verarbeitet, kategorisiert, repräsentiert und gespeichert werden.

Informationsaufnahme und -verarbeitung

Dieselben Unterrichtsbedingungen sind keineswegs für alle Schüler gleich. Vermittelte Informationen werden in unterschiedlicher Weise aufgenommen und verarbeitet. Nach Jonassen/Grabowski (1993) sind mindestens drei Ebenen zu unterscheiden: die Kognitive Steuerung, der Kognitive Stil und der Lernstil. Kognitive Steuerung und Kognitiver Stil werden als hochgradig persönlichkeitsabhängig und damit nur in geringem Maße beeinflussbar gesehen. Die Kognitive Steuerung erfolgt durch Persönlichkeitsmerkmale, die die Art der Aufnahme und Verarbeitung von Informationen und die Wahrnehmung des Umfeldes grundlegend bestimmen. Auf dieser Ebene wird unterschieden zwischen (um)feldabhängigen und (um)feldunabhängigen Personen. Feldabhängigkeit, die häufig mit einer hohen Bedeutung der sozialen Interaktion einhergeht, orientiert sich an den vorliegenden Gegebenheiten, ist fakten- und feldbezogen. Feldunabhängigkeit hingegen beinhaltet die Suche nach eigener gedanklicher Strukturierung des Umfeldes, nach Kategorisierung und Konzepten.

Feldabhängigkeit – Feldunabhängigkeit

Bislang ist die Relevanz und Konkretisierung von Kognitiver Steuerung und Kognitivem Stil für das konsekutive Lernen anderer Sprachen noch nicht im Einzelnen herausgearbeitet worden. Die von Szagun (2000, Kap. 8) dargestellten Informationen über die beiden grundlegend unterschiedlichen Herangehensweisen an den Muttersprachenerwerb können als mit dieser Einteilung von Lernerpersönlichkeiten übereinstimmend gesehen werden: Feldunabhängigkeit äußert sich demnach in einer „Kontinuität vom frühen und flexiblen Gebrauch von hauptsächlich Nomen zur schnellen Erweiterung des Vokabulars und Kombination von Inhaltswörtern zum produktiven Erwerb von Flexionsmorphemen" (Szagun 2000, 251). Es handelt sich um einen eher analysierenden Spracherwerb. Feldabhängigkeit ist demgegenüber gekennzeichnet durch eher holistische Informationsverarbeitung und beinhaltet die „Kontinuität vom Gebrauch von formelhaften Ausdrücken und viel Imitation zum frühen Gebrauch einzelner Morpheme und Funktionswörter zum langsameren Erwerb von generalisierten Flexionsmorphemen" (Szagun 2000, 251). Es kann argumentiert werden, dass damit eine Korrelation von „Feldabhängigkeit = eher holistischer Spracherwerb" und „Feldunabhängigkeit = eher analysierender Spracherwerb" gegeben ist. Diese beiden, grundlegend verschiedenen Arten der Verarbeitung sowohl allgemeiner als auch spracherwerbsspezifischer Informationen werden sich in den Lernergruppen finden. Sollen beide im Einklang mit ihrem jeweiligen Verarbeitungsmodus gefördert werden, muss dies im Unterricht durch methodische Differenzierung und unterschiedliche Formulierung didaktischer Teilziele berücksichtigt werden.

Herangehensweisen an den Muttersprachenerwerb

Geht es bei der Kognitiven Steuerung um die Art der Verarbeitung von Informationen, so beziehen sich die Differenzierungen der Kognitiven Stile auf die Herangehensweise und die bevorzugte Art der Informationsaufnahme. Auch auf dieser Ebene ist eine große Beständigkeit des Lerntyps anzusetzen. Grundlegend kann hier unterschieden werden nach der Art der Codierung: Informationen können eher verbal oder eher visuell gespeichert werden.

Art der Informationsaufnahme

Für die Ebene der Lernstile berufen sich viele auf die Arbeiten Kolbs 1981, 1984 bzw. die von Honey/Mumford 1992. Geht es bei Kolb vor allem um das Sammeln und Verarbeiten von Erfahrungen und Informationen, so richten sich Honey/Mumfort eher an der Kontinuität des Lernens als spiraligem Prozess aus. (Für einen ersten Überblick über die theoretischen Modelle der Lernstile vgl. Stangl 2004a.)

Lerntypen nach Kolb

	„Divergierer"	„Konvergierer"	„Assimilator"	„Akkomodierer"
dominanter Lernstil	konkrete Erfahrung, reflektierende Beobachtung	analytisches Begreifen, aktives Experimentieren	analytisches Begreifen, reflektierendes Beobachten	konkrete Erfahrung, aktives Experimentieren
besondere Stärken	Zusammenführen unterschiedlicher Aspekte	Anwendung hypothetisch-deduktiver Überlegungen	Entwicklung stimmiger theoretischer Modelle, induktives Denken	Umsetzung von Plänen, Offenheit für neue Erfahrungen, Risikofreude
Interessen	an Menschen interessiert, gefühlsorientiert	objektorientiert, eingegrenzte Interessengebiete	abstrakte Konzepte, Theorie	Sammeln unterschiedlicher Erfahrungen (Versuch-Irrtum)
Typische Berufe	Geisteswissenschaftler, Berater, Personalleiter	Ingenieur, Techniker	Naturwissenschaftler (Grundlagenforschung), Mathematiker	Marketing, Verkauf

Diese Einteilung – schablonenhaft und im Einzelfall korrekturbedürftig – gibt einen Überblick über unterschiedliche Lerntypen, ihre Herangehensweisen und Verarbeitungsebenen. Sie alle sind in den unterschiedlichen Phasen und Zielsetzungen zielsprachlichen Unterrichts als Lernansätze von Schülerinnen und Schülern vorhanden und können jeweils zielgerichtet für das Lernen einer neuen Sprache nur genutzt werden, wenn entsprechende Ansatzpunkte zu variabler Informationsaufnahme und -verarbeitung geschaffen werden. Die kompetente Lehrkraft kann durch entsprechende Unterrichtsgestaltung die Voraussetzungen dafür schaffen.

Im traditionellen gymnasialen Fremdsprachenunterricht war der Erfolg beim Lernen einer anderen Sprache recht eng an analytisch-formale Intelligenz, gemessen durch den I.Q., geknüpft. Gardner (1991) hat wesentlich dazu beigetragen, den Intelligenzbegriff zu differenzieren und insgesamt sieben verschiedene Intelligenzen aufgezeigt. So unterscheidet er verbale, logisch-mathematische, räumliche, musikalische, körperlich-kinästhetische, musische und personale Intelligenz, letztere unterteilt in intra- und interpersonale, wobei die interpersonale Intelligenz in engem Zusammenhang mit der sozialen Kompetenz zu sehen ist (vgl. Stangl 2004b). Hinzu gekommen sind Bezugsgrößen wie die emotionale Intelligenz (Goleman 1997) und die Erfolgsintelligenz (Sternberg 1998). *Intelligenz-Arten*

Die Differenzierung der Intelligenz ist zumindest indirekt auch von der Sprachvermittlungsmethodik aufgenommen worden. Man ist mehr und mehr bemüht, auch die unterschiedlichen Intelligenz-Arten für das Sprachenlernen der einzelnen Schülerinnen und Schüler zu nutzen, indem eine Vielfalt an Zugangsmöglichkeiten bereitgestellt wird, die es ihnen ermögli- *Intelligenzen beim Sprachenlernen* chen soll, sich die neue Sprache ihren individuellen Stärken folgend anzueignen. Allerdings ist der jeweilige Beitrag der unterschiedlichen Intelligenz-Arten zu einem erfolgreichen Sprachenlernen im Einzelnen noch nicht geklärt. Es bedarf weiterer Forschung, um herauszufinden, welche Intelligenzen das Lernen einer anderen Sprache in besonderem Maße fördern. Auch die Frage nach dem Zusammenhang zwischen Intelligenz-Arten, Lerntypen und Sprachlern- bzw. Spracherwerbserfolg ist noch nicht ausreichend ins Blickfeld gerückt. Zurzeit handelt es sich eher noch um eine undifferenziert wahrgenommene Gemengelage, die häufig als vorhandene oder nicht vorhandene „Sprachbegabung" bezeichnet wird.

5.2 Sprachbegabung

Gute Sprachenlerner werden häufig als „sprachbegabt" bezeichnet, nicht so gute Sprachenlerner ziehen sich ebenso häufig hinter das Argument zurück, sie seien eben nicht sprachbegabt. Diese Zuschreibungen kommen oft auch von anderer Seite (Lehrkräfte, Eltern) und zementieren dann die entsprechende Selbsteinschätzung. Auf Nachfragen, was denn die Sprachbegabung ausmache, worin sie bestehe, kommen allerdings höchst unterschiedliche Aussagen (sofern überhaupt der Versuch unternommen wird, den Begriff zu erklären). So ungeklärt der Begriff der Sprachbegabung ist, ein Element scheint mehr oder weniger konstitutiv zu sein: Sprachbegabung wird als gegeben oder nicht gegeben gesehen. Demgegenüber verfügt der „gute Sprachenlerner", wie ihn Rubin (1975) analysiert (s.u., Kap. 5.5), über Eigenschaften, die prinzipiell erlernbar sind, wenngleich auch die Vorgehensweisen bislang im Detail noch nicht herausgearbeitet und operationalisierbar gemacht wurden.

Tests   Hier sind auch die Versuche zu erwähnen, Sprachbegabung zu testen. Die beiden bekanntesten Tests sind der MLAT (Modern Language Aptitude Test) und die PLAB (Pimsleur Language Aptitude Battery). Beide wurden in amerikanischen Schulen entwickelt und angewandt. Die bei der PLAB getesteten Fähigkeiten setzen sich aus folgenden sechs Faktoren zusammen: Durchschnittsnote (13,7 %), Motivation zum Lernen einer anderen Sprache (6,8 %), englischer (ausgangssprachlicher) Wortschatz (20,5 %), logische Sprachanalyse einer anderen Sprache (12,8 %), Diskriminierungs- und Wiedererkennungsfähigkeit neuer Laute (25,6 %) und Phonie-Graphie-Relation (20,5 %). Nähere Informationen zu beiden Tests: www.2lti.com/htm/plab.htm bzw. www.2lti.com/htm/mlat.htm.

> **Nachdenkaufgabe:**
> - Halten Sie sich für sprachbegabt?
> - Worin drückt sich diese Begabung bzw. ihr Fehlen aus?
> - Welches sind die wesentlichen Aspekte von Sprachbegabung?
> - Wie kommen die unterschiedlichen Teilkompetenzen (Aussprache, Wortschatzverwendung, Grammatikanwendung) ins Spiel?
> - Sollte eine Unterscheidung getroffen werden für schulisches Sprachenlernen und Sprachenlernen in natürlicher Umgebung?

Gerade für den Begriff der Sprachbegabung wäre eine genauere Definition hilfreich, um die einzelnen Elemente, aus denen sich diese Fähigkeit zusammensetzt, bestimmen zu können und – je nach Einzelkomponente – darüber zu befinden, ob und wie sie gegebenenfalls durch entsprechende Eigenleistung des Schülers bzw. der Schülerin und durch gezielte Hilfestellung durch die Lehrkraft gefördert werden kann.

5.3 Subjektive Theorien

Vorstellungen über Sprachbegabung gehören zu den so genannten Subjektiven Theorien, d.h. zu den Alltagstheorien, über die jeder Mensch verfügt und auf deren Grundlage er sein Handeln weitgehend gestaltet, es sind „persönliche Überzeugungen, deren Gültigkeit unterstellt wird und die bei der Beurteilung von Personen (Personenwahrnehmungen), Situationen u. a. mit einfließen, ohne dass eine vertiefte kritische Analyse erfolgt" (Lexikon der Psychologie 2002). Auf der Grundlage eines epistemologischen Subjektmodells – in Abgrenzung zu behavioristisch orientierten, dem Subjekt selbstentscheidende Handlungskompetenz absprechenden Modellen – wird gerade solchen intuitiven und impliziten Annahmen Einfluss auf das Handeln des Einzelnen zugeschrieben (vgl. Groeben/Scheele 2000).

Definition

Auch das Verhalten von Lehrkräften ist seit kurzem in den Blickwinkel entsprechender Forschung gekommen, ebenso die Vorstellungen von Schülerinnen und Schülern zum Lernen anderer Sprachen in der Schule (vgl. Kallenbach 1996). In den konkreten Unterrichtssituationen treffen unterschiedliche Subjektive Theorien aufeinander und beeinflussen – den Beteiligten in der Regel unbewusst – Verhalten, Motivation, Leistung und Leistungsverhalten; sie bestätigen sich unter Umständen (im Positiven wie im Negativen) immer wieder: „Die subjektive Gewissheit der Gültigkeit impliziter Theorien ergibt sich einerseits aus der Selektivität der Wahrnehmung, andererseits im interpersonalen Kontakt als Effekt der Sich-selbst-erfüllenden Prophezeiung, da man sich gegenüber einer anderen Person so verhält, dass deren Reaktion die eigene Annahme bestätigt." (Lexikon der Psychologie 2002). Dies trifft umso mehr zu, wenn die Annahmen auch von anderen (Mitschülern, Lehrern, Kollegen, Eltern) geteilt werden. So wurden im Rahmen einer Studie von Subjektiven Theorien von Physiklehrern vier unterschiedliche Auffassungen der eigenen Person und ihrer Unterrichtstätigkeit festgestellt: Eine Gruppe verstand sich vorrangig als Physiker, eine weitere vorwiegend als Lehrer, eine dritte sah ihre Aufgabe darin, Lernwiderstände bei Schülern überwinden zu helfen, während die vierte Gruppe sich als ‚Bereitsteller' von Lernsituationen begriff. Allerdings war die Anzahl der in die Untersuchung einbezogenen Lehrkräfte zu gering, als dass daraus bereits valide Schlüsse auch auf die Auswirkungen dieser unterschiedlichen Berufsauffassungen auf die Schüler gezogen werden könnten. (Vgl. beispielsweise „Subjektive Theorien von Lehrern": www.ipn.uni-kiel.de/aktuell/ipnblatt/ip104/ip104r06.htm. Vgl. ebenfalls „Subjektive Theorien": www.learnline.de/angebote/paedagogischefb/lexikon/theorien.html. Zu ersten Ansätzen in Hinsicht auf das berufliche Selbstverständnis von Fremdsprachenlehrern und -innen vgl. Caspari 2000.)

Relevanz

Die Selbsteinschätzung der einzelnen Schüler beeinflusst – neben den oben dargelegten persönlichkeitsabhängigen Variablen wie Introvertiertheit oder Extrovertiertheit, Schüchternheit etc. – das jeweilige Verhalten, die Mitarbeit im Unterricht und die Offenheit für die Aufnahme neuen Lernstoffs. Dass dabei – oft nicht bewusst oder willentlich eingesetzte – Verhaltensweisen der Lehrkraft unter Umständen von entscheidender Bedeutung sind, bleibt von ihr häufig zu wenig berücksichtigt. Genau an diesem Punkt zeigt sich aber Professionalität, nämlich die Fähigkeit, Lernergebnisse und Lernverhalten der Schülerinnen und Schüler nicht nur in Abhängigkeit von ihnen selbst zu sehen, sondern auch den eigenen Beitrag dazu in Rechnung zu stellen.

5.4 Motivation

Definition

Anders als beim Erwerb der Muttersprache besteht für das Lernen jeder weiteren Sprache keine absolute Notwendigkeit. Es muss gewollt sein. Die Motivation, eine andere Sprache zu lernen oder zu lehren, kann durch die unterschiedlichsten Motive begründet sein. Diese Motive sind in der Regel übergeordnete Beweggründe, die über einzelne Situationen hinaus greifen. Sie begründen die Ziele, die Dauer und Intensität der Bemühungen und sind als relativ stabile innere Antriebskräfte nicht immer bewusst. Die für das Lernen und/oder Lehren einer anderen Sprache in Frage kommenden Motive können sozialer, psychischer oder auch kognitiver Art sein. Die Umsetzung der Motive in Handlungen ist einerseits abhängig davon, ob entsprechende Anlässe gegeben sind bzw. (selbst) geschaffen werden, andererseits von einer ‚Kosten-Nutzen'-Abwägung. Die einzubringenden Anstrengungen (‚Kosten') müssen von den erwarteten Ergebnissen zumindest kompensiert werden. Die Aktualisierung von Motiven in oder für Situationen, die entsprechende Anlässe und Anreizbedingungen bieten, kann dann als Motivation bezeichnet werden. Es handelt sich um die „[…] aktuelle[n] kognitive[n] und emotionale[n] Prozesse, die vor, während und nach einer Handlung auftreten" (Weißbrodt 2000, 221). In die Motivation gehen Erwartungen und Bewertungen, Hoffnungen und Befürchtungen, Freude und Enttäuschung sowie persönliche Ursachenerklärungen ein. All dies wirkt sich in zukünftigen ähnlichen Entscheidungs- und Handlungssituationen aus.

Hypothetische Konstrukte

Motive und Motivation sind hypothetische Konstrukte, die rückwirkend aus dem Verhalten und den Situationsvariablen erschlossen werden. Die Problematik liegt in der Unzuverlässigkeit der Interpretation (sei es die eigene als Introspektion, sei es die des Handelns anderer) als Informationsquelle für Entscheidungsbegründungen. Von daher ist größte Vorsicht geboten, interpretierende Motivationszuschreibungen in der Beurteilung des Leistungsverhaltens anderer vorzunehmen.

Unterricht als Einflussfaktor

Die Unterrichtspraxis ist in ihrer Dynamik durch das Zusammenwirken vieler unterschiedlicher Variablen gekennzeichnet. Die Motive und Motivationen jedes Einzelnen (Schülerin und Schüler, Lehrkraft) und die sich daraus ergebende Gruppendynamik – nicht zuletzt auch in ihren Rückwirkungen auf die motivationalen Dispositionen jedes Beteiligten – sind damit nicht ein für alle Mal festgelegt, sondern werden in jeder Unterrichtsstunde neu konstituiert.

Häufig wird zwischen intrinsischer (aus dem Handelnden selbst kommender) Motivation und extrinsischer (von außen nahe gebrachter) Motivation unterschieden. Ob diese Unterscheidung aber Relevanz für den Unterricht hat, ist zu bezweifeln. Denn zum einen können die gleichen Zielsetzungen verfolgt werden, zum anderen sind beide höchst anfällig für gegenläufige Einflüsse. (Auch dem intrinsisch motivierten Schüler kann seine Motivation kurz-, mittel- oder sogar langfristig durch und im Unterricht ‚abhanden kommen'.) Eine andere Kategorie, die instrumentelle Motivation, d. h. die Motivation, eine andere Sprache zu lernen, um damit etwas anderes zu erreichen, deckt ein breites Spektrum an Zielsetzungen ab, die den Erwerb der anderen Sprache nicht als Ziel an sich setzen, aber gute Sprachlernleistungen mit sich bringen. Der Wunsch nach einer guten Note, außerschulische Kommunikationsbedürfnisse, Informationsbeschaffung, ein Berufsziel, das entsprechende Sprachkenntnisse erfordert usw. können kontinuierlich gute Sprachlernleistungen hervorbringen. Gardner/Lambert (1959) beispielsweise zeigten auf, dass beim Zweitspracherwerb die instrumentelle Motivation, die sie der integrativen Motivation (d. h. der Motivation, sich in die andere Sprechergemeinschaft zu integrieren) gegenüberstellen, bessere und strukturell solidere Spracherwerbsergebnisse bewirkt.

Intrinsische und extrinsische Motivation

Ebenso wie die Motivation der Schülerinnen und Schüler bzw. ihre Demotivation nicht stabil und gleich bleibend ist oder sein muss, sondern von den jeweiligen Unterrichtsbedingungen und anderen schulischen und außerschulischen Gegebenheiten beeinflusst wird, ist auch die Motivation der Lehrkraft nicht in allen Klassen und Unterrichtsstunden gleich. Auch sie hängt von unterschiedlichen Variablen ab. Sich diese Tatsache ins Bewusstsein zu rufen und trotz aller persönlichen Schwankungen stets einen guten, motivierenden Unterricht anzustreben, ist Bestandteil professionellen Lehrerhandelns.

Lehrermotivation

5.5 Lernerautonomie

Der Begriff der ‚Lernerautonomie' hat doppelte Bedeutung. Zum einen ist er als Anspruch an den Lerner zu sehen, seinen eigenen Lernprozess zielgerichtet zu organisieren und durchzuführen, zum anderen bedeutet er aber – gerade im Zusammenhang mit dem Lernen einer Sprache –, dass der Lerner seine eigenen Wege geht, sich das zu Lernende selbst erschließt, erschließen muss, um es für sich fruchtbar werden zu lassen. Spracherwerb als nicht linearer Prozess, als Aufbau einer Lernersprache, die sich der Zielsprache immer mehr annähert, basiert auf der Aufnahme und Integration andersssprachiger Strukturen und lexikalischer Einheiten in das vorhandene explizite und implizite, sprachliche und metasprachliche Wissen durch den einzelnen Lerner. Motivationale Aspekte und Subjektive Theorien greifen in diesen Prozess ein und können ihn befördern oder behindern.

Zweigleisigkeit des Begriffs

Unterrichtsinhalte und die Art ihrer Behandlung durchlaufen nicht nur einen „sozio-affektiven Filter" (Dulay/Burt 1978), sie müssen auch mit vorherigem Wissen und Annahmen kompatibel sein, um diese kongruent weiterzuentwickeln. Nicht immer wird oder kann alles, was gehört wird (der Input), auch produktiv integriert und damit zu einem „intake" (Krashen

Monitoring

1978a, 1978b) werden. Für den Bereich der produktiven, eigenständigen Sprachverwendung kommt ein weiteres differenzierendes Moment hinzu: der Grad der Beobachtung und Überwachung der eigenen Sprachproduktion. In dem von Krashen in den 70er Jahren entwickelten ‚monitor model' werden unterschiedliche Verhaltensweisen von Lernern herausgearbeitet: Auf der einen Seite des Kontinuums befinden sich diejenigen, die jede Äußerung mit höchster Aufmerksamkeit hinsichtlich ihrer Korrektheit begleiten, sich durch die Intensität des Wunsches nach korrekter Sprachproduktion nicht selten selbst behindern, eher gar nichts als etwas fehlerhaft Formuliertes sagen (die so genannten ‚over-users'), auf der anderen Seite diejenigen, die der Form ihrer Äußerungen so gut wie keine Aufmerksamkeit schenken (die so genannten ‚under-users'). Zwischen diesen beiden Polen liegen vielfältige Möglichkeiten der überwachenden Selbstbeobachtung, und jeder Lerner situiert sich in Abhängigkeit von seiner Persönlichkeit und vorangegangenen Lernerfahrungen.

„Gutes Raten"

Bereits vor gut 30 Jahren behandelte Joan Rubin die Frage, was einen guten Sprachenlerner ausmacht. Dieser zeichnet sich nach Rubin (1975) vor allem dadurch aus, dass er ein ‚guter Rater' ist. Das mag zunächst befremdlich klingen, denn gerade in schulischem Kontext soll es ja um Wissen und nicht um Raten gehen. Bei den Einzelkomponenten, aus denen sich für Rubin „Gutes Raten" zusammensetzt, handelt es sich jedoch nicht um ziel- und grundloses Herumrätseln. ‚Raten' in diesem Zusammenhang bedeutet vielmehr, begründete Hypothesen über die zu lernende Sprache zu erarbeiten.

Eine ganz wesentliche Verhaltensdisposition ist es, sich gerade nicht in erster Linie oder gar ausschließlich – wie das Kaninchen auf die Schlange – auf die Sprache zu konzentrieren, sondern der Kommunikation, dem Kommunikationsziel und der Mitteilungsfunktion hohe Priorität einzuräumen – ganz im Sinne von Krashens Paradoxon des Sprachenlernens, nach dem wir eine andere Sprache am besten lernen, wenn wir sie nicht lernen.

Das Vermögen, sich durch mangelnde Kenntnisse und Unsicherheit nicht einschüchtern zu lassen, sondern aus der gegebenen Situation inhaltliche und sprachstrukturelle Informationen aufzunehmen, implizite und explizite Kenntnisse aus bereits vorhandenem Sprach- und Kommunikationsvermögen, aus dem gesamten Weltwissen, zum – sprachlichen und inhaltlichen – Verständnis des jeweiligen Kommunikationsaktes einzusetzen, ist wesentlicher Bestandteil eines guten Sprachenlerners. Eine weitere wichtige Komponente ist das Bedürfnis nach Kommunikation und danach, von dieser Kommunikation (auch sprachstrukturell) zu profitieren. Um dies zu erreichen, scheut sich ein guter Sprachenlerner nicht, Fehler zu machen oder sein Kommunikationsziel auf nonverbaler Ebene zu illustrieren. Er ist in der Lage, seine Aufmerksamkeit auf Form und Struktur des Gehörten zu richten, auf der ständigen Suche nach (Sprach)Mustern und Schemata zu ihrer Kategorisierung. Er bemüht sich nicht nur um möglichst häufige Gelegenheiten zum Kommunizieren; in der Kommunikation ist er sowohl bei der eigenen Sprachproduktion als auch bei der Rezeption des Gehörten auf bewusstes Wahrnehmen der verwendeten Sprachstrukturen bedacht und registriert, wie seine Äußerungen vom Interaktionspartner aufgenommen werden, um daraus Rückschlüsse auf seine eigenen sprachlichen Ausdrucksfähigkeiten zu ziehen.

Die Elemente guten Zweitsprachlernens, die Rubin herausgearbeitet hat, sind wertvoll in Hinsicht auf Lernerautonomie. Versteht man diesen Begriff nicht bezogen auf individuelle Vorlieben eines Schülers (bspw. Karteikarten einem Vokabelheft vorzuziehen), sondern auf die je individuelle Art der Annäherung an eine andere Sprache, so finden sich gerade hinsichtlich der Herstellung von Mehrsprachigkeit wichtige Punkte, die auch im fremdsprachlichen Unterricht Beachtung finden müssen, sollen autonome, gute Sprachenlerner – auch über die Schulzeit hinaus – ausgebildet werden.

5.6 Autonomes Sprachenlernen und Lernberatung

Lernberatung hat die Funktion, Lernerautonomie in dem oben erwähnten Sinn herzustellen, das heißt, einem Lerner zu helfen, die für ihn bestmögliche Organisation des Lernprozesses von Sprachen zu finden und beizubehalten. Dieses kann in Form von individueller Beratung geschehen, es kann aber auch im Klassenrahmen stattfinden. Unterschiedliche Lern- und Arbeitstechniken müssen vorgestellt, ausprobiert und individuell für und von einzelnen Schülern evaluiert werden, denn ihre Nützlichkeit zeigt sich in der Optimierung der jeweiligen individuellen Lernprozesse. Was für Schüler A wichtig und hilfreich ist, kann bei Schülerin B eher Verwirrung und Hilflosigkeit auslösen.

Die oben beschriebene Autonomie jedes Lerners vorausgesetzt, muss es darum gehen, die jeweils geeigneten Arbeits- und Übungsformen zu finden. Dies kann nur in Zusammenarbeit mit dem Schüler geschehen und bedarf vertrauensvoller Zusammenarbeit von beiden Seiten. Auf Seiten des Schülers muss die Gewissheit gegeben sein bzw. aufgebaut werden, dass zugegebene Schwächen nicht zum Nachteil gereichen, auf Seiten der Lehrkraft muss das Vertrauen in Lernfähigkeit und Lernwilligkeit (die unter Umständen gerade in der Beratung erst zu ‚entdecken' sind) vorhanden sein. Ist keine Motivation vorhanden, so gilt es, gemeinsam Wege zur Motivierung zu finden – wobei die Analyse der Gründe für die nicht vorhandene oder unter Umständen auch nicht umgesetzte Motivation den Ausgangspunkt bilden sollte.

Kooperation

Gerade in diesem Zusammenhang ist eine Auseinandersetzung mit den je gegebenen Subjektiven Theorien wichtig. Auto- und Heterosicht beider Seiten sind in der gemeinsamen Aufgabe zu überprüfen und gegebenenfalls zu ändern. Insbesondere der Lehrkraft stellt sich die Aufgabe, sich mit dem Bild, das sie von dem betreffenden Schüler hat, auseinander zu setzen und ihr Verhalten zu überprüfen. So ist beispielsweise in Hospitationsstunden nicht selten zu beobachten, dass einzelne Schüler immer wieder ermahnt werden, obwohl aus der Sicht der teilnehmenden Beobachtung eigentlich kein Grund zu Ermahnung gegeben ist (sondern eher der Nachbarin/des Nachbarn) bzw. dass – fallen mehrere Personen auf – es immer derselben angelastet wird, obwohl andere im konkreten Fall sehr viel mehr Anlass zur Ermahnung gegeben hätten. Hier kommen Vorurteile zum Ausdruck. Es wird von einer generellen Erwartungshaltung gegenüber dem betreffenden Schüler ausgegangen, die sich dann in der entsprechenden Interpretation der Situation konkretisiert.

Überprüfung der Wahrnehmung

Individualität von Sprachlernberatung

Ausgehend von den unterschiedlichen Aspekten, die Sprachlernmotivation begründen können (Persönlichkeit, Biographie, Einstellungen gegenüber der anderen Sprache und Kultur, Ausgestaltung der Lernsituation und -umgebung) weist auch Kleppin 2004 auf die Individualität von (Sprach-)Lernberatung hin. Sie unterteilt die zu berücksichtigenden Faktoren in lernerinterne Faktoren einerseits (Motivationsstile und Motive, Lernziele, [Lern]Erwartungen des Lerners, Selbstkonzepte, Selbstzuschreibung von Fähigkeiten, Emotionen, Einstellungen, Anstrengung, Beharrlichkeit, Aufmerksamkeit) und lernerexterne Faktoren andererseits (Lernergruppe, Unterrichts- und Lernsituation, -materialien, Lehrkraft und ihr Verhalten).

Selbstreguliertes Lernen

Lernerautonomie wird durch eine dem individuellen Lerntypen angemessene Verwendung von unterrichtsbezogenen Lern- und Arbeitstechniken unterstützt, sie braucht darüber hinaus gerade für das Sprachenlernen aber auch Verhaltensdispositionen, wie sie beispielsweise Rubin (1975) beschrieben hat und die sich in einem angemessenen ‚monitoring' der eigenen Sprachleistungen (rezeptiv und produktiv) und die anderer ausdrückt. Auch im Unterricht anderer Sprachen müssen sich die Momente Selbstregulierten Lernens entfalten, die in den letzten Jahren im Rahmen der Diskussionen um PISA ins Blickfeld gerückt sind und die auf dem Zusammenspiel kognitiver und metakognitiver Strategien einerseits und motivationaler und emotionaler Komponenten andererseits aufbauen. (Vgl. dazu Boekaerts 1997, 1999; Baumert et al. 1999; Artelt/Demmrich/Baumert 2001.) Dabei kommt der Fähigkeit, die Steuerung der Informationsverarbeitung, der Metakognition des Lernens und die der Motivation miteinander zu verbinden und in Einklang zu bringen, entscheidender Stellenwert zu.

Lernoffenheit des Unterrichts

Die Notwendigkeit Selbstregulierten Lernens (als Ausdruck von Lernerautonomie) in der und über die Schule hinaus begründet sich in der steten Steigerung von Wissen und Informationen und in der Unvorhersehbarkeit des im Einzelnen später benötigten Wissens. Die sich daraus ergebende Notwendigkeit des Einzelnen, seine Wissenserweiterung eigenständig und eigenverantwortlich voranzutreiben, darf nicht konterkariert werden durch eine Reduzierung der Lerner auf das in der und von der Schule vermittelte Wissen. Schule muss offen sein für neues, zusätzliches, in den Lehrwerken nicht eingeplantes Wissen, Lehrkräfte müssen offen sein für von Schülern eigenständig erworbenes Wissen, ja, sie müssen von ihnen lernen können (und dies auch zugeben). „Gerade der Fremdsprachenunterricht hat sich jedoch als besonders resistent gegenüber Veränderungen in Richtung einer demokratischen Unterrichtsführung erwiesen, weil viele Lehrbücher oft nur den einen Unterrichtsgang möglich machen und Lehrer wie Schüler zu Ausführenden vorgedachter Elemente werden." (Edelhoff/Weskamp 1999, 6) Autonomes Sprachenlernen bekommt unterrichtsverändernde Funktion und setzt autonome, professionell handelnde und entscheidende Sprachenlehrkräfte voraus – ganz im Sinne der von der KMK formulierten „Standards" der Lehreraus- und -fortbildung.

6 Fachlicher Kompetenzerwerb

Die erste Ausbildungsphase umfasst das Studium der beiden Fächer und die Bezugs- bzw. Bildungswissenschaften. Die Anteile für das erste und das zweite Fach und die Bildungswissenschaften sind – je nach Lehramt (Gymnasium, Sekundarstufe I, Primarstufe) und je nach Universität – unterschiedlich gewichtet. Im positiven Fall ist ein Verhältnis von 1:1:1 vorgesehen. Oft ist allerdings festzustellen, dass die Gewichtung sich an Alter und vermeintlichem inhaltlichen ‚Anspruch' der später zu Unterrichtenden ausrichtet; mit anderen Worten: Je jünger die Schüler, desto geringer der fachwissenschaftliche Anteil an der universitären Ausbildung, ohne dass sich jedoch der fachdidaktische Anteil erhöhen würde. Ebenso wenig nachzuvollziehen ist die in einer ganzen Reihe von Lehramtsstudiengängen vorgenommene Differenzierung, bei der zwischen erstem und zweitem Fach in der Weise unterschieden wird, dass der fachwissenschaftliche, oft auch der fachdidaktische Anteil im zweiten Fach reduziert ist – als ob in der Unterrichtspraxis Lehrkräfte danach eingesetzt würden, ob sie die betreffende Sprache, das betreffende Fach als erstes oder zweites Fach studiert haben.

Studienbestandteile

Die Ausbildung in der ersten Phase ist in der Regel unterschieden in die Komponenten: Sprachpraxis, Fachdidaktik und Fachwissenschaft, die sich wiederum unterteilt in die Teildisziplinen Literaturwissenschaft, Sprachwissenschaft und Kulturwissenschaft bzw. Landeskunde. Während in der Literatur- und Kulturwissenschaft Inhalte zu erarbeiten sind, die – exemplarisch oder nicht – als direkte inhaltliche Grundlagen für die spätere Unterrichtspraxis fungieren, erfordern die sprachpraktische und die sprachwissenschaftliche Ausbildung Umsetzungsprozesse anderer Art. Sie sind die sprachliche und sprachwissenschaftliche Grundlage der Vermittlung der anderen Sprache, ohne dass ihre didaktisch-methodische Umsetzung im Rahmen der fachdidaktischen Ausbildung in der ersten Phase bereits immer in ausreichendem Maße thematisiert würde. Bei der sprachpraktischen Ausbildung geht es in der Regel um die Ausbildung der Studierenden selbst, nicht aber um die methodischen Möglichkeiten und didaktischen Notwendigkeiten der Sprachvermittlung an Andere. Zukünftige Lehrkräfte müssen über eine hohe allgemeinsprachliche Kompetenz (mindestens C1, besser C2 des *Gemeinsamen Europäischen Referenzrahmens*) in der zu vermittelnden Sprache verfügen, und zwar unabhängig von der Schulstufe, in der sie unterrichten. Die benötigte Sprachkompetenz für den schulischen Unterricht geht in der Regel über das hinaus, was an Sprachwissen und -können von der Schule mitgebracht und was in der sprachpraktischen Ausbildung an der Universität erworben wird. Denn der Bestandteil „Fachsprache Schule und Unterricht" ist dort selten einbezogen. Schon der Begriff „Fachsprache" ist in diesem Zusammenhang ungewohnt. Sie ist breit gefächert, geht beispielsweise von der Fähigkeit, in der anderen Sprache effektiv loben und tadeln zu können, über unterrichtsspezifische Handlungsanweisungen bis hin zum Wortschatz modernen Mediengebrauchs und der Fähigkeit, mit Kolle-

Komponenten des Fachs

Fachsprache ‚Schule und Unterricht'

gen im Zielsprachenland im Rahmen von Austausch und Partnerschaft kommunizieren zu können.

Fachwissenschaftliche Teildisziplinen

In der Sprachwissenschaft werden in den Einführungen die unterschiedlichen Teilbereiche, ihre methodischen und methodologischen Grundlagen, Erkenntnisinteressen und Forschungsergebnisse vermittelt, ohne dass die jeweils gegebene Relevanz für unterrichtliche Spracherkenntnis und -vermittlung Interesse leitenden Charakter hätte. Pro- und Hauptseminare sind in ihrer thematischen Ausrichtung weniger abhängig von schuldidaktischen Fragestellungen als von Forschungsinteressen und -schwerpunkten der sie anbietenden Dozenten und Dozentinnen und bekommen damit oft einen mehr oder weniger zufälligen Stellenwert in der Ausbildung künftiger Lehrkräfte. Gleiches gilt für die Bereiche Literaturwissenschaft und Kulturwissenschaft, wobei bei der Literaturwissenschaft davon ausgegangen werden kann, dass ein mehr oder weniger einheitlicher Kanon als Orientierung vorhanden ist. Dieser schließt allerdings einen wesentlichen Bestandteil, der in der späteren Unterrichtspraxis in der Grundschule und in allen Ausprägungen der Sekundarstufe I von Bedeutung ist, meistens aus: Kinder- und Jugendliteratur.

Im Bereich der Kulturwissenschaft, die methodisch und methodologisch prinzipiell über philologisches Arbeiten hinausgeht, ist ein recht uneinheitliches Angebot vorhanden. Die theoretischen Ansätze in Anglistik, Germanistik, Romanistik und Slavistik folgen unterschiedlichen Erkenntnisinteressen (vgl. Altmeyer 2004, Höhne/Kolboom 2002). So etwas wie ein zu erwerbender Wissenskanon scheint sich noch nicht herausgebildet zu haben. Stellt man dem die landeskundlichen Themengebiete, die in den Lehrplänen aufgelistet sind, gegenüber, so finden sich hier weiße Flecken in der Ausbildung.

Zusammenfassend können zwei Punkte festgehalten werden: Zum einen erfolgt der Erwerb fachwissenschaftlicher Kompetenzen insgesamt nicht in Hinsicht auf eine spätere Vermittlungsperspektive. Zum anderen besteht eine Inkongruenz zwischen der fachwissenschaftlich-sprachpraktischen Ausbildung einerseits und dem notwendigen Wissen, das für die später im Unterricht zu behandelnden Themen notwendig ist. Es wäre aber kurzsichtig, sprachliches und fachwissenschaftliches Wissen und Können ausschließlich in der Perspektive ihrer Vermittlung zu fordern oder anzuerkennen. Dies würde Lehrkräfte zu ‚Durchlauferhitzern' degradieren und damit nicht zuletzt das burned-out-Syndrom vorprogrammieren. Ihr Wissen muss – vor allem methodisch und methodologisch – so breit und so solide sein, dass künftig darauf aufgebaut werden kann.

Vermittlungsperspektiven

Dem fachdidaktischen Anteil der ersten Phase der Ausbildung kommt die Aufgabe zu, in exemplarischer Weise, d.h. an ausgewählten Thematiken prinzipielle Vorgehensmöglichkeiten aufzuzeigen und Fachwissen in Vermittlungsperspektiven zu setzen. Diese sind in dieser Zeitspanne der Ausbildung noch hypothetisch und die gesamte intendierte Schulstufe/Schulart umspannend. Die fachdidaktische Ausbildung kann – allein aufgrund der in der Regel zu geringen Anzahl von Lehrangeboten und obligatorischen Semesterwochenstunden – ihrer Verpflichtung nur in exemplarisch-methodologischer Weise nachkommen. Der Rest ist in die verantwortungsvolle Obhut der Studierenden gegeben – in der Hoffnung auf die Wirksamkeit exemplarischen Lernens in den besuchten fachdidaktischen Lehrveranstaltungen und der dadurch ermöglichten Adaptation des Wissens und Könnens während der zweiten Ausbildungsphase bzw. in der späteren vollverantwortlichen Lehr- und Unterrichtstätigkeit.

Die Notwendigkeiten methodisch-didaktischer Adaptation sind umso größer, je jünger die zu unterrichtenden Schüler sind. Geht es in der Sekundarstufe II vor allem um didaktische *Reduktion* umfassender Themenbereiche, so geht es in der Primarstufe und in (den Anfängen) der Sekundarstufe I um didaktisch-methodische *Adaptation*. Aufgrund des fortgeschrittenen Kenntnis- und Kognitionsstandes der Lernenden in der Sekundarstufe II können dort eher analytisch-explizite Vermittlungswege greifen, analog den Erkenntniswegen der Lehrkraft selbst. In der Primarstufe – und auch noch weit in die Sekundarstufe I hinein – müssen die zu vermittelnden Aspekte in altersgerechte Lern- und Erwerbsmodalitäten umgesetzt werden. Die Diskrepanz zwischen der Herangehensweise der Lehrkraft und der der Schüler ist nicht nur groß, sondern auch von der Lehrkraft oft kaum vorherseh- oder nachvollziehbar. Dies gilt insbesondere bei immersiv orientiertem Vorgehen und bei sehr jungen Lernern.

6.1 Sprache

Im Folgenden soll die Aufmerksamkeit auf einige Aspekte anderssprachiger Kompetenz gerichtet werden, die in der Vermittlung Anforderungen an die Kenntnisse der Unterrichtenden stellen, die aber in der fachlichen Ausbildung unter Umständen zu kurz kommen: die Aussprache-, Grammatik- und Wortschatzvermittlung.

Insbesondere im Anfangsunterricht ist es eine der ersten und grundlegenden Aufgaben, Aussprache und Intonation der anderen Sprache zu vermitteln. Aber auch in Fällen, in denen eine Lehrkraft eine Klasse übernimmt, in der sich bei einigen Schülern oder Schülerinnen Aussprachefehler eingeschlichen haben, kann eine gezielte Aussprachearbeit wichtig werden. Zur Vermittlung reicht es nicht immer, selbst eine gute Aussprache und angemessene Intonation zu haben. Denn nicht alle Lerner sind in der Lage, diese auf imitativem Wege zu übernehmen. Die Gründe dafür sind unterschiedlich: Ausspracheschwierigkeiten können auf nicht ausreichend ausgebildete Hördiskriminierungsfähigkeiten zurückzuführen sein: Der betreffende Schüler nimmt den Unterschied nicht wahr. In einem solchen Fall hilft auch ein wiederholtes Vorsprechen nicht weiter. Es müssen entweder Hinweise darüber gegeben werden, wo und wie der entsprechende Laut artikuliert wird oder aber es muss ausreichend visuelle Unterstützung möglich sein, damit Mundstellung etc. nachgeahmt werden können. Bei einer deutlichen Aussprache der beiden französischen Nasale /õ/ und /ã/ reicht in der Regel die Nachahmung der Mundstellung, um die Unterschiedlichkeit der Nasale produzieren zu können. Ähnliches gilt, wenn der Schüler den Unterschied zwar hört, ihn aber selber nicht produzieren kann. Wesentlicher Ausgangspunkt für derartige Aussprachekorrekturen ist jedoch, dass die Lehrkraft, wie bereits in Kap. 3 angesprochen, in der Lage ist, die Abweichungen zu hören und der Vermittlung einer zielsprachengerechten Aussprache Wich-

Aussprache

tigkeit beimisst. Da es sich um einen wichtigen Beitrag zum Sprachenlernen generell handelt, hat Hördiskriminierungsschulung auch im Deutschunterricht ihren Stellenwert, insbesondere, wenn die Aussprache der Schüler generell regionale Besonderheiten aufweist, die in die andere Sprache übertragen werden.

> **Nachdenkaufgabe:**
> - Woran erkennen Sie beispielsweise den sächsischen oder den Wiener Dialekt? – Versuchen Sie die phonetischen Besonderheiten zu bestimmen (Vokallänge, Diphthongierung, Stimmhaftigkeit und/oder Stimmlosigkeit der Konsonanten usw.).
> - Woran erkennen Sie einen englischen, französischen, italienischen, spanischen, polnischen oder russischen Akzent im Deutschen?
> - Wodurch ist ein deutscher Akzent im Englischen, Französischen, Italienischen, Spanischen, Polnischen oder Russischen charakterisiert? Sind Gemeinsamkeiten festzustellen? Wodurch sind diese im Einzelnen begründet?

Schrift und Aussprache

Je textorientierter der Unterricht ist, desto größer sind oft die Schwierigkeiten, Intonation und Aussprache zielsprachengemäß zu realisieren. Denn häufig lassen Inhaltsorientierung und eine aus dem Deutschen übertragene Graphie-Phonie-Relation die korrekte Aussprache als Bestandteil des Spracherwerbs in den Hintergrund treten. Von daher verbleibt der Anfangsunterricht in der Regel auch für eine gewisse Zeitspanne in der Mündlichkeit. In jeder Sprache folgen die Graphie-Phonie- und die Phonie-Graphie-Relationen bestimmten Gesetzmäßigkeiten. Dabei ist in der Mehrzahl der Fälle eine Korrespondenz zwischen beiden gegeben, d. h. derselbe Buchstabe bzw. dieselbe Buchstabenkombination wird immer gleich ausgesprochen (Graphie-Phonie) und derselbe Laut wird immer in gleicher Weise in Buchstaben umgesetzt, wobei die Phonemgrenzen der jeweiligen Sprache zu respektieren sind. Die Abweichungen von den deutschen Relationen sind je nach Sprache unterschiedlich. Während für das Italienische und das Spanische vergleichsweise wenig Unterschiede vorhanden sind, sind beispielsweise für das Polnische wesentlich mehr vorhanden. Diese haben jedoch sprachintern eine hohe Regelmäßigkeit. Im Englischen ist die Regelmäßigkeit der Zuordnung am geringsten, d. h. man kann bei vielen Wörtern weder von der Lautung auf die Schreibung schließen noch impliziert eine bestimmte Buchstabenfolge immer die gleiche Lautung. Im Französischen ist die Graphie-Phonie-Relation wesentlich regelmäßiger als die Phonie-Graphie-Relation, da unterschiedliche Grapheme in einer Lautung zusammenfallen. Dies bedeutet, dass es für das Französische einfacher ist, unbekannte Graphemkombinationen (geschriebene Wörter) richtig auszusprechen als bekannte Lautfolgen richtig zu schreiben.

Ein wichtiger Aspekt des Anfangsunterrichts in der Sekundarstufe I ist es, die Lerner mit den wichtigsten Regelmäßigkeiten vertraut zu machen, um sie möglichst schnell zu Eigenständigkeit im Lesen und Schreiben zu bringen. Ein Blick in Lehrwerke zeigt jedoch, dass diese Eigenständigkeit der Schüler ganz offensichtlich nicht immer angestrebt wird. (So ist beispielsweise in *Etudes Françaises, Ensemble* (Klett) bis zum Ende des dritten Lernjahres jeder Eintrag im Vokabelteil mit phonetischer Umschrift versehen.) Zur Herstellung dieser Eigenständigkeit gehört auch, Schüler im Lesen der phonetischen Umschrift rasch sicher zu machen, damit sie sich bei der Rekapitulation von Wörtern aus dem Unterricht nicht allein auf ihr auditives Gedächtnis verlassen müssen und damit sie Wörter, die sie in Wörterbüchern nachschlagen, auch aussprechen können.

Auch Rhythmus und Intonation der anderssprachigen Äußerungen werden nicht von allen Schülerinnen und Schülern gehört bzw. reproduzierbar wahrgenommen. Hier bedarf es ebenfalls besonderer metasprachlicher Aufmerksamkeit und Aktivität, um sie ins Bewusstsein zu rücken und damit operationalisierbar zu machen. Hier können in kooperativer Weise in der Lernergruppe gegenseitige Hilfestellungen erarbeitet werden. *Rhythmus und Intonation*

Derartige Aktivitäten, die auch in spielerischer Form ablaufen können, treffen in der Regel auf das Interesse der Lernenden und schulen neben ihrer allgemeinen Sprachbewusstheit insbesondere die Lautbewusstheit, die nicht zuletzt notwendig ist, um aus unbekannten Lautfolgen möglichst weitgehend profitieren zu können. Kommen Erschließungsstrategien im Wortbildungsbereich hinzu, wird damit Lernerautonomie im Sinne eines guten Sprachenlerners gefördert.

Auditive Medien eignen sich nicht nur zur Schulung des Hörverstehens, sondern auch zur Analyse und gezielten Nachahmung von Lauten, Lautfolgen und Prosodie. Auch Kassetten, die von Schülerinnen und Schülern selbst besprochen werden, können und sollten eine Grundlage von Hör- und Ausspracheübungen werden, um die eigene Lautproduktion hören, vergleichen und gegebenenfalls korrigieren zu können. Hierbei wäre darauf zu achten, dass der Einzelne nicht ‚vorgeführt' wird, sondern dass es zum gemeinsamen Anliegen wird, den anderen ein gutes Beispiel geben zu können. Denn jede einzelne Äußerung in der anderen Sprache hat auch gleichzeitig Rückwirkungen auf die Aussprache der Mitschüler, kann deren adäquate Aussprache befördern oder aber behindern.

Nachdenkaufgabe:
- Vergleichen Sie Lehrwerke für das erste Lernjahr und achten Sie auf Aussprachehinweise für Schüler.
- Sehen Sie im Lehrerhandbuch nach, ob – und wenn ja welche – Hinweise auf potentielle Schwierigkeiten und Hilfestellungen Sie dort finden.

Grammatik und Sprachunterricht sind für die meisten Menschen untrennbar miteinander verbunden. Grammatik wird von vielen Lernern als langweilig und/oder schwierig eingeschätzt. Dennoch wird ihr häufig ein sehr hoher Stellenwert im Unterricht eingeräumt (vgl. Zimmermann 1984, 1990). *Grammatik*

Mit der Grammatik ist es wie mit vielen anderen Begriffen. Sie werden im täglichen Gebrauch selten hinterfragt; man meint zu wissen, worum es sich handelt – erst, wenn Erklärungen notwendig werden, rückt die Vielfältigkeit der Aspekte, aus denen sich der Begriff zusammensetzt, ins Bewusstsein und schafft Verwirrung. Die Definition von „Grammatik" ist abhängig von *Definitionen*

Fragestellung und Erkenntnisinteresse. Auf einer allgemeinen Ebene kann zwischen drei ‚Grammatiken' unterschieden werden. Die erste ist insbesondere durch schulische Situationen charakterisiert. Wenn die Lehrkraft zu der Klasse sagt: ‚Schlagt eure Grammatiken auf', so weiß jeder, dass das Grammatikbuch gemeint ist. Der Inhalt steht fürs Ganze – pars pro toto. Der Inhalt dieses Buchs wird insbesondere im schulischen Kontext als *die* Grammatik der Sprache gesehen. Gemeint sind damit die Regeln, die ihr zugrunde liegen bzw. von den Lernenden zur Bildung korrekter Sätze zu verwenden sind. Diese Regeln stimmen aber nur bedingt mit den tatsächlich in der Sprache vorhandenen Strukturen überein.

Arten von Grammatik

Wählt man einen anderen Differenzierungsansatz, so kann unterschieden werden zwischen der präskriptiven Grammatik – d. h. der, die sich in Lehrbüchern findet und die vorschreibt, wie korrekte Sätze zu bilden sind – und der deskriptiven Grammatik. Diese beschreibt ohne Wertung Sprache in ihrer Verwendung durch die muttersprachlichen Sprecher und dokumentiert nicht selten strukturellen Sprachwandel. Als Beispiele mögen hier die Stellung des konjugierten Verbs im deutschen Nebensatz (…, weil / es hat geregnet), die bereits erwähnte Verwendung des *subjonctif* nach *après que* im Französischen sowie die Konstruktion „it's me" im Englischen angeführt sein – alles Strukturmodelle, die Lernern meist als Fehler angelastet werden, muttersprachliche Sprecher jedoch häufig verwenden (vgl. Palmer 1974, 7–39). – Auf dieser Ebene der Differenzierung ist noch der explanative Grammatikbegriff zu erwähnen.

In der Sprachwissenschaft haben unterschiedliche Schulen auf der Grundlage ihrer jeweiligen Erkenntnisinteressen und Methodologie unterschiedliche Grammatikansätze entwickelt und ausgebaut: Historische Grammatik, Dependenzgrammatik, Valenzgrammatik, Kasusgrammatik, Konstituentenstrukturgrammatik, Kategorialgrammatik, Generative Transformationsgrammatik … Sie alle konnten aber die traditionelle ‚Schulgrammatik' nicht verdrängen.

Benötigte Grammatiken

Gerade für Sprachunterricht und seine Planung muss in Rechnung gestellt werden, dass es *die* Grammatik (einer Sprache) nicht gibt, sondern dass beim Sprachenlernen mindestens drei Grammatiken zu unterscheiden sind.

Bereits seit einiger Zeit gibt es in dieser Hinsicht Überlegungen, die gerade für den schulischen Vermittlungsprozess von höchstem Interesse sind. Man geht von drei gleichzeitig vorhandenen Grammatiken aus, die alle gleichermaßen wichtig sind und miteinander agieren, ineinander greifen. Wenngleich sie auch im Einzelnen etwas unterschiedlich definiert und gegeneinander abgegrenzt werden (vgl. bspw. Köller 1988, Helbig 1993, Tschirner 2001), so stimmen die Autoren doch darin überein, dass sie alle drei im Unterrichtsgeschehen vorhanden sind und dort ihren Stellenwert haben bzw. finden müssen:

- die implizite Strukturkompetenz im Kopf des Sprechers bzw. Lerners, die er auf der Grundlage seiner Ausgangssprache(n) und in der Auseinandersetzung mit der neuen Sprache aufgebaut hat,
- die Struktur der zu lernenden Sprache in ihrer schriftlichen und mündlichen Verwendung,
- die expliziten Regeln, die in Grammatikbüchern präskriptiv festgehalten sind.

6.1 Sprache

Schulgrammatik

Die expliziten und präskriptiven Regeln wurden aus der Analyse geschriebener Texte gewonnen. Sie entsprechen nicht bzw. nicht mehr in allen Aspekten dem aktuellen (mündlichen, umgangssprachlichen) Sprachgebrauch und sind deshalb für die mündliche Kommunikation nur in beschränktem Maße verbindlich. Vor allem scheint eine Automatisierung dieser Regeln nur in begrenztem Umfang, wenn überhaupt, möglich. Vielmehr baut sich die strukturelle Kompetenz des Lerners über das Lexikon in seiner Verwendung auf, wobei die expliziten und präskriptiven Regeln der (Schul)Grammatik nur unterstützend und leitend wirken (können).

Dennoch wird im Unterricht oft nur diese Grammatik berücksichtigt, so dass allein sie als Orientierungsrahmen vorhanden ist. Lehrwerke und Lehrkräfte lassen oft ein Streben nach ‚Vollständigkeit' erkennen; ein grammatischer Bereich nach dem anderen wird behandelt, Ausnahmen werden aufgeführt und sind zu lernen, oft unabhängig von ihrer Relevanz bzw. der Häufigkeit ihres Gebrauchs. (Als eine Demonstration solcher Ausnahmen möge hier das Grammatische Beiheft von *Etudes Françaises Ensemble* für das erste Lernjahr dienen: bei der Uhrzeit wird mit „Beachte:" eingeführt: „Il est 2 heures 1. = deux heures une" (S. 34). Das daneben stehende Zeichen weist dies als „wertvolle[n] Lerntipp[.]" bzw. „Hinweis[.] auf besondere Schwierigkeiten und auf Ausnahmen" (ebda., S. 2) aus.)

Nach Beendigung der Übungs- und Festigungsphase wird der entsprechende Komplex dann als gelernt vorausgesetzt. Hier wären eine stärker hierarchisierende Auswahl und eine zyklische Progression, die den entsprechenden Bereich erst in seinen Grundlagen erarbeitet, ihn in späteren Phasen wieder aufgreift und in seiner Komplexität ausweitet, sicherlich von Vorteil.

> **Nachdenkaufgabe:**
> - Nehmen Sie den Titel des Aufsatzes „Alle reden von Lernergrammatik: und was ist mit den Lehrern?" (Breindl 2004) zum Anlass, Ihren Grammatikbegriff zu präzisieren.
> - Ist bzw. wie ist Ihr Grammatikbegriff durch sprachwissenschaftliche und/oder fachdidaktische Lehrveranstaltungen schulrelevant verändert worden?

Möglichkeiten der Grammatikvermittlung

Dass Grammatikvermittlung und grammatischer Kompetenzerwerb nicht über Lehrbuchübungen, Lückentexte und Umwandlungsübungen gehen müssen, zeigen die in Dufeu (Hrsg. 1993) veröffentlichten Vorschläge zu einer Interaktiven Grammatik. Auch Ansätze wie die Signalgrammatik (vgl. Zimmermann 1984, Mindt 2000, Schiffler 2000) oder die Intentionelle Grammatik (vgl. Dufeu 1993b) bieten interessante Ansatzpunkte für Vermittlung und Erwerb unterschiedlicher grammatischer Phänomene.

Dienende Rolle der Grammatik

In neueren Lehrplänen, die auf kommunikative Verwendungskompetenz ausgerichtet sind, wird der Grammatik eine dienende Rolle zugeschrieben. Ihre Behandlung im Unterricht ergibt sich aus den Bedürfnissen der Schülerinnen und Schüler, um mit der anderen Sprache rezeptiv und produktiv umgehen zu können. Demgegenüber erwecken viele Texte in Lehrbüchern immer noch den Eindruck, ihre Existenz verdanke sich dem grammatischen Problem, das über sie eingeführt und behandelt werden soll. Die dienende

Rolle der Grammatik bedeutet Hilfestellung zum Verständnis und zur Produktion anderssprachiger Äußerungen und Texte und muss sich demnach – nimmt man den Begriff ernst – an den Verständnis- und Formulierungsschwierigkeiten der Lerner orientieren. Diese folgen jedoch nur in seltenen Ausnahmen einer linearen Progression.

Unterrichtspraktische Realität

Wenngleich auch inzwischen in der fachdidaktischen Literatur gerade grammatische Fehler als notwendiger und integraler Bestandteil des Spracherwerbs gesehen werden, so scheint in vielen Fällen die unterrichtspraktische Realität – nicht zuletzt unterstützt durch Lehrwerke – eigenständig kreative Regelfindungen durch die Schülerinnen und Schüler nicht vorzusehen, sich also dieser Art der Annäherung an Sprachstruktur noch nicht in ausreichendem Maße und fruchtbringend geöffnet zu haben. Zimmermann (1993, 15) geht in seiner Einschätzung noch weiter: „Die ‚Pragmadidaktik' und das Lernziel ‚Kommunikative Kompetenz' sind von der Unterrichtspraxis verbal und rational akzeptiert worden, nicht aber affektiv und real. [...]. Die heute praktizierten Methoden der Grammatikvermittlung sind im FU [Fremdsprachenunterricht] seit Jahrhunderten verwurzelt und über die Reformzeit Ende des 19. Jhds. und die folgenden Jahrzehnte bis heute zuverlässig tradiert worden. Hinsichtlich des Grammatikunterrichts hat sich der Fremdsprachenunterricht nie vom lange Zeit normsetzenden Altsprachenunterricht emanzipiert. Der Grammatikunterricht muß umdefiniert werden, aber auch die Grammatik unserer Ausbildungsinstitutionen."

Die für Sprachkurse für Erwachsene vorgenommene Gegenüberstellung der unterschiedlichen Rolle der Grammatik (Dufeu 1993a, 44) ist auch für die Schulpraxis nicht uninteressant:

„Grammatikorientierter Unterricht	Teilnehmerorientierter Unterricht
Haltung:	
Wunsch nach Fehlerfreiheit, Perfektion Präventive Haltung	Irrtum ist unentbehrlich zum Erwerb ... Geht von dem aus, was da ist.
Der Fehler soll vermieden werden, da es dem Lernprozeß sonst schaden kann.	Erst wenn ein Problem entsteht, wird eine Regel gesucht.
Der Lehrer führt vor, der Lerner nimmt hin.	Der Lehrer folgt dem Teilnehmer.
Wann:	
Vorher (Inputposition)	**In** [sic] **Anschluß (Outputposition)**
Regel ist geplant	Geht vom Irrtum aus bzw. dem Irrtum nach
Denken, dann sprechen	Keine Probleme im voraus schaffen, sondern der (Nach-)Frage nachgehen
Wie:	
Von oben auferlegen	**Miteinander entdecken**
Regel als Befehl des Himmels ... Belehrend	Intragruppenregel. Die Tn. sind ihre ersten Lehrer
Vorgefertigte Regel aufgrund gruppenexterner Kriterien festgelegt Fremdbestimmt	Die Regel entstammt aus einem Findungsprozeß Sie entspricht der Sprache und dem Kenntnisstand der Teilnehmer

Systematische Vermittlung	Punktuelle bzw. Synthetische Vermittlung
Bezieht sich auf ein Gesamtwissen Wunsch vollständig zu sein	Geht vom Wissensstand der Tn. aus Gibt wenn notwendig Übersicht, Synopsis. Zwischenstadien der gramm. Kenntnis
Syndrom der letzten Stunde Jeder soll zugleich das gleiche können	**Progressiver Prozeß** Individueller Prozeß. Linguistische Reife
Grammatik getrennt von Sprache Der Grammatikunterricht verselbständigt sich	**Grammatik verbunden mit Kommunikation** Indem die Teilnehmer miteinander kommunizieren, erwerben sie Grammatik
Sprache vom Sprecher getrennt Der Lerner spricht ‚pro forma', programmgemäß Prioritäten 1 – korrekt 2 – sprechen	**Sprache verbunden mit dem Sprecher** Beziehung zwischen Sprecher – Ausdruck und Form 1 – kommunizieren 2 – auf korrekte Art"

Mit dem Zugeständnis größerer Autonomie für Schulen sind Veränderungen auch im Detail verbunden. So sehen beispielsweise die Rahmenlehrpläne für Sprachen in der Sekundarstufe in Brandenburg Klassengrammatiken vor. Die Lernergruppe erarbeitet sich selbst nach und nach die Strukturen der anderen Sprache, und zwar in Abhängigkeit von den im Unterricht auftretenden Notwendigkeiten. Sie formuliert sie in ihrer eigenen Sicht und Sprache. In dieser Perspektive ändert sich die Rolle der Lehrkraft. Es geht nicht mehr um Erklärungen von Grammatikregeln, die in Lehrwerken formuliert wurden, sondern darum, den Schülerinnen und Schülern gute Erschließungsstrategien zu vermitteln, ihnen zu helfen, die richtigen Ansatzpunkte zu finden, von denen ausgehend sie ihre Verständnisschwierigkeiten – die sich zunächst als inhaltliche manifestieren – durch Strukturanalyse meistern können. Damit wird wesentliche Hilfestellung zum Aufbau der Grammatik im Kopf des Lerners gegeben, seine Autonomie als Erkenntnissubjekt anerkannt und gestärkt. Denn es wird Sprache in ihrer Verwendung betrachtet, über den Wortschatz werden Strukturen erschlossen und dadurch wird eigene Strukturkompetenz bei den Lernern auf- und ausgebaut. Ist das Ziel anderssprachiger Ausbildung das Sprachkönnen, so wird die Notwendigkeit der Formulierung der Regel in einer sprachlichen Darstellung, die vermeintlich von allen geteilt wird, obsolet. Eine Struktur erkennen und anwenden zu können, ist unabhängig von ihrer expliziten Formulierung. Ähnlich wie 16 nicht nur 4 x 4 ist, sondern auch 4^2 oder 2 x 4 + 2 x 4 usw. oder aber die Hausnummer der Schule, Geburtstag der Freundin etc., variieren die individuellen Erkenntniswege und Memorierungsstrategien auch bei grammatischen Regeln von Lerner zu Lerner. Sie folgen individuellen Ansatzpunkten, können über – für andere kaum nachvollziehbare – Eselsbrücken gehen, von der Ausnahme die Regel ableiten ... Entscheidend ist letztendlich, dass bei ihrer Umsetzung adäquate Sätze und Äußerungen gebildet werden. (Vgl. in diesem Zusammenhang beispiels-

Klassengrammatik

Individuelle Repräsentation von Sprachstruktur

weise Seidler [1988]. Hier wird von einer ‚Notwehrreaktion' im Englischunterricht berichtet. Nachdem sich herausgestellt hatte, dass ein grammatisches Phänomen [der Zeitengebrauch] trotz mehrmaliger Wiederholung immer noch nicht von allen Schülerinnen und Schülern richtig gebraucht wurde, wurde – über mehrere Stufen von Einzel-, Partner- und Gruppenarbeit – das Zeitensystem im Englischen aus dem Wissen der Lerner unter Zuhilfenahme anderer Informationsquellen von ihnen selbst erarbeitet und visuell ebenso vielfältig wie überraschend [anders] präsentiert.)

Erstellung einer Klassengrammatik als Erkenntnisprozess

Die Autonomie des einzelnen Lerners zu fördern bedeutet, den jeweils gewählten Ansatz zu respektieren, ihn – wenn und wo nötig – bewusst und nachvollziehbar zu machen, um dem Lerner zu helfen, Fehlschlüsse und Irrtümer entdecken und korrigieren zu können. Die Art und Weise, wie grammatische Regeln in Grammatikbüchern formuliert sind, ist eine unter anderen und nicht für alle die am besten nachvollziehbare. Nicht nur das Alter des Lerners und sein persönlicher Lernstil haben Einfluss auf die Art des Verständnisses, auch unterschiedliche Lernerfahrungen mit anderen Sprachen kommen ins Spiel. Die Erstellung einer Klassengrammatik kann über die unterschiedlichen Ansätze und Sichtweisen Aufschluss geben. Dabei ist jedoch Voraussetzung, dass die Lehrkraft offen ist für die Erklärungsversuche der Lernenden und in der Lage, ihre eigene Herangehensweise zu relativieren. Ist dies der Fall, wird eine solche Klassengrammatik nicht nur sehr unterschiedliche Erklärungsmöglichkeiten offenbaren, sondern auch und gerade noch nicht adäquate Modelle (die sich in einer nicht korrekten Anwendung zeigen) offen legen und gleichzeitig Ansatzpunkte zum erklärenden Eingreifen – durch die Lehrkraft oder durch andere Schüler – bieten.

Je älter die Schüler sind, je mehr Sprachen bereits gelernt wurden, je mehr (auch unterschiedliche) Lernerfahrungen vorhanden sind, desto mehr kann explizit-entdeckend gearbeitet werden. Für die romanischen Sprachen gibt es bereits eine ganze Reihe von Veröffentlichungen, die Möglichkeiten aufzeigen, auf bereits Gelerntes zurückzugreifen (vgl. z. B. „Sprachenlernen mit EuroCom-online"). Aber auch darüber hinaus können, ausgehend von Interesse weckenden Texten, Strukturbereiche von den Lernern erarbeitet werden. Wiederkehrende Regelmäßigkeiten können im Textzusammenhang erkannt, herausgearbeitet und so ‚gelernt' werden. Die lineare Vorgehensweise wird zugunsten einer inhalts- und kommunikationsorientierten Progression aufgegeben, die an den Notwendigkeiten grammatischen Wissens zum Textverständnis ansetzt. Damit bekommt Grammatik ihre eigentliche Rolle zurück: das funktional strukturierende In-Beziehung-Setzen des Lexikons.

Lexikon

Der Begriff „Vokabel" hat in den letzten Jahren erwerbstheoretisch an Wichtigkeit verloren. Stattdessen gilt nun das „mentale Lexikon" (vgl. Aitchison 1997) als Referenz. Die entsprechenden Teile in den Lehrbüchern enthalten inzwischen nicht mehr nur einzelne Wörter und ihre Übersetzungen bzw. notwendige Erklärungen. In den – allerdings häufig immer noch so genannten – Vokabellisten finden sich auch vermehrt größere lexikalische Einheiten und/oder ganze Redewendungen für bestimmte Kommunikationssituationen. Manchmal wird auch eine Unterscheidung zwischen ‚produktivem' und ‚rezeptivem' Wortschatz gemacht, d.h. zwischen dem, was die Schüler in ihren eigenen Sprachproduktionen verwenden können sollen, und dem, was sie ‚nur' verstehen können sollen. (Die Wendung ‚passiver' Wortschatz ist durch ‚rezeptiver' Wortschatz ersetzt. Dies beruht auf der Erkenntnis, dass auch das Verstehen von lexikalischen Einheiten eine hohe Aktivität von Seiten des Hörers erfordert.)

> **Nachdenkaufgabe:**
> ◆ Wie sollen die Schüler mit einem Eintrag in der Vokabelliste umgehen, der durch einen Asterix als ‚rezeptiver Wortschatz' gekennzeichnet ist. Sollen die entsprechenden Einträge gelernt werden? Wenn ja, wie?
> ◆ Ist Lernen nur für die Rezeption überhaupt möglich?
> ◆ Sollen diese Einträge nicht gelernt werden: sollten sie dann überhaupt in die Liste aufgenommen werden?

Sinnvoll wäre es, den Lernern Erschließungsstrategien an die Hand zu geben, beispielsweise interlinguale Transfermöglichkeiten, intralinguale Wortbildungsmuster und Spezifika der unterschiedlichen lexikalischen Kategorien, so dass sie in der Lage versetzt werden, unbekannten Wortschatz sowohl lexikalisch als auch strukturell zu erschließen. Hierunter fallen z. B. die Regularitäten vieler Substantivendungen oder Präfixe, die die entsprechenden Wörter in ihr Gegenteil verwandeln oder in anderer Weise verändern (bspw. hyper-) und deren Kenntnis auch in der Sprachproduktion hilfreich ist, selbst, wenn es dadurch zu allzu ‚kreativen' Schöpfungen in der anderen Sprache kommen mag.

Generierungsstrategien

Sprachvergleichende Hinweise finden sich mehr und mehr in den Wortschatzteilen von Lehrbüchern. Oft könnten diese aber auch bereits von den Schülerinnen und Schülern selbst erarbeitet werden und dadurch größere Nachhaltigkeit erlangen. Wichtig sind diese sprachvergleichenden Ansätze, zu denen auch Internationalismen gehören, weil sie über die Verdeutlichung der Ähnlichkeiten zwischen Sprachen auch Regelmäßigkeiten im Aufbau der jeweiligen Lexika aufzeigen und damit über die konkreten Anlässe hinaus fruchtbar werden können.

Sprachvergleich

Obwohl man meinen könnte, dass Vokabelabfragen und Vokabelarbeiten der Vergangenheit angehören, sind sie in vielen Unterrichtsstunden noch Realität. Anstatt den Wortschatz in kommunikativ ansprechenden Aktivitäten zu sichern und zu überprüfen, wird daraus eine Memorier‚kür', die weder sicherstellt, dass die abgefragten lexikalischen Einheiten tatsächlich in die Sprachproduktion der Lernenden eingehen noch dass sie in grammatisch richtige Strukturen eingebettet werden. Den Schülerinnen und Schülern wird die Bringschuld zugewiesen, ausschließlich sie werden in diesem Zusammenhang als die Leistungserbringer gesehen; die Lehrkraft ist ihrer Aufgabe der Vermittlung und der Sicherstellung eines strukturell richtigen Gebrauchs enthoben. Dass man aber Wortschatzvermittlung auch anders denken kann als über das Auswendiglernen von Vokabellisten, mag folgende Überlegung verdeutlichen: für ein Lernjahr (in etwa neun Monate bzw. 36 Wochen) finden sich im Durchschnitt zehn bis elf Lektionen im Lehrbuch. Setzt man die Anzahl neuer lexikalischer Einheiten pro Lektion bei 30 an, so bedeutet das, dass den Schülern und Schülerinnen pro Woche gut neun, pro Unterrichtsstunde zwei bis drei neue Einheiten zu vermitteln sind. Handelt es sich um inhaltlich wichtige Einheiten, so dürfte es keine allzu große

Wortschatzsicherung

Schwierigkeit sein, dies zu bewerkstelligen. Bei nicht so wichtigen Einheiten wäre zu fragen, ob sie tatsächlich zum produktiven anderssprachigen Lexikon der Lerner gehören müssen oder ob es nicht ausreicht, wenn sie in Wörterbüchern nachgeschlagen werden, wenn sie denn mal gebraucht werden.

Grund- und Aufbauwortschatz

Nicht uninteressant ist auch ein Blick auf den Wortschatzerwerb, der die Wichtigkeit und Häufigkeit der Verwendung unterschiedlicher lexikalischer Einheiten berücksichtigt. Für die meisten Schulsprachen gibt es Kompendien, in denen Grundwortschatz und Aufbauwortschatz der Sprache aufgelistet sind. Dabei wird der Grundwortschatz mit ca. 2 000 Einheiten ausgewiesen. Werden diese beherrscht, so ist der Lerner in der Lage, etwa 85% der Alltagstexte zu verstehen. Innerhalb des Grundwortschatzes gibt es eine Reihe von so genannten Funktions- oder Strukturwörtern. Darunter wird der Teil des Lexikons verstanden, der die höchste Frequenz im Gebrauch aufweist. Es handelt sich nicht um kategoriell festlegbare Einheiten; die Listen umfassen die am häufigsten gebrauchten Präpositionen, Personalpronomen, Konjunktionen, Adjektive, Adverbien, Zahlen, Verben und Nomen. Je nach Sprache werden ungefähr 100 solcher Funktionswörter ausgewiesen. Ihr Anteil an normalen Texten beträgt in der Regel mindestens 50%. Sind also die Funktionswörter bekannt, ist die Hälfte der Wörter jedes Alltagstextes bekannt. Dies bedeutet jedoch nicht, dass damit auch die Hälfte des Inhalts bekannt wäre. Denn die Spezifika eines Textes ergeben sich in der Regel nicht aus den Funktionswörtern, sondern aus den so genannten Inhaltswörtern. Viele der Inhaltswörter können im Zusammenhang auch über die Funktionswörter erschlossen werden. Aus diesem Zusammenspiel von Funktions- und Inhaltswörtern kann gefolgert werden, dass es sinnvoll wäre, zu einer geänderten Erwerbsfolge in der Lexik zu kommen und den Schülern die Funktionswörter möglichst rasch zur Verfügung zu stellen und in unterschiedlichsten Kontexten zu festigen.

> **Nachdenkaufgabe:**
> - Auch in diesem Zusammenhang ist ein prüfender Blick in Lehrwerke, insbesondere des ersten und zweiten Lernjahres, aufschlussreich. Vergleichen Sie die Liste der Funktionswörter mit den Vokabellisten in den Lehrwerken und stellen Sie fest, wann und wie diese wichtigen verbalen Kommunikationsbestandteile eingeführt werden. Gibt es unter Umständen grammatische Erklärungen, die die späte Einführung begründen? Sehen Sie andere Möglichkeiten?
> - Nehmen Sie einen beliebigen zielsprachigen Text und streichen Sie alle Funktionswörter (beispielsweise nach Klett *Grund- und Aufbauwortschatz*) durch. Ermitteln Sie den prozentualen Anteil der Funktionswörter am gesamten Text.

Übersetzen?

Bleibt noch die Problematik der Übersetzung der anderssprachigen lexikalischen Einheiten zu erwähnen. Bereits in den 50er Jahren wiesen Erwin/Osgood (1954) im Zusammenhang der Trennung von Koordinierter und Zusammengesetzter Zweisprachigkeit darauf hin, dass im Fremdsprachenunterricht erworbene lexikalische Kenntnisse in der Regel Dubletten der erstsprachigen Begriffe bleiben, da ihr Erwerb nicht im entsprechenden kulturellen Kontext vor sich geht und damit die jeweils gegebenen spezifischen Begriffsbestandteile, Assoziationen und Konnotationen nicht in die anderssprachige lexikalische Einheit eingehen (können). Das gilt auch für vermeintlich kulturunspezifische Dinge. Ein Hamburger ist zwar weltweit nach demselben Rezept zusammengestellt; der Besuch im entsprechenden Fastfood-Restaurant reiht sich jedoch in jeweils unterschiedliche kulturspezifische Gegebenheiten ein und der Stellenwert, der sich daraus für den Hamburger Essenden ergibt, ändert sich.

Lernerautonomie im Bereich des Lexikons herzustellen, bedeutet in wesentlichem Maße, die Lerner zu einem kompetenten Umgang mit Wörterbüchern zu befähigen, sie Wörterbücher ‚lesen' zu lehren. Dies betrifft die Fähigkeit, aus einer angebotenen Vielfalt an Verwendungsmöglichkeiten die angemessene (begründet) auszuwählen, ebenso wie auch das Nutzen aller in einem Wörterbuch gegebenen Informationen zur strukturellen Verwendung einer lexikalischen Einheit. Hinzu kommt die Kenntnis des Aufbaus, d. h. zu wissen, welche Informationen über die lexikalischen Einträge hinaus in dem Buch oder auf der CD-Rom zu finden sind. Während sich im Mathematikunterricht der Einsatz von Hilfsmitteln wie Taschenrechner längst durchgesetzt hat, ist der Rückgriff auf Wörterbücher im anderssprachigen Unterricht für viele Lehrkräfte in erster Linie immer noch Ausdruck von Nicht-Wissen. Verfügen die Schülerinnen und Schüler über ausreichende Erschließungsstrategien, reduziert sich der Einsatz des Wörterbuchs auf ein effektives Maß und trägt zum (individuellen) Wortschatzerwerb bei.

Umgang mit Wörterbüchern

6.2 Inhalte

Spracherwerb ist an Inhalte gebunden. Diese können unterschiedlichster Art und in unterschiedlichster Weise im Unterricht präsent sein, seien sie schriftlich in Texten festgehalten, seien sie über visuelle Medien vermittelt oder aber Gegenstand unterrichtsbezogener mündlicher Kommunikation. All diese Inhalte werden in grammatischen Strukturen und über das Lexikon vermittelt.

Während in der Grundschule gegenwartsbezogen vorrangig im *hic et nunc* ohne Lehrwerktexte gearbeitet wird und bei den Sprachen, die bereits in der Sekundarstufe I eingesetzt haben, in der Sekundarstufe II auch relativ lehrwerkunabhängig mit anderen Materialien gearbeitet wird, ist in der Sekundarstufe I die Arbeit mit Texten aus den Lehrwerken die Regel. (Dies bezieht sich nicht nur auf die Lektionstexte, sondern auch auf Übungen im Lehrbuch und Materialien in begleitenden Lehrwerkteilen.) Die Inhalte sind so ausgewählt, dass sie die Interessen der jeweiligen Altersgruppe treffen sollen. Dabei wird in der Regel eine Gruppe von Protagonisten durch das gesamte Lernjahr bzw. mehrere Lernjahre hindurch verfolgt und als Identifikationsfiguren für die andere Kultur aufgebaut. Häufig werden Freizeitaktivitäten, Reisen, Austausch und Partnerschaft thematisiert, die im Unterricht zu Sprechanlässen werden. Problematisches Verhalten von Protagonisten (ständiger Fernsehkonsum, Ärger mit Eltern, Schulschwierigkeiten etc., Missverständnisse oder Fehlverhalten beim Austausch etc.) ist nicht vorgesehen. Die Lektionen sind inhaltlich und pädagogisch in sich abgerundet, wenig bis gar nichts bleibt offen. Sie sind eher langweilig, vorhersehbar, Pflichtübungen. Wünschenswert wären deshalb auch problematisierende,

Lehrwerke

zu engagierten Diskussionen einladende Texte, Texte ohne implizit erhobenen Zeigefinger, Texte mit offenem Ende, Texte, über die die Schülerinnen und Schüler etwas sagen *wollen*.

Lehrerhandbücher Bezieht man die Lehrerhandbücher in die Betrachtung mit ein, kann man sich häufig des Eindrucks nicht erwehren, die mit dem Lehrwerk unterrichtenden Lehrkräfte werden zu ausführenden Organen, zu Schülern degradiert. Bis ins kleinste Detail werden (für jeden, der das Schülerbuch kennt) Selbstverständlichkeiten erklärt, Hinweise gegeben, wo, wie, wann, was zu tun ist, was die Schüler tun sollen, ja werden. Oft finden sich auch Zusatzinformationen zum Lehrbuchtext, die die Lehrkraft in die Rolle des alleinigen ‚Wisseninhabers' bringen und ihr die Macht der Information übertragen. Wären derartige Lehrerhandbücher den Schülerinnen und Schülern bzw. den Eltern bekannt – was sie ja in der Regel nicht sind –, so wäre das wahrscheinlich mit einem hohen Gesichtsverlust für den gesamten Berufsstand verbunden. Dies bedeutet nicht, dass auf den Einsatz von Lehrwerken oder die Konsultation von Lehrerhandbüchern zu verzichten ist. Sie sollten aber zu einem souveränen Umgang mit ihnen auffordern, gegründet auf der eigenen fachlichen methodisch-didaktischen Kompetenz und der offen-interessierten Auseinandersetzung mit der jeweiligen Lerngruppe in ihrer spezifischen Zusammensetzung.

Zur Illustration hier ein Beispiel aus Klett, *Etudes Françaises*, *Ensemble*, Lehrerband für das zweite Lernjahr (L 5): „Bei geöffnetem SB [Schülerbuch] präsentiert L [Lehrkraft] Folie 1 und geht auf die Herkunft der Postkarte ein. Wenn keine Folie vorhanden ist, kann man die Landkarte im Buchdeckel verwenden, da die Landkarte und Folie 1 identisch sind. Danach Vorspielen des Textes vom Tonträger. S [Schüler] erhalten die Aufgabe, den Text in Partner- oder Gruppenarbeit zu lesen und die drei noch unbekannten Vokabeln (*vachement*, *le toit*, *ranger*) mit Hilfe des Lektionswörterverzeichnisses selbst zu erschließen [nachschlagen wäre wohl der angemessene Ausdruck]. Anschließend Lesen des Textes im Klassenverband."

Literatur Die literaturwissenschaftliche Ausbildung in der ersten Ausbildungsphase umfasst in der Regel Werke der ‚hohen' Literatur. Einige von ihnen werden in der Sekundarstufe II dann mit Lernergruppen als ‚Ganzschriften' erarbeitet – wobei es dahingestellt sei, ob und in welchem Umfang die Schüler das Werk tatsächlich im Original lesen bzw. lesen sollten. Es hat sich über Jahrzehnte ein Kanon herausgebildet, der in den Schulen immer wieder auf dem Programm steht (wobei den Schülerinnen und Schülern jedoch nicht selten die Information vorenthalten wird, dass es im Buchhandel mannigfaltige Interpretationshilfen zu den Werken – zu erschwinglichen Preisen – gibt). Literaturwissenschaftliche Veranstaltungen zu bestimmten Autoren werden oft besucht, weil ‚man das in der Schule schon mal gemacht hat' und der Schritt, dasselbe dann als Lehrkraft wieder zu behandeln, liegt für viele nah. Gerade in Zeiten von Europäisierung und Globalisierung ist die Behandlung literarischer Werke in der Schule als Nationalliteratur jedoch eigentlich ein Anachronismus. Hier wäre auf ein fächerübergreifendes, vergleichendes Arbeiten hinzuarbeiten, was in keiner Weise ausschließt, dass die Werke (oder Teile von ihnen) im Original gelesen werden. Solange der Fächerkanon der Schulen nicht geändert ist, liegt hier ein großes Veränderungspotential durch die inzwischen in vielen Ländern gegebene Möglichkeit, schuleigene Lehrpläne zu erstellen.

Lehrpläne und Lehrwerke umfassen Themenbereiche, die nicht alle einen Stellenwert im Rahmen eines philologischen Studiums haben. Es kommen dort in erheblichem Umfang (wirtschafts)geographische, soziologische, politikwissenschaftliche und historische Themen vor – um nur die wichtigsten außerphilologischen Bereiche zu nennen. Solange es keine Abstimmung zwischen Lehrplan(entwicklung) und fachwissenschaftlicher Ausbildung gibt, sind alle Lehramtsstudierenden gut beraten, wenn sie während des Studiums ihren Blick auch auf die entsprechenden Wissenschaften richten, um dort einschlägige Lehrangebote zu nutzen.

Landeskunde

6.3 Vermittlung

Die Vermittlung sprachlicher und inhaltlicher Kompetenz im Unterricht gelingt nur in Abhängigkeit von der Aufnahme- und Lernbereitschaft der Schülerinnen und Schüler. Dass die Lehrperspektive nicht den Lernperspektiven und Lernwegen aller oder einzelner Schüler entsprechen muss, wurde bereits ausgeführt, ebenso wie die Tatsache, dass der Unterricht weder durch zu große Kopflastigkeit noch durch theorielose Handlungsorientierung gekennzeichnet sein darf, sondern dass Unterrichtsplanung und -gestaltung in Abhängigkeit von der jeweiligen Lernergruppe immer wieder neu zu gestalten ist. Die von Huwendieck herausgearbeiteten vier Dimensionen didaktischen Anspruchs – es handelt sich um „die Dimension der *E*rschließung und Sachbegegnung, die Dimension der *L*enkung, Vermittlung und Instruktion, die Dimension der *B*eteiligung, der Be- und Erziehung und die Dimension der *A*neignung und Erfahrung" (Huwendieck 2000, 37) – bedürfen dabei immer wieder neuer Konkretisierung und adaptierter Umsetzung.

Wider die Routine

Die inhaltliche Planung orientiert sich lernjahrgangsweise am Lehrplan. Die dort vorgegebenen Themenbereiche werden in entsprechenden Unterrichtseinheiten und einzelnen Unterrichtsstunden geplant. Die während der ersten und zweiten Ausbildungsphase erworbenen fachwissenschaftlichen und fach- und allgemeindidaktischen Kompetenzen sollten es der Lehrkraft erlauben, sich nicht ans Gängelband des Lehrwerkes nehmen zu lassen, sondern souverän damit zu arbeiten. Unterricht im 45-Minutentakt erfordert nicht nur eine Variationen in Methodik und Didaktik vorsehende Flexibilität, sondern auch ein hohes Maß an Empathie von Seiten der Lehrkraft, um die Ergebnisse ihrer Vermittlungswege und der angestrebten Fähigkeiten und Kenntnisse kontinuierlich zu verfolgen und zu ihren Vorgehensweisen in Beziehung zu setzen.

Souveränität durch Kompetenz

Bereits während des Studiums sollten die in den Bereichen der Allgemeinen Didaktik und der Fachdidaktik erworbenen Kenntnisse genutzt werden, um Rückmeldungen über die eigene Vermittlungskompetenz zu bekommen und Möglichkeiten und Notwendigkeiten ihrer Verbesserung zu erkennen. Probates Mittel dazu sind Referate. Diese methodisch-methodologisch in Abhängigkeit von Inhalten und Zielpublikum zu planen und umzusetzen, ist Bestandteil eigenverantworteter Ausbildung ebenso wie das Berücksichtigen der unterschiedlichen fachwissenschaftlichen Anteile in potentiellen schulischen Vermittlungs- und Anwendungsperspektiven den vorzunehmenden Rollenwechsel vom Lerner zum Lehrer vorbereitet und unterstützt.

Hinweise zur Vor- und Nachbereitung von Referaten

Zielsetzung: WISSENSVERMITTLUNG an die Kommilitonen in der Lehrveranstaltung

1. Planung
Leitende Fragestellungen
- was ist das inhaltliche ZIEL des Referats?
  - was soll dargelegt/erklärt/bewiesen/widerlegt werden?
  - wie ordnet sich mein/unser Referat in den Gesamtplan der Lehrveranstaltung ein?
- welches sind die von mir/uns vorausgesetzten Vorkenntnisse der anderen Teilnehmer?
- wie soll/muss der Aufbau sein?
  - welche Argumente sind wichtig?
  - anhand welcher Materialien können sie vorgestellt werden?
  - in welcher Reihenfolge sind die einzelnen Punkte zu behandeln?
- welchen Einstieg wähle ich/wählen wir?
  - was führt zum Thema hin?
  - was motiviert/weckt Interesse an der Thematik?
- welche Medien, Methoden und Materialien setze ich/setzen wir ein?
  - was/welche Methode – wann – wie?
  - was soll jeweils damit erreicht werden?
    - Vor- und Nachteile unterschiedlicher Medien reflektieren
- welche Punkte sollen anschließend diskutiert werden?
  - wer moderiert die Diskussion?

Zeitplanung
- Wie viel Zeit steht insgesamt zur Verfügung? Wie viel wird für
  - Einstieg
  - Hauptteil
  - Zusammenfassung
  - Diskussion

benötigt?

2. Vorbereitung
- Vortrag
  - Kerngedanken möglichst kurz und klar formulieren
  - Einzelteile konzipieren
    - Vortragsunterlagen anfertigen (Karteikarten o. ä.)
  - Materialien auswählen und vorbereiten
    - Sicherstellen, dass notwendige Technik vorhanden ist
    - Raumgröße beachten (Folien/Schriftgröße etc.)
  - mögliche Fragen konzipieren/antizipieren
    - Publikum → Referent (für Verständnisfragen)
    - Referent → Publikum (für Diskussion)
  - Vortragsart reflektieren und gegebenenfalls üben
    - Stimmvolumen
    - Körperhaltung
    - Blickkontakt
    - freies Sprechen
- Handout
  - Gliederung erstellen
    - Kopf
    - Informationen
    - Bibliographische Angaben
  - Literaturhinweise auswählen
  - Blatt erstellen
  - benötigte Anzahl feststellen
  - Kopieren

3. Durchführung

4. Evaluation
- sind die angestrebten Ziele erreicht worden?
- Reaktionen des Publikums analysieren
- was lehrt mich/uns das für das nächste Referat?

7 Mündlichkeit und Schriftlichkeit

Die mündlichen und schriftlichen Kompetenzen werden bekanntlich unterteilt in die vier Teilfertigkeiten Hören, Sprechen, Lesen und Schreiben. In der Regel wird ihnen, insbesondere in Lehrplänen neueren Datums, auch in dieser Reihenfolge Wichtigkeit beigemessen. Diese Teilfertigkeiten können einander nach unterschiedlichen Kriterien zugeordnet werden: in der Mündlichkeit treffen Hören und Sprechen zusammen, in der Schriftlichkeit sind es Lesen und Schreiben. Eine andere Zuordnung ergibt sich auf der Grundlage von Sprachrezeption und Sprachproduktion: hier stehen Hören und Lesen Sprechen und Schreiben gegenüber.

	mündlich	schriftlich
rezeptiv	Hören	Lesen
produktiv	Sprechen	Schreiben

Die Trennung dieser Kompetenzen im Sprachunterricht ist – obwohl sie auf den ersten Blick klar voneinander abgrenzbar scheinen – jedoch oft eher analytischer Natur; die je vorhandenen Fähigkeiten in einer Teilkompetenz werden durch (eine) andere erschlossen und jede setzt sich aus unterschiedlichen Komponenten zusammen (s. u.).

7.1 Kommunikationsfähigkeiten und -strategien

Eine andere Sprache wird in der Regel erworben, damit die Möglichkeit gegeben ist, sich mit Muttersprachlern in dieser Sprache zu verständigen. Von daher wird Kommunikationsfähigkeit häufig vorschnell gleichgesetzt mit allein sprachlichen Kompetenzen in der anderen Sprache. Hinzu kommen müssen aber Kommunikationskompetenzen im kulturspezifischen Bereich (beispielsweise Höflichkeitsanforderungen oder Kenntnis der anderen Textsortenspezifik, s. u.) und das Wissen um wesentliche nonverbale Kommunikationsbestandteile der anderen Kultur.

Zielsprachige Kommunikation im Unterricht ist jedoch grundsätzlich eine künstliche Situation. Denn alle Beteiligten verfügen über eine gemeinsame Sprache, die zumindest die Schüler besser beherrschen als die zu lernende. Schüler und Lehrkräfte leben in derselben Kultur. Dies heißt jedoch nicht, dass es sich um einen statischen monolithischen Block handelt. Auch intrakulturell sind Unterschiede gegeben und Einflüsse aus anderen Kulturen vorhanden und zu beachten. Die anderskulturellen Kommunikationsgepflogenheiten der Zielsprachenkultur(en) finden jedoch kaum Eingang in den anderssprachigen Unterricht.

Grenzen der Unterrichtssituation

Die Verwendung der anderen Sprache ist durch die Unterrichtssituation vorgegeben, nicht durch sprachlich-kommunikative Notwendigkeiten oder Bedürfnisse der Beteiligten. Alle wissen es. Von daher hat die kommunikative Verwendung der anderen Sprache häufig Übungs- und Überprüfungscharakter, d. h. es geht nicht darum, Inhalte zu klären und zu diskutieren (das wäre auf Deutsch möglich und sicherlich einfacher), sondern darum, die Fähigkeit unter Beweis zu stellen, die andere Sprache verstehen und sich sprachlich korrekt in ihr ausdrücken zu können. Rampillon (1977, 175) geht sogar noch weiter, wenn sie den Unterricht in der folgenden Weise charakterisiert: „[…] die LehrerInnen schreiben ihnen [den Schülerinnen und Schülern] vor, was sie sagen sollen, was sie fragen wollen […]". Die Lehrkräfte können einschätzen, was die Schülerinnen und Schüler – sprachlich – auszudrücken in der Lage sind; sie machen die inhaltlichen Vorgaben, stecken den Erwartungshorizont ab. Diese Macht- und Rollenverteilung wird in der Regel von beiden Seiten in jedem Kommunikationsakt neu bestätigt, und die Lehrkraft ist oft nicht der Gesprächspartner, mit dem Schülerinnen und Schüler ihre Interessen diskutieren möchten.

Authentizität der Unterrichtssituation

Schul- und unterrichtsspezifische Kommunikation zwischen Lehrkraft und Schülern gewinnt gerade in dieser Asymmetrie ihre Authentizität. Für den Bereich anderer Sprachen gilt dies in erhöhtem Maße, da die Schülerinnen und Schüler über das Rollenverhältnis hinaus auch sprachlich die schwächere Position haben, solange sie noch nicht in der Lage sind, das, was sie sagen möchten/sollen, anderssprachig adäquat zu formulieren. Selbstverständliche Elemente alltäglicher Kommunikation wie unvollständige Sätze und nonverbale Reaktionen (Nicken, Kopfschütteln, Achselzucken, mimische Antworten etc.) werden insbesondere im Unterricht einer anderen Sprache in der Sekundarstufe I von der Lehrkraft häufig mit dem Hinweis „Im ganzen Satz bitte" unterbunden.

Unterschiedliche Kommunikationsstrategien

Die unterrichtliche Kommunikation folgt damit Kriterien, die anders sind als der ‚Ernstfall', in dem Lerner einer Sprache mit Muttersprachlern kommunizieren wollen oder müssen. Kommunikationsstrategien, die in solch authentischen Situationen greifen, werden im Unterricht kaum akzeptiert, selten gelehrt und wohl so gut wie nie honoriert. Insbesondere, wenn es sich um lexikalische Einheiten oder Strukturen handelt, die im Unterricht bereits durchgenommen wurden, werden derartige Strategien eher als Nicht-Wissen interpretiert und entsprechend sanktioniert. Dies geschieht oft nonverbal und muss der Lehrkraft nicht bewusst sein.

Elementare Kommunikationsfähigkeiten

Die Einführung einer anderen Sprache bereits in der Grundschule hat die Herstellung elementarer Kommunikationsfähigkeiten zum Ziel, räumt den rezeptiven Fähigkeiten hohen Stellenwert und zeitliche Priorität ein und erlaubt gerade in der durchgängigen Handlungsorientierung mit ihren spielerischen Aktivitäten einen natürlicheren Umgang mit den vorhandenen zielsprachigen Unzulänglichkeiten.

Kasper (1982) hat die wichtigsten dieser Kommunikationsstrategien herausgearbeitet, von denen vor allem die produktiven Strategien bislang am meisten Aufmerksamkeit gefunden haben.

Kategorien von produktiven kommunikativen Strategien

produktive Kommunikationsstrategien	Reduktions-strategien	formale		1
		funktionale	aktionale	2
			modale	3
			thematische	4
	aktive Problem-lösungsstrategien	Abrufungsstrategien		5
		Kompensations-strategien	L1-basierte	6
			L2-basierte	7
			kooperative	8
			nonverbale	9

(in: www.rrz.uni-hamburg.de/fremdsprachenlernen/c_all_j02.html, nach KASPER 1982)

Während die formale Reduktionsstrategie (1) darin besteht, die Äußerung strukturell auf ein verbales Minimum zu reduzieren, quasi eine Pidginisierung vorzunehmen, setzen die funktionalen Reduktionsstrategien auf eine Anpassung der Aussage an die unzureichenden sprachlichen Fähigkeiten, entweder durch einfache Zustimmung statt begründeten Widerspruchs (aktional, 2), durch eine Beschränkung der inhaltlichen Aussage auf ein verbales Minimum (modal, 3) oder durch Verzicht auf Themen (thematisch, 4). Die Abrufungsstrategien (5) suchen bewusst nach fehlenden Wörtern oder Strukturen. Interessant sind vor allem die Kompensationsstrategien. Während zu der vorrangig auf die Ausgangssprache orientierten Vorgehensweise (6) Verhaltensweisen wie Code-switching oder der Transfer lexikalischer Einheiten von der Ausgangs- in die Zielsprache gehören, beinhalten die L2-basierten Kompensationsstrategien vielfältige Möglichkeiten der eigenständigen Entwicklung zielsprachiger Äußerungen (Generalisierungen, Paraphrasierungen, Wortschöpfungen etc.). Über kooperative Kompensationsstrategien wird versucht, den Kommunikationspartner als Hilfegebenden einzubinden (über gezielte Nachfragen nach Wörtern beispielsweise). Dies kann auch nonverbal geschehen (fragender Gesichtsausdruck). Nonverbale Kompensationsstrategien greifen aber weiter, sie können verbale Äußerungen ganz ersetzen (Einsatz von Pantomime, Gestik etc.).

Viele Sprachenlerner setzen derartige Strategien spontan in authentischen Kommunikationssituationen mit Muttersprachlern ein. Diese kommen ihnen durch ihr Kommunikationsverhalten oft entgegen, insbesondere, wenn von Seiten des Lerners Bemühen um Verständigung signalisiert wird. Unterschiedliche außersprachliche Variablen kommen ins Spiel und beeinflussen die individuelle Verständigungsbereitschaft und die eingesetzten Strategien von Seiten muttersprachlicher Sprecher; Alter, Geschlecht, Akzent, Verhalten, Kommunikationsbereitschaft auf der anderen Seite spielen eine Rolle. (Vgl. dazu die Untersuchungen von Wagner-Gough/Hatch 1975, Hatch/Shapira/Gough 1978.) Nun können nicht alle Variablen will-

Kommunikation mit Muttersprachlern

kürlich geändert werden, aber auf angemessenes Verhalten und die Art und Weise, wie Kommunikationsbereitschaft signalisiert werden kann, sollte bereits im Unterricht hingearbeitet werden. Bewusst machende Kompetenzvermittlung und bewusster Kompetenzerwerb in diesem Feld anderssprachiger Kommunikation sind nicht zuletzt in Hinsicht auf Austauschsituationen ausgesprochen wünschenswert.

7.2 Verbale und nonverbale Kommunikation

Nonverbale Kommunikation als methodisch-didaktisches Medium

Mündliche Kommunikation ist eingebettet in Situationen mit hohen nonverbalen Anteilen. Die begleitenden nicht-sprachlichen Anteile des Kommunikationsaktes beeinflussen das Verständnis der sprachlichen Anteile. Nonverbale Kommunikation kann die verbale Kommunikation interpretieren; d. h. sie kann die Aussage unterstützen, sie kann sie aber auch konterkarieren, so dass die verbale Äußerung in ihr Gegenteil verkehrt wird. Sie kann sie auch ersetzen, z. B. Nicken als Zustimmung. Kommunikation schließt nonverbales Handeln als zielgerichtete Aktivität ein und sieht den Interaktionspartner als interpretierenden Adressaten der verbalen und nonverbalen Bestandteile. Im (früh)beginnenden Unterricht einer anderen Sprache, wo nonverbale Kommunikation und nonverbales Handeln eine entscheidende Rolle für den Spracherwerb spielen, kommt ihnen der Stellenwert eines didaktisch-methodischen Mediums zu. Sie sind gezielt als solches einzusetzen. Ihre Funktion ändert sich im Laufe des fortschreitenden Spracherwerbs und mit zunehmendem Alter der Lerner. Je jünger die Lerner sind, desto mehr verbleibt der Unterricht in der Mündlichkeit und desto wichtiger sind die nonverbalen Komponenten als integrale Bestandteile des Spracherwerbsprozesses.

Hören/Sehen – Handeln

Nonverbales Handeln (Gestik und Mimik eingeschlossen) übernimmt Aufgaben vor allem für die Sprachrezeption; es sichert das (Text)Verständnis, das gerade in der ersten Phase hergestellt wird über das Sehverständnis auf der Grundlage der Ausgangssprache(n) der Lerner. Mit zunehmendem Hörverständnis reduziert sich die Wichtigkeit des Sehverständnisses und damit auch des nonverbalen Handelns. Agens des nonverbalen Handelns ist einerseits die Lehrkraft, wenn sie sprachbegleitend handelt und damit den Schülerinnen und Schülern die Möglichkeit gibt, den unbekannten Lautketten auf diese Weise Bedeutung zuzuschreiben. Andererseits werden auch die Lerner zu nonverbal Handelnden. Dies kann geplant eingesetzt werden, um ihre rezeptiven Fähigkeiten zu überprüfen. Dass sie eine Äußerung verstanden haben, zeigt sich, wenn sie entsprechend reagieren/handeln, auch durch Gestik und Mimik.

Eine zunehmende Vertrautheit mit der neuen Sprache verändert den Stellenwert der nonverbalen Kommunikation. Im Laufe der Lernjahre nimmt die Relevanz ab. Die methodisch-didaktische Funktion der nonverbalen Kommunikation unterliegt damit einer Degression. Es können drei – z. T. zeitlich parallel vorhandene – Stufen unterschieden werden.

Degression der methodisch-didaktischen Funktion der nonverbalen Kommunikation

Stufe 1	*Substitutionsfunktion* (Verbleib in der Mündlichkeit)	Für die Schüler hat nonverbales Handeln zunächst die Aufgabe, verbales Handeln zu ersetzen: Sie hören unbekannte Lautketten, die mit den bisher genutzten (ausgangs)sprachlichen Mitteln nicht zu entschlüsseln sind. Aufgrund ihrer metasprachlichen, kognitiven Fähigkeiten und mit ihrem Weltwissen interpretieren sie das Gesehene und ordnen dadurch dem Gehörten Sinn zu.
Stufe 2	*Begleitfunktion* (Aufbau des Hörverständnisses, Mündlichkeit im Übergang zur Schriftlichkeit)	Aufgrund der schon vorhandenen Vertrautheit mit der neuen Sprache bekommt nonverbales Handeln mehr und mehr die Funktion, das sprachliche Handeln zu begleiten: Die unbekannte Lautkette wird segmentiert. Dabei werden zunächst Hypothesen über ihre semantischen Bestandteile aufgestellt. Gleichzeitig findet eine phonetisch-phonologische Einteilung der Lautkette statt, die jedoch noch nicht in allen Fällen den Wortgrenzen folgt. Die Einteilung in semantische Bestandteile (Wörter) erfolgt durch Segmentierungsübungen und auf der Grundlage von Schriftbildern. Sprachliches Handeln verzichtet zunehmend auf die Begleitung durch nichtsprachliches, und zwar sowohl bei der Lehrkraft als auch bei den Schülerinnen und Schülern.
Stufe 3	*Differenzierungsfunktion* (gesichertes Hörverständnis)	Die zielsprachige Kompetenz ist so groß, dass sprachliches Handeln allein das Verständnis sichern kann. Nonverbales Handeln übernimmt – wie bei muttersprachlichen Kommunikationsakten – eine Differenzierungsfunktion.

Die dritte Stufe bedarf gerade aufgrund ihrer Parallelität zu muttersprachlichen Situationen in hohem Maße der (Selbst)Beobachtung. Denn Gestik und Mimik geben Zusatzinformationen, die unter Umständen weder bewusst noch gewollt sind, und zwar sowohl für die Schüler als auch für die Lehrkräfte. Scheinbare Kleinigkeiten wie hochgezogene Augenbrauen, abschätziges Kopf-Wiegen oder Kopf-Weg-Drehen, kleine, wegwerfende Handbewegungen, aber auch paraverbale Signale – wie beispielsweise ein entsprechender Tonfall – signalisieren Despektierlichkeit gegenüber einzelnen Schülern, ihren Leistungen, ihrer Persönlichkeit, die sich auf die Mitarbeit und Selbsteinschätzung der Betroffenen sehr negativ auswirken kön-

Nonverbale Botschaften

nen. Der (verbale) Inhalt und die (nonverbale) Botschaft widersprechen sich nicht selten; die Botschaft ist häufig der wichtigere Bestandteil des Kommunikationsaktes für die Schüler und hat nachhaltigen Einfluss. Auf der anderen Seite tut jede Lehrkraft gut daran, die nonverbalen Reaktionen ihrer Schüler ständig zu be(ob)achten, denn sie zeigen Unverständnis, Probleme beim Verstehen, andere Meinungen und bieten damit Ansatzpunkte für Klärungen, zum Einbinden gerade dieser Schüler in das Unterrichtsgeschehen, indem auf ihre Probleme eingegangen wird.

Interkulturelle Aspekte

Parallel zu den drei funktionalen Stufen nonverbaler Kommunikation für den Erwerb der anderen Sprache kommen unterschiedliche interkulturelle Aspekte ins Spiel. Auch hier hat nonverbale Kommunikation eine wichtige Funktion. Denn interkulturelle Handlungsfähigkeit beinhaltet nicht zuletzt auch die Fähigkeit, spezifische nonverbale Botschaften der anderssprachigen Kultur ‚lesen' zu können. Bestimmte Gesten, eine bestimmte Mimik bieten – sofern sie nicht als Teil der Botschaft erkannt und entsprechend interpretiert werden – Anlass für Missverständnisse in Kommunikationssituationen mit Muttersprachlern. Da es sich hier um einen höchst sensiblen Bereich interkulturellen Miteinanders handelt, sollte es im Unterricht nicht darum gehen, dass die Schüler die anderskulturelle Spezifik von Mimik und Gestik aktiv (einzusetzen) lernen. Wesentlich ist der rezeptive Aspekt: Sie müssen in der Lage sein, spezifische Gewohnheiten in ihrer Bedeutung in der und für die Kommunikation zu erkennen. Ähnlich wie ein allzu umgangssprachlicher Wortschatz kann auch der Einsatz kulturspezifischer Gestik und Mimik ‚genau daneben liegen' oder aber als Usurpation aufgefasst werden. Wesentlich ist hier die Herausbildung von *culture awareness*, d. h. der Fähigkeit, unterschiedliche kulturelle (nonverbale) Verhaltensweisen zu bemerken und empathische Interpretationen leisten zu können. Dies bedeutet auch, die eigenkulturellen Aspekte nonverbaler Kommunikation als solche zu erkennen und gegebenenfalls auf ihre Verwendung zu verzichten.

7.3 Sprachrezeption und Sprachproduktion

Funktionale Mehrsprachigkeit

In der unterrichtlichen Praxis interagieren Sprachrezeption und Sprachproduktion. Die Intensität, mit der jede der vier oben aufgeführten Teilfertigkeiten auf- und ausgebaut wird, hängt von der Schulstufe und von der jeweiligen Schulart ab. Bislang wurde ab der Sekundarstufe mehr oder weniger auf eine ausgewogene Gewichtung hingearbeitet. Mit dem Konzept der Funktionalen Mehrsprachigkeit können und sollten sich Schwerpunktsetzungen herausbilden, die die absehbaren späteren Verwendungszusammenhänge der anderen Sprache einbeziehen. Insbesondere für die Hauptschule bzw. vergleichbare Schularten bedeutet dies, der Mündlichkeit sowie der in sie einzubringenden Fähigkeiten größere Wichtigkeit zuzumessen. Dafür sind jedoch didaktische Umstrukturierungen erforderlich, die nicht in erster Linie eine Reduktion der Komplexität vorsehen, sondern auf einen Aufbau der benötigten Fähigkeiten (Hörverständnis und Sprachproduktion) in ihren spezifischen Teilkompetenzen in und aus der Mündlichkeit gerichtet sind. Leider sind Lehrwerke nicht in ausreichendem Maße für diese Zielsetzung konzipiert. Es handelt sich vielmehr häufig um ‚abgespeckte' Realschullehrwerke, die wiederum ‚abgespeckte' Gymnasiallehrwerke sind. Dies betrifft sowohl die grammatische Konzeption als auch die lexikalische. Eine stärkere Ausrichtung auf mögliche Berufs- und Handlungsfelder und deren Kommunikationsnotwendigkeiten wäre inhaltlich dringend erforderlich.

Für Hörverständnis und Sprachproduktion sind insbesondere die benötigten Grammatikkenntnisse aus den entsprechenden Verwendungszusammenhängen heraus zu bestimmen. Außerdem gilt es – setzt man die Lernstärken des Zielpublikums nicht vorrangig im analytisch-expliziten Bereich an –, Vermittlungsstrategien aus dem Gebrauch heraus zu entwickeln. Dabei wäre gerade auf imitative Vorgehensweisen besonders zu achten. Imitative Erwerbsstrategien sind keineswegs als platte 1:1-Übernahmen vorgegebener Elemente zu sehen. Nachahmung erfordert höchst individuelle Umsetzungsstrategien und Adaptationsaktivitäten (vgl. Winnykamen 1990), die in der Regel jedoch nicht bewusst (gemacht) werden und die unter Umständen deshalb gerade bei eher analytisch-explizit orientierten Lerntypen weniger gut ausgebildet sein können.

Imitative Erwerbsstrategien

Im traditionellen Fremdsprachenunterricht spielte die Rezeption in der Mündlichkeit kaum eine gesonderte Rolle. Es wurde mit Lehrbuchtexten, Vokabel- und Grammatikregellernen von Anfang an vorrangig auf die Produktion gesehen. Mit der Einführung einer anderen Sprache in den grundschulischen Lernzusammenhang ändert sich die Sicht auch auf schulisch vermittelte andere Sprachen. Die Anlehnung an die Immersionsmethode und damit an natürliche Spracherwerbsvorgänge brachte eine Wende. Zwar wurde vorher bereits im so genannten einsprachigen Unterricht die andere Sprache als Kommunikationsmittel verwendet, so dass die Schüler einen hohen anderssprachigen Input hatten, dies war jedoch nicht explizit als Grundlage für eigenständigen Spracherwerb geplant (eigenständiges induktiv-imitatives Vorgehen in der Mündlichkeit).

Der Stellenwert, den Sprachrezeption nun in der grundschulischen Arbeit hat, geht darüber hinaus. Die Rezeption ist nicht auf eine direkte Umwendung in eigenständige Produktion ausgerichtet, sondern dient zunächst dazu, es den Lernern zu ermöglichen, einen anderssprachigen Wortschatz und anderssprachige Strukturen aufzubauen, aus denen sie schöpfen können, um über Hypothesenbildung zum Aufbau einer grundlegenden Sprachkompetenz in der anderen Sprache zu kommen. Ebenso wie im natürlichen (Erst- und Zweitsprachen)Erwerb geht die Rezeption der Produktion voraus. Aufgrund der geringen Zeit, die für die anderssprachige Arbeit zur Verfügung steht, bedarf es von Seiten der Lehrkraft überlegter, langfristiger Planung, um die Hypothesenbildungsprozesse der Lerner zielorientiert zu unterstützen, selbst wenn sie im Einzelnen nicht vorhersehbar und planbar sind (vgl. Sarter 1997).

Sprachrezeption

Für die dritten und vierten Sprachen in den höheren Klassen zeichnet sich ab, dass durch den Auf- und Ausbau von rezeptiven Fähigkeiten im Bereich des Lesens und des Hörverständnisses ein wesentlich schnellerer Zugang zu einer neuen Sprache eröffnet wird, wenn gezielt auf bereits vorhandenen Kenntnissen in den gelernten anderen Sprachen aufgebaut wird (vgl. die oben bereits erwähnte EuroCom-Methode, die für die romanischen Sprachen ausgearbeitet und inzwischen auch auf die slavischen und germanischen Sprachen ausgeweitet wurde; für eine erste Annäherung vgl. Hufeisen [2005]).

Nutzen der Mehrsprachigkeit

Überprüfung der Teilfertigkeiten	Die zu Anfang des Kapitels aufgeführten vier Teilfertigkeiten Hören, Sprechen, Lesen und Schreiben sind – obwohl sie auf den ersten Blick klar voneinander abgrenzbar scheinen – im Sprachunterricht ineinander verwoben. Ihre Trennung ist deshalb eher analytischer Natur, zumal sie auch über jeweils andere Teilkompetenzen überprüft bzw. erschlossen werden. So wird das Hörverständnis – außer im Anfangsunterricht in der Grundschule – über Sprechen und Schreiben überprüft, Lesefähigkeit über Sprechen und Schreiben, das Schreiben über das Lesen und das Sprechen über das Hören und Schreiben.
Kompenenten der Teilfertigkeiten	Die vier Teilfertigkeiten setzen sich aus unterschiedlichen Komponenten zusammen. Diese sind zum großen Teil nicht spezifisch für die neue Sprache; sie müssen jedoch während des Erwerbsprozesses an sie angepasst werden. Im *Bereich des Hörens* geht es zunächst darum, die phonetisch-phonologischen Besonderheiten erkennen zu lernen, um die Bedeutung der Lautkette fassen zu können. Hören und Zuhören sind – betrachtet man die Unterrichtsstunden im Durchschnitt – zeitlich die wichtigsten Aktivitäten; ihr Ergebnis, das Hörverständnis, kann jedoch nur über andere Fähigkeiten überprüft werden, sei es durch (nonverbales) Handeln, sei es durch Sprechen oder Schreiben. Geschieht dies auch in der anderen Sprache, wird damit nicht nur das Hörverständnis, sondern auch die (lexikalische und grammatische) Ausdrucksfähigkeit überprüft. Während Lese- und Schreibprozesse in einer anderen als der Muttersprache bereits zum Gegenstand vieler Untersuchungen geworden sind, ist die Forschung im Bereich des anderssprachigen Hörverstehens und der dazu angewandten Strategien kaum entwickelt. Hier sind die unterrichtenden Lehrkräfte auf ihre intuitiven Herangehensweisen und Vermittlungsstrategien angewiesen.
Sprechzeiten	Während alle zeitgleich (zu)hören, lesen oder schreiben können, ist es im Unterricht üblich, dass immer nur eine(r) spricht. Dabei ist der Zeitanteil, der jedem Einzelnen dafür zur Verfügung steht, sehr gering. Zwar können bei Gruppen- oder Partnerarbeit mehrere Schüler parallel zu Wort kommen – wobei aber nicht garantiert ist, dass tatsächlich in der anderen Sprache kommuniziert wird. In den Phasen des Frontalunterrichts aber ist es vor allem die Lehrkraft, die spricht. Schüler antworten, meistens mit kurzen Sätzen. Längere Ausführungen oder Referate stehen seltener auf dem Programm, und dann ist es wieder nur Redezeit für eine Schülerin oder einen Schüler. Die Möglichkeit, sich im Unterricht im Sprechen der anderen Sprache tatsächlich zu üben, ist damit gering, sich dort erproben zu wollen, ist angesichts des ‚Lehrerohrs', das jeden Fehler registriert, mutig. Hinzu kommt, dass es auch eine persönlichkeitsabhängige Entscheidung ist, sich zu Wort zu melden oder eher zuzuhören. (Im Gegensatz dazu stehen Kommunikationssituationen mit Muttersprachlern; dort ist die Notwendigkeit gegeben, im Rollenwechsel zuzuhören und sich selbst mitzuteilen.) Außerdem beruht die Notengebung immer noch zum überwiegenden Teil, wenn nicht de facto ganz, auf den schriftlichen Arbeiten. Kommen dann noch Frage- und Antwortrituale hinzu, die im Text Vorgegebenes variieren, so ist nachvollziehbar, dass die Sprechmotivation vieler Schülerinnen und Schüler nicht besonders ausgeprägt ist bzw. durch Hemmungen und Versagensängste beeinträchtigt wird.
Verbale Kommunikationsroutine	Für viele Schüler sind hier wahrscheinlich die Hinweise, die in neueren Lehrbüchern zur Verwendung mehr oder weniger vorgestanzter lexikali-

scher Einheiten, Gesprächsroutinen und Gambits bzw. verbalisierter Kommunikationssignale gegeben werden, hilfreich, erlauben sie doch, das Wort mit abgesicherten Wendungen zu ergreifen und Sprechsicherheit aufzubauen. Die Tipps, die unter „Sprechen in der Fremdsprache, wenn passende sprachliche Mittel nicht vorhanden sind" (www.rrz.uni-hamburg.de/fremdsprachen/c_tal_a01.html) und unter den dort gegebenen weiterführenden Links und Literaturhinweisen zu finden sind, sind zwar nicht auf Unterrichtssituationen ausgerichtet, können aber gut übertragen werden. Denn sie helfen, anderssprachige Kommunikationsroutine aufzubauen, initiieren und unterstützen entsprechende produktive Kommunikationsstrategien. Sie einzubinden erfordert jedoch von Seiten der Lehrkraft einen hierarchisierenden Blick auf das zu erwerbende Lexikon, der sich mehr an kommunikativen Verwendungsmöglichkeiten als an linear-kumulativem Vokabellernen orientiert.

Die Teilfertigkeiten Lesen und Schreiben in einer anderen Sprache sind in den letzten Jahren Gegenstand unterschiedlichster Forschung gewesen. (So gibt es beispielsweise seit einigen Jahren zwei internationale Zeitschriften, die sich ausschließlich diesen Gegenstandsbereichen widmen: Writing in a Second Language / Reading in a Second Language; zum Lesen in L2 vgl. auch Ehlers [1998], Gerhold [1990], Cornaire/Germain [1999].) Lesen ist bereits in der Mutter-/Ausgangssprache – gemeint ist hier die Sprache, in der der Alphabetisierungs- und Automatisierungsprozess stattgefunden hat – eine höchst komplexe Angelegenheit und nicht auf das Zur-Kenntnis-Nehmen von Buchstaben, Wörtern und Sätzen zu reduzieren. Lesen Lernen geht über die Fähigkeit der (automatisierten) Zuordnung von Graphemen zu Lauten und der Zusammensetzung von graphisch repräsentierten Lautketten zu semantischen Einheiten (Wörtern, Sätzen) hinaus. Es findet eine Verarbeitung des Textes auf unterschiedlichen sprachlichen und kognitiven Ebenen statt. Die Ebenen greifen zum Verständnis des Gelesenen ineinander, beeinflussen sich. Es werden im Großen und Ganzen folgende Ebene unterschieden: die graphophonemische Ebene (Schriftzeichen-Dekodierung), die lexikalische Ebene (Wort-/Wortformerkennung; Vergleich mit dem mentalen Lexikon, Ableiten unbekannter Wörter aus bekannten, Abgleich mit dem bisher gelesenen Teil des Textes) und die semantische Ebene (Hinzuziehen des eigenen Weltwissens, Interpretation des Textes und seiner Teile). Für einen ersten Überblick vgl. „Leseprozesse" unter www.rrz.uni-hamburg.de/fremdsprachenlernen/b_les_b04.html und die dort verfügbaren weiterführenden Links. Sprachwissen und Leseerfahrung, aber auch Weltwissen, sind konstitutiv für Verarbeitung und Verständnis des Textes. Dabei ist die sprachliche Analyse *bottom-up* orientiert; die Geschwindigkeit dieses Prozesses hängt nicht zuletzt von der Leseerfahrung und den Lesegewohnheiten ab. Die kognitive Analyse verläuft demgegenüber eher *top-down*, bringt die unterschiedlichen Erfahrungen und Interpretationen in das Textverständnis ein, individualisiert den gelesenen Text.

Leseprozesse

Ob bzw. inwieweit die Prozesse beim Lesen in der Ausgangssprache mit denen in einer anderen, noch nicht vollständig beherrschten und automatisierten Sprache identisch bzw. vergleichbar sind, ist von der Forschung noch nicht abschließend geklärt. Es kommt aber auf alle Fälle eine ganze Reihe wichtiger Faktoren ins Spiel, mit denen Lehrkräfte sich auseinander-

Lesen in anderen Sprachen

setzen sollten (für einen Überblick vgl. Ehlers [1998], 179–186). Dies bezieht sich insbesondere auf die Korrespondenz von erworbenen Sprachkompetenzen und inhaltlich erfolgreichen Leseprozessen.

Leseprogression   Lesen in der anderen Sprache folgt seit der Einführung anderer Sprachen in der Grundschule einer Progression. Fällt das erste Lernjahr einer anderen Sprache mit dem Beginn der Sekundarstufe I zusammen, so setzt die Ausbildung in allen vier Teilfertigkeiten relativ parallel ein. Lesen, Hören, Sprechen und Schreiben stützen sich gegenseitig, bauen aufeinander auf. Zunächst handelt es sich beim Lesen eher um ‚Entzifferungs'prozesse, bei denen die Graphem-Phonie-Zuordnung der neuen Sprache ebenso wie ihr Lexikon und ihre Struktur gleichzeitig zu erobern und wiederholend zu üben sind. In der grundschulischen Spracharbeit wird der Leseprozess hingegen aufgebaut. Dabei greifen zwei Komponenten gleichzeitig bzw. zeitlich nur wenig verschoben: inhaltliche Kenntnis der Wörter und Sätze der anderen Sprache und ihrer Aussprache, Wiedererkennen von Schriftbildern und impliziter Aufbau einer anderen Phonie-Graphie-/Graphie-Phonie-Relation und Routine-Herstellung für das Lesen in der Ausgangssprache. Durch das Ineinandergreifen dieser beiden Prozesse kann unter Umständen schneller inhaltliche Lesekompetenz in der neuen Sprache hergestellt werden als es sonst bei der Verzögerung über einige Jahre (grundschulische Alphabetisierung und Automatisierung in der Ausgangssprache und Einsatz der ersten anderen Sprache zu Beginn der Sekundarstufe I) möglich ist. Um hier genauere Auskünfte zu bekommen, bedarf es jedoch noch intensiver Forschung.

Funktionen des Schreibens   Ebenso wie das Lesen hat das Schreiben im Laufe des fortschreitenden anderssprachlichen Unterrichts unterschiedliche Funktionen. Ist es zunächst wesentliches Mittel zur Festigung der Schreibung einzelner Wörter und zu ihrer Memorierung, so verliert es mit der Zeit diesen reproduktiven Charakter und zielt auf Eigenständigkeit der Lernenden in der Verwendung der anderen Sprache. Auch Schreibprozesse in einer anderen Sprache sind Gegenstand von Untersuchungen, Analysen und didaktischen Vorschlägen geworden. (Vgl. z. B. Börner/Vogel [Hrsg. 1992], Krings [1992], Börner [1998], Weirath [2000], Cornaire/Raymond [1999].) Die Lese- und Schreibfähigkeiten und -fertigkeiten der einzelnen Schüler in der Ausgangssprache werden für den anderssprachlichen Unterricht in der Regel nicht in Betracht gezogen, übergeordnete Schwächen werden doppelt angelastet. (Die Fälle, in denen jemand in der Ausgangssprache ein schlechter oder unmotivierter Leser oder Schreiber ist, in einer anderen, in der Schule zu erwerbenden Sprache jedoch im Lesen und Schreiben hervorragende Leistungen erbringt, dürften wohl zu den großen Ausnahmen zählen. Auf das Problem der Teilleistungsschwächen in diesen Bereichen wurde weiter oben bereits hingewiesen.)

Es sollte auch nicht verschwiegen werden, dass Schreiben im und für den Unterricht sehr häufig mehr eine sprach(ein)übende Funktion hat als tatsächlich kommunikative Orientierung. Denn die Notwendigkeiten, die andere Sprache schreiben zu können, sind außerhalb des Unterrichts recht reduziert. Auch Schreiben hat damit im und für den Unterricht vor allem die Funktion, das Sprachwissen überprüfbar zu machen.

Teilkompetenz Schreiben   Die Teilkompetenz Schreiben umfasst Fähigkeiten, die eher reproduktiven Charakter haben (Schriftbilder wieder erkennen und reproduzieren, Vokabeln in Lückentexte schreiben oder abschreiben) und solche, die im engeren Sinn als produktiv einzustufen sind: das Verfassen eigener Texte in der anderen Sprache. Diese verbleiben in der Regel im Rahmen der Textsortenspezifik der Ausgangskultur (Nacherzählungen und Aufsätze nach deutschem Muster); ihre Beurteilung erfolgt zu einem hohen Prozentsatz auf der Grundlage sprachlicher Korrektheit. Gerade in Hinsicht auf die ja ebenfalls vorgesehene interkulturelle Ausbildung wäre eine stärkere Orientierung auf die Anforderungen, die an die jeweilige Textsorte in der Zielsprachenkultur gestellt werden, nützlich, um schriftliche Kommunikation mit Partnern im Zielsprachenland zielgerichteter führen zu können (wie beispielsweise Anfragen an Institutionen wie Fremdenverkehrsämter etc, Bewerbung um einen Praktikumsplatz, Konzeption eines Lebenslaufs o.ä.).

Nachdenkaufgabe:

- Wann/wie oft waren Sie außerhalb von Sprachlernsituationen vor die Notwendigkeit gestellt, sich in der anderen Sprache schriftlich zu äußern?
- Welche Textsorten waren dabei zu verwenden? Wie haben Sie versucht sicherzustellen, dass die kulturspezifischen Gepflogenheiten bei der Abfassung des Textes berücksichtigt wurden?
- Wodurch unterscheidet sich ein deutscher Erörterungsaufsatz von einer französischen *dissertation* oder einem englischen *essay*?

8 Transkulturelles Wissen und Interkulturelles Können

Information und Kommunikation

Zwischen Sprache und Kultur besteht unbestritten ein enger Zusammenhang. Sprachvermittlung und Spracherwerb bedeuten auch immer Weitergabe und Aufnahme von Informationen über die Kulturen, in denen die jeweiligen Sprachen authentisches Kommunikationsmittel sind. Weitergabe und Aufnahme kulturorientierter Inhalte sind subjektive Prozesse und bauen auf Vorkenntnissen, Vorerfahrungen, Haltungen und Erwartungen auf. Die kulturorientierten Inhalte lassen sich grob in zwei Kategorien unterteilen: zum einen in Informationen über Daten und Fakten aus unterschiedlichen Bereichen des anderen Kulturraumes: Geschichte und Zivilisation, Geographie, Politik usw., zum anderen in kulturspezifische Variablen sprachlicher (und nicht-sprachlicher) Kommunikation. Man mag Bereiche wie Geschichte, Geographie oder Politik aus dem gewachsenen Da-Sein der jeweiligen Gesellschaft ausgliedern und als nicht oder kaum kulturspezifische Gegebenheiten sehen – wie es ja in den entsprechenden Fächern in der Schule auch mehr oder weniger passiert; für den Unterricht anderer Sprachen ist dies jedoch unangemessen. Denn in und aus ihnen haben sich die kulturspezifischen Sicht- und Verhaltensweisen entwickelt, um die es im interkulturellen Lernen doch gehen soll. – Während der Begriff „Fremdsprache" immer noch gängig ist, wird auf die Analogbildung „Fremdkultur" verzichtet. Ist die andere Sprache ‚fremder' als die andere Kultur?

8.1 Unterschiedliche Aspekte der Zielsetzung

Landeskunde und interkulturelles Lernen

In den schulischen Curricula lassen sich diese beiden Komplexe als Landeskunde und interkulturelles Lernen erkennen. Während für den Bereich der Landeskunde in der Regel in den Lehrplänen Vorgaben gemacht werden, welche Gegenstandsbereiche im Laufe der Lernjahre mit den Schülerinnen und Schülern erarbeitet werden sollen, sind die Ausführungen zum interkulturellen Lernen eher allgemein, werden in den vorgeordneten Kategorien der allgemeinen Lernziele formuliert. Konkrete Ausführungen dazu finden sich nur selten. Damit sind die Lehrkräfte auf sich selbst, auf ihre Vorstellungen, auf ihre eigenen Erfahrungen und deren Verarbeitung verwiesen.

Erwerb interkultureller Kompetenzen

Auf eine Ausbildung für diesen wichtigen Teil der Berufspraxis kann in der Regel nicht gebaut werden. Interkulturelle Erziehung ist nur in den wenigsten Lehramtsstudiengängen verankert, und dann in den erziehungswissenschaftlichen Bestandteilen, bezogen auf die Multikulturalität der deutschen Schule. Für die Ausbildung als Lehrkraft für eine andere Sprache ist es eher Zufall und Glück, wenn die Notwendigkeiten der späteren Berufspraxis, kulturspezifisch ausgerichtete interkulturelle Kompetenz für eine Sprache, einen Sprachraum zu vermitteln, systematisch angegangen, vermittelt und erworben werden. Hier keimt die Hoffnung, dass entsprechende Kompetenzen während eines längeren Auslandsaufenthaltes – der jedoch auch nicht immer verbindlich vorgeschrieben ist – erworben werden und die Fähigkeit, diese Kompetenzen reflektiert in eine Vermittlungsperspektive umzusetzen, gleich dazu. (Dass die Ausbildung für die landeskundlichen Themenbereiche ähnlich problematisch ist und interessiertes Engagement von Seiten der Studierenden erfordert, wurde bereits thematisiert.)

So unbefriedigend die Ausbildungssituation, so umfangreich die zu dieser Problematik vorhandene Literatur. Sie geht von kulturphilosophischem Ringen auf hohem abstrakten Niveau um die zentralen Begriffe der Kulturwissenschaft über didaktisch-methodische Veröffentlichungen für den (Sprach)Unterricht – zu einem großen Teil mit grundsätzlichem Charakter – bis hin zu wirtschaftsorientieren Analysen unterschiedlichen kulturellen Verhaltens, deren Faszination sich aus dem Praxisbezug und den beschriebenen Beispielen für Missverständnisse im weltweiten interkulturellen Miteinander erklärt. *Fachliteratur*

Interkulturelle Verständigungskompetenz ist in unserer mehr und mehr globalisierten Welt eine notwendige Voraussetzung für ein friedliches Miteinander im Großen wie im Kleinen. Die Frage stellt sich, inwiefern und wie interkulturelles Lernen im Unterricht einer anderen Sprache möglich ist. (Es sei in diesem Zusammenhang hingewiesen auf Zeuner [o.J.]. Dort findet sich – am Beispiel Deutsch als Fremdsprache – eine umfassende Einführung in *Landeskunde und interkulturelles Lernen*.) House (1996, 3) verweist auf die drei traditionellen Zielsetzungen anderssprachlichen Unterrichts: Vermittlung/Erwerb von sprachlichen Fertigkeiten (fertigkeitsspezifischer Bereich), von Wissen (kognitiver Bereich) und von Haltungen und Einstellungen (affektiver Bereich) und fügt hinzu: „Die ‚mainstream'-Konzeption interkultureller Kompetenz im FU [Fremdsprachenunterricht] ist […] einseitig auf die affektive Domäne kapriziert (Empathie, Verstehen, Toleranz und so weiter) zum Nachteil und Schaden der anderen beiden Domänen", um im Weiteren fortzufahren: „Wenn in einem konkreten soziokulturellen Rahmen eine Fremdsprache für kommunikative Zwecke gelernt werden soll […], dann muß jedes vernünftig formulierte Ziel sich auf den Erwerb der fremden Sprache beziehen und nicht überlagert werden von primär affektiven Zielsetzungen. Der Versuch, einseitige affektiv-emotionale Ziele dem FU zu oktroyieren, ist verfehlt" und – das wäre hinzuzufügen – läuft Gefahr, kontraproduktiv zu wirken. *Interkulturelle Verständigungskompetenz*

Aus nicht unberechtigtem Anlass galt es lange Zeit und gilt es offensichtlich noch immer als eher unschicklich, sich als Deutsche(r) zu definieren. Gerade für Lehrkräfte anderer Sprachen liegt die Versuchung, die andere Kultur positiver (offener, kinder- und gastfreundlicher, humorvoller, spritziger, witziger ...) als die eigene zu sehen, ja sich selbst emotional ‚wegzudefinieren', nahe. Eine solche Position mag als Privatperson einnehmen, wer möchte – als Lehrkraft jedoch ist Abstand davon zu nehmen, die Schülerinnen und Schüler in ähnliche Positionen zu drängen. Denn auch positive Vorurteile sind Vorurteile und deshalb immer in Gefahr, sich in ihr Gegenteil zu verkehren. *Haltungen und Vorurteile*

In einer – schriftlichen – Umfrage zu Beginn einer interkulturell ausgerichteten Lehrveranstaltung mit knapp 100 Teilnehmer/-innen kamen auf die Bitte, spontan und in Stichworten aufzuschreiben, was ihnen als Ant- *Auto- und Heterostereotypen* wort auf die Frage „Was ist deutsch?" einfiel, Antworten von „pünktlich, ordentlich, fleißig …" bis hin zu „Sauerkraut" und „Lederhosen". Nachdem die Stichpunkte notiert waren, sollten die Teilnehmer/-innen dazu schreiben, zu wie viel Prozent sie selbst sich als deutsch sehen. Lediglich zwei antworteten mit „100%", der Rest schwankte zwischen 10 und 95%. Im zweiten Teil dieser Umfrage ging es darum, Assoziationen zur englischsprachigen, französischen, italienischen, polnischen, russischen und spanischsprachigen Kultur aufzuschreiben. Hier zeigte sich deutlich, dass positive Konnotationen mit der Kultur der studierten Sprache einhergingen, die übrigen Kulturen eher negativ gesehen wurden – bis hin zu landläufigen Vorurteilen. Die Auseinandersetzung mit Auto- und Heterostereotypen ist gerade für (zukünftige) Lehrkräfte anderer Sprachen, die ja Bilder anderer Kulturen vermitteln sollen, wichtiges Element einer professionellen Berufsausübung. Dazu gehört auch die Frage des persönlich-emotionalen Kulturvergleichs.

Kommunikative Kompetenz als Grundlage

Bevor „Interkulturelles Lernen" beziehungsweise „Interkulturelle Kompetenz" zentrale Bezugspunkte des anderssprachigen Unterrichts und der Sprachvermittlung wurden, war „Kommunikative Kompetenz" der Kernbegriff. Wäre diese von Hymes (1972) herausgearbeitete Fähigkeit in ihrer umfassenden Bedeutung für den Unterricht einer anderen Sprache analysiert und adaptiert worden (vgl. House 1996, 1 ff.), wäre viel gewonnen gewesen. Denn es geht darum, kommunikative Kompetenz, gesehen als das einem Sprecher zur Verfügung stehende (implizite) grammatische, psycholinguistische, soziokulturelle und praktische Wissen, das er in seiner Sprache und Kultur erworben hat, im Vergleich mit der neuen/anderen Sprache und Kultur – wo und wann nötig – zu explizieren und für interkulturelle Begegnungen operationalisierbar zu machen. Werden weitere Kriterien für Kommunikative Kompetenz hinzugenommen und wird sprach- und kulturvergleichend gearbeitet, so sind wertvolle umsetzbare Ansatzpunkte für interkulturelle Kompetenz gewonnen.

Bestandteile Kommunikativer Kompetenz

Kommunikative Kompetenz setzt sich aus den folgenden Einzelkomponenten zusammen:

- „grammatische[ ] Kompetenz, d.h. der Beherrschung von Wortschatz, Satzgrammatik, Wortbildungsregeln, Aussprache, Orthographie usw., also der Elemente des sprachlichen Codes;
- soziolinguistische[ ] Kompetenz, d.h. wie Sprecher Äußerungen in unterschiedlichen situativen und kulturellen Kontexten produzieren und verstehen, wobei Faktoren wie der soziale Status der Gesprächspartner, die Rollenverhältnisse zwischen ihnen, das Ziel der Interaktion und die Situationsangemessenheit der Äußerungen in Bedeutung und Form eine Rolle spielen;
- Diskurskompetenz, d.h. wie Sprecher es schaffen, beim Sprechen und Verstehen grammatische Formen und Bedeutungen miteinander zu verbinden, damit Texte und Diskurse entstehen;
- strategische[ ] Kompetenz, also die Beherrschung derjenigen verbalen und non-verbalen Kommunikationsstrategien, die Sprecher verwenden, wenn die Kommunikation zwischen den am Gespräch Beteiligten zusammengebrochen ist, z. B. wegen mangelnder Kompetenz in einem der anderen drei Kompetenzgebiete." (House 1996, 2, nach Canale/Swain [1980])

Definitionen von Kultur sind abhängig von ihrem Gegenstand und ihrer Zielsetzung. Kultur kann verstanden werden als die Gesamtheit der Resultate künstlerisch-schöpferischer Tätigkeit, sei es in der Literatur, der (bildenden) Kunst, der Musik etc. Kultur kann aber auch die Bezeichnung für das Ensemble alltagsweltlicher Routinen einer gegebenen Gemeinschaft sein (Alltagskultur). Für den vorliegenden Zusammenhang scheint eine Definition notwendig, in der nicht nur beide aufgehen, sondern die auch die aus ihnen hervorgehenden Sichtweisen und Verhaltens- und Erwartungshorizonte einschließt. Von daher scheint die folgende Beschreibung nützlich: „Kultur ist ein universelles, für eine Gesellschaft, Organisation und Gruppe aber sehr typisches Orientierungssystem. Dieses Orientierungssystem wird aus spezifischen Symbolen gebildet und in der jeweiligen Gesellschaft usw. tradiert. Es beeinflußt das Wahrnehmen, Denken, Werten und Handeln aller ihrer Mitglieder und definiert somit deren Zugehörigkeit zur Gesellschaft. Kultur als Orientierungssystem strukturiert ein für die sich der Gesellschaft zugehörig fühlenden Individuen spezifisches Handlungsfeld und schafft damit die Voraussetzung zur Entwicklung eigenständiger Formen der Umweltbewältigung [...]. Zentrale Merkmale des kulturspezifischen Orientierungssystems lassen sich als so genannte ‚Kulturstandards' definieren. Unter Kulturstandards werden alle Arten des Wahrnehmens, Denkens, Wertens und Handelns verstanden, die von der Mehrzahl der Mitglieder einer bestimmten Kultur für sich persönlich und andere als normal, selbstverständlich, typisch und verbindlich angesehen werden. Eigenes und fremdes Verhalten wird auf der Grundlage dieser Kulturstandards beurteilt und reguliert [...]. Kulturstandards und ihre handlungsregulierende Funktion werden nach erfolgreicher Sozialisation vom Individuum innerhalb der eigenen Kultur nicht mehr bewußt erfahren [...]." (Thomas 1993, 380f.)

Diese Definition beinhaltet eine Reihe von Punkten, auf die gesondert hinzuweisen angebracht scheint. Zum einen ist es die ‚Naturwüchsigkeit' kulturell eingebundenen Denkens, Handelns und Fühlens, die im Prozess des Hineinwachsens in eine Gemeinschaft entsteht und die durch Enkulturationsprozesse auch vormals Außenstehenden zugänglich ist – wenngleich auch auf der Basis des vorher ebenso naturwüchsig erworbenen Pendants in der Ausgangskultur. Dies beinhaltet Veränderung und in der Regel eine größere Distanz. Zum anderen ist es die Tatsache, dass innerhalb jeder Kultur gesonderte Kulturgemeinschaften (seien es soziale, seien es regionale) existieren, die auf der Grundlage des Allgemeingültigen Gruppenspezifika entwickeln.

Und es bedeutet auch, dass Kulturen dynamisch sind, dass es zur Kulturverschmelzung kommen kann, wie es häufig bei der so genannten Zweiten und Dritten Generation von Migranten vorkommt. Es weist aber auch auf die zunehmende Häufigkeit und Dynamik individueller Interkulturalität hin, die zum Beispiel darin besteht, dass Erwartungen von Angehörigen anderer Kulturen antizipiert werden und das eigene Verhalten sich daran orientiert. Dass aus einer solchen offenen Haltung Probleme erwachsen können, wenn sie auf Gegenseitigkeit beruht, illustriert das häufig angeführte Beispiel des Deutschen, der in Brasilien zum Essen eingeladen ist. Da er weiß, dass es die dortige Höflichkeit gebietet, zu spät – für deutsche Vorstellungen vielleicht sehr viel zu spät – zu kommen, erscheint er erst weit mehr als eine Stunde nach dem Zeitpunkt, zu dem er eingeladen war. Aller-

Kulturdefinitionen

Differenzierungen

Kulturelle Dynamik

dings hatte sich die brasilianische Gastgeberfamilie in ihrer Zeitplanung an der sprichwörtlichen Pünktlichkeit Deutscher orientiert und das Essen war tatsächlich zum Einladungstermin fertig gewesen.

Interkulturalität Auch in positiv verlaufenden bi- oder multikulturellen Begegnungen, die sich über längere Zeit hinziehen, können sich spezifische interkulturelle Komponenten des Verhaltens aller in der Gruppe herausbilden. Dies ist jedoch – weder im Kleinen noch im Großen – eine notwendige Folge interkultureller Begegnungen. Wie kontrovers die Positionen und Erwartungshaltungen diesbezüglich sind, beweist nicht zuletzt die breit geführte Auseinandersetzung über *The Clash of Civilisations*, den *Kampf der Kulturen* (Huntington 1997). Da gerade angesichts der weltpolitischen Lage nicht zu erwarten ist, dass alle Schüler die Angleichung und/oder ein friedliches Nebeneinander der Kulturen als zwangsläufige Folge der Globalisierung sehen, ist der oben kritisch beleuchtete Versuch der affektiven Komponente interkulturellen Lernens nicht ohne argumentierende Auseinandersetzung über unterschiedliche kulturelle Werte, die die Schüler als ernsthafte Gesprächspartner akzeptiert, zu erreichen. Es geht darum, ein Verständnis der anderen Kultur(en) zu entwickeln, nicht unbedingt ein Verständnis für sie (im Sinne einer kritiklosen Akzeptanz).

> **Nachdenkaufgabe:**
> - Wie würden Sie reagieren, wenn ein Schüler die Frage aufwirft, warum er sich denn nach den Anderen richten solle, die könnten und sollten – so seine Argumentation – in Rechnung stellen, dass er eben aus einer anderen Kultur kommt und ihn so akzeptieren, wie er ist.
> - Wie sehen Sie die Haltung eines ausländischen Kollegen (kein Sprachlehrer), sein ausgangssprachlicher Akzent sei Teil seiner Persönlichkeit, der Versuch, diesen Akzent abzulegen, bedeute für ihn den Verzicht auf die eigene kulturelle Identität?

Schlüsselqualifikationen Beim Umgang mit anderssprachigen Texten (beispielsweise belletristischen) im Unterricht kann es nicht um das Oktroyieren von Werten, Normen oder um Vorlieben der Lehrkraft gehen. Vielmehr geht es um das systematische Lernen von Schlüsselqualifikationen im interkulturellen Bereich, um die Fähigkeit, die in – literarischen und anderen – Texten enthaltenen Weltbilder in ihrer Genese und ihren Funktionen aufzuspüren. Das betrifft die Produktion und die individuellen, historischen und gesellschaftlichen Rezeptionen von in Sprache gefassten Welt-Anschauungen gleichermaßen. Dabei müssen die folgenden Faktoren der Analyse miteinander in Beziehung gesetzt werden:

- der Text und die in ihm beschriebene Wirklichkeit in ihrer sprachlichen Existenzweise,
- der Autor in seiner Welt,
- der Leser in seiner Welt,
- die jeweiligen gesellschaftlichen und geschichtlichen Rezeptionsweisen, also die Beurteilung von Texten und ihre Vermittlung, etwa in Medien und schulischen Apparaten.

Nehmen wir zur punktuellen Erläuterung das Beispiel der auch in Deutschland sehr verbreiteten *Asterix*-Bände. Für einen im französischen (Schul)Kontext sozialisierten Leser bieten sie eine Überfülle von Anspielungen in Text und Zeichnungen auf die Geschichte Galliens und Roms, auf andere Länder und mit ihnen verbundene Vorurteile, auf das moderne Frankreich, seine Geschichte, Politik und Kultur, sie ziehen sich in sprachlichen und zeichnerischen Anspielungen (französische Politiker als Vorlagen für Protagonisten der Antike) durch alle Bände. Als exemplarisches Detail: Der schwarze Matrose im Mastkorb des immer wieder auftauchenden Piratenschiffes spricht ein Französisch ohne /r/ – im Original eine Anspielung auf die unterstellte Aussprache farbiger Franzosen aus den karibischen Departements. Wer versteht das in Deutschland? Wie wäre das adäquat zu übersetzen, ist es das überhaupt? Welche Funktion hat diese Darstellung in Frankreich? Insgesamt ergibt das eine Rezeptionsvorlage, die in Deutschland ohne die Kenntnis französischer Verhältnisse in Vergangenheit und Gegenwart nicht realisiert werden kann.

Asterix

Dieses Beispiel steht für das generelle Problem adäquater Rezeption von Texten und anderen kulturellen Produkten wie Filme, Musik etc. aus anderen Ländern: Voraussetzung einer kulturell angemessenen Interpretation sind Kenntnisse, Informationen. Die Sensibilität, interkulturell wichtige Interpretationsansätze zu erkennen, wird damit weniger zu einer Frage des guten Willens als vielmehr der inhaltlichen Kompetenz. All diese Texte und anderen Kulturproduktionen können naiv im eigenen kulturellen Koordinatensystem konsumiert und interpretiert werden, was sie in der Regel in außerschulischen Kontexten ja auch werden. Aufgabe gerade interkulturellen Unterrichts ist es aber, die Verhältnisse, die diese Produkte hervorgebracht haben und die sie beschreiben und interpretieren, zu erfassen und damit die Möglichkeit interkulturellen Verstehens auch des Agierens der Angehörigen der anderen Kultur anzubahnen.

Kulturrezeption

In diesem Zusammenhang bekommt auch (sprach)fächerübergreifender Unterricht eine spezifische Funktion. Literarische und andere Betrachtungen aus dritten Kulturen in die Behandlung einzubeziehen, erweitert den Blick nicht nur auf die andere Kultur, sondern schafft Offenheit und Verständnis für kulturelle Bezüge und Beeinflussungen, die nicht erst mit der Globalisierung der letzten Jahre und Jahrzehnte eingesetzt haben.

Fächerübergreifender Unterricht

Im normalen täglichen Unterrichtsgeschehen beschreibt der Begriff des „Interkulturellen Lernens" streng genommen eine Unmöglichkeit. Denn in den Klassenzimmern finden sich Angehörige der Ausgangskultur oder anderer Kulturen, Angehörige der Zielkultur(en) sind die Ausnahme. Interkulturelles Lernen kann deshalb nicht unmittelbar stattfinden, sondern immer nur vermittelt über Texte und andere Materialien. Diese sind insbesondere in den ersten Lernjahren oft didaktisiert und damit ihrer Authentizität enthoben. Aber auch authentische Texte aus der anderen Kultur werden auf der Grundlage des eigenen Verständnisses, der eigenen Sicht der Dinge gesehen und gelesen, solange nicht ausreichend Erfahrung in der anderen Kultur gesammelt und (v)erarbeitet werden konnte.

Mittelbarkeit interkulturellen Lernens im Unterricht

Es kann also Wissen über andere Kulturen aufgebaut werden; interkulturelles Können, interkulturelle Kompetenz selbst zeigt sich jedoch erst in tatsächlichen Begegnungen im anderskulturellen Kontext, beispielsweise in

Konnotationen

Austauschsituationen und bei Klassenfahrten ins Zielsprachenland. Interkulturelle Kompetenz kann vorbereitet werden, sie kann jedoch nicht oder nur in höchst begrenztem Umfang simuliert werden.

Sprachlich manifestieren sich Kulturen in Begriffen und ihren Konnotationen. Diese Konnotationen außerhalb des gelebten Kulturzusammenhangs nachvollziehen und erwerben zu können, ist schwierig und bedarf zumindest für zentrale Begriffe expliziter Erklärungen. Dies betrifft auch und gerade viele Aspekte des täglichen Lebens und Erlebens, wie zum Beispiel Familie, Freundschaft, Schule etc. Aber auch andere wichtige Begriffe unterliegen kultur- und länderspezifischen Konkretisierungen. Als Beispiel mögen die folgenden Wörterbucheinträge für die jeweilige Entsprechung von Demokratie fungieren (auch hier böte sich fächerübergreifender Unterricht an).

Duden, Deutsches Universalwörterbuch 1989	Cambridge International Dictionary of English 1995	Hachette Dictionnaire Encyclopédique illustré 1997
[...] De|mo|kra|tie, die; –, -n (Frz. démocratie < (m)lat. democratia < griech. demokratia = Volksherrschaft) : 1. (o. Pl.> a) *politisches Prinzip, nach dem das Volk durch freie Wahlen an der Machtausübung im Staat teilhat:* zu den Prinzipien der D. gehört die freie Meinungsäußerung; b) *Regierungssystem, in dem die vom Volk gewählten Vertreter die Herrschaft ausüben:* eine parlamentarische D. 2. *Staat mit demokratischer Verfassung, demokratisch regiertes Staatswesen:* in einer D. leben. 3. (o. Pl.) *Prinzip der freien u. gleichberechtigten Willensbildung u. Mitbestimmung in gesellschaftlichen Gruppen:* D. am Arbeitsplatz, über zuwenig D. klagen	[...] *n* the belief in freedom and equality between people, or a system of government based on this belief, in which power is either held by elected representatives or directly by the people themselves – *The government has promised to uphold the principles of democracy.* [U] – *The early 1990s saw the spread of democracy in Eastern Europe.* [U] – *A democracy is a country in which power is held by elected representatives: Few of the Western democracies still have a royal family.* [C]- (fig.) *This company is a democracy – all the employees are equal, and share in making decisions* [C]. (GR)	[...] n. f. **1.** Régime politique où la souveraineté est exercée par le peuple. *«Lorsque, dans la république, le peuple en corps a la souveraine puissance, c'est une démocratie»* (Montesquieu). **2.** Pays qui vit sous un tel régime. *Les démocraties antiques.* – *Les démocraties populaires: les pays de l'Est qui se réclamaient du marxisme-léninisme (économie dirigée de type socialiste).* – Démocratie libérale, dont l'organisation économique est de type capitaliste libéral. – Démocratie chrétienne: doctrine politique, économique et sociale qui s'inspire à la fois des principes du christianisme et de ceux de la démocratie libérale.

Kulturspezifik des Sprachgebrauchs

Es sind jedoch nicht nur die unterschiedlichen Konnotationen von Begriffen, denen im Unterricht Rechnung zu tragen ist, sondern auch die kommunikative Sprachverwendung unterliegt in den unterschiedlichen Kulturen anderen Parametern. House hat dies auf der Grundlage von kontrastiv-pragmatischen Einzelanalysen am Beispiel Englisch-Deutsch herausgearbeitet (vgl. House 1996 und die dort von ihr angegebene Literatur). Sie stellt die

8.1 Unterschiedliche Aspekte der Zielsetzung

folgenden fünf Dimensionen heraus, in denen sich die pragmatisch-kommunikative Sprachverwendung unterscheidet:

Direktheit	vs.	Indirektheit
Orientierung auf das Ich	vs.	Orientierung auf das Gegenüber
Inhaltsorientierung	vs.	Adressatenorientierung
Explizitheit	vs.	Implizitheit
Ad-hoc-Formulierung	vs.	sprachliche Routinen

Bei diesen Gegenüberstellungen handelt es sich weniger um Dichotomien als um Kontinua. Es kann jedoch festgestellt werden, dass deutsche Muttersprachler eher dazu neigen, sich dem linken Pol anzunähern, d. h. sich explizit, direkt, inhalts- und selbstorientiert zu äußern, im Gegensatz zu Konversations- und Kommunikationsgepflogenheiten (nicht nur) in englischsprachigen Ländern, wo sich die Waage eher zum rechten Pol neigt.

Für eine bessere Nachvollziehbarkeit dieser Feststellung seien hier auch Beispiele, die House 1996, 9f. gibt, angeführt (die aus eigener Erfahrung sicherlich erweiterbar sind):

Situationen	Deutsch	Englisch
Eine Arbeitskollegin hat eine andere beleidigt:	Ich wollte dich nicht kränken.	You're not upset.
Eine Studentin klopft an die Tür einer Professorin:	Störe ich? – Kann ich Sie einen Moment stören?	Are you busy at the moment?
Studentin möchte, dass ihre Freundin die gemeinsame Küche aufräumt:	Ich finde, du solltest die Küche aufräumen!	Don't you think, it might be a good idea if you tidied up in here?
Professor beginnt, einer Studentin etwas zu erklären:	Also, mein Hauptpunkt hier ist folgender, und ich will versuchen, die wesentlichsten Punkte in aller Kürze darzustellen …	Without trying to bore you with unnecessary details …
Small Talk / Einleitung und Beendigung	Ad-hoc-Formulierungen	Standardformulierungen (Nice to see you / Nice meeting you / Lovely talking to you / Let's get together some time …
Im Bus. Ein Fahrgast tritt einem anderen auf den Fuß:	Ad-hoc-Formulierungen: Entschuldigung / Verzeihung / Tut mir leid / Pardon / Sorry / Ich hatte Sie nicht gesehen …	Standardformulierung: Sorry

Auch für das Französische ließen sich ähnliche Kontinua aufstellen. So ist die französische Konversation in vielen Aspekten wesentlich impliziter als die deutsche. Denn man kann auf ein weitgehend gemeinsames Wissen, le

Implizitheit vs. Explizitheit in der Kommunikation

patrimoine culturel, zurückgreifen, das die Schule in ihrer Rolle als Vertreterin der Republik – une et indivisible – vermittelt. Ausdruck davon ist beispielsweise die hochgradige Verwendung von direkten und indirekten Zitaten aus Literatur und Philosophie (selbstverständlich ohne Nennung des Autors, der als bekannt vorausgesetzt wird); die Lektüre des Nouvel Observateur etwa ändert sich mit der Fähigkeit, die entsprechenden Stellen erkennen und einordnen zu können und bestätigt in je gegebenem Maße die Teilhabe am patrimoine culturel. Der Unterschied Implizitheit/Explizitheit drückt sich aber auch tagtäglich in den Medien aus: während wir in Deutschland bei jeden Nachrichten wieder erfahren, dass Herr X der Bundespräsident, Frau Y die Ministerin für XYZ ist etc., wird derartiges Wissen in den französischen Medien vorausgesetzt. Explizitheit, die man als ‚Informationsbringeschuld' des Sprechers interpretieren könnte, und Implizitheit – im Gegensatz dazu zu sehen als ‚Informationseinbringeschuld' des Hörers – gründen in unterschiedlichen Vorstellungen über das Verhältnis von Individuum und Gesellschaft in beiden Ländern, die im Laufe der unterschiedlichen Geschichte, insbesondere in ihrer föderalen bzw. zentralistischen Orientierung entstanden sind (vgl. u.a. Demorgon 1996, Dumont 1991).

Personelle Orientierung

Auch die Ego-Bezogenheit bzw. die Alteritätsorientierung von Äußerungen im täglichen Geschehen unterscheidet sich in beiden Ländern. Während es in Deutschland nicht unhöflich ist, auf die Frage, ob man lieber Tee oder Kaffee wolle, „Das ist mir gleich" zu antworten, ist es im Französischen nicht angebracht, eher unhöflich „Cela m'est égal" zu sagen. Die ‚richtige' Antwort ist vielmehr „Comme tu veux" bzw. „Comme vous voulez"; die Entscheidung wird dem Anderen überlassen. Hört man jedoch in Deutschland die Antwort „Wie du willst" / „Wie Sie wollen", so fühlen sich deutschsprachige Muttersprachler eher unwohl damit, in die Rolle des Entscheidenden gedrängt zu werden – vielleicht treffen sie ja die falsche Entscheidung, servieren Tee und der Gesprächspartner wollte im Grunde doch lieber Kaffee.

8.2 Austausch und Partnerschaft

Interkulturelles Lernen hat seinen Platz im Rahmen von Austausch und Partnerschaft. Hier bekommen die erworbenen kulturbezogenen und landeskundlichen Kenntnisse und die sprachpraktischen Kompetenzen einen neuen, direkten Bezug. Insbesondere, wenn auch eine „pragmatische Verwendungstauglichkeit" im Sinne der oben gemachten Ausführungen vorhanden ist – wenn Sprach- und Sprechfertigkeit begleitet sind von metasprachlich-kulturellen Kenntnissen – kann in einem kurzen Aufenthalt im anderen Land, wie z. B. bei einer Klassenfahrt, interkulturelles Lernen stattfinden.

Ausbildung der Lehrkräfte

Austausch und Partnerschaft sind in vielen Schulen integraler Bestandteil des anderssprachigen Unterrichts. Allerdings sind diese Bereiche schulischer und unterrichtlicher Praxis aus der Ausbildung der Lehrkraft ausgeblendet. Dies ist mehr als bedauerlich, denn – verlaufen sie negativ – so sind nachhaltige Folgen bei Schülerinnen und Schülern in Hinsicht auf das Zielsprachenland, seine Kultur und Sprache nicht auszuschließen. In der Literatur finden sich viele Berichte über Partnerschaft und Austausch, über Klassenfahrten in das andere Land, die als Ideengeber fungieren können. In der Regel sind es ‚best-practice'-Modelle, die aufzeigen, wie dieses Projekt durchgeführt wurde, welchen Erfolg es hatte. Dabei werden leider allzu oft negative Erfahrungen – Schwierigkeiten, mit denen man zu kämpfen hatte, entstandene Missverständnisse, ablehnende Reaktionen – kaum thematisiert oder analysiert. Insbesondere die Nachhaltigkeit interkultureller Erfahrungen wird dabei so gut wie nie ausgewertet. *[Fachliteratur]*

Im schulischen Kontext sind Austausch und Partnerschaft häufig so miteinander verwoben, dass sie nur auf analytischer Ebene zu trennen sind. Im Folgenden wird Austausch bezogen auf Situationen des direkten Kontakts, bei dem die jeweiligen Partner in personam anwesend sind, d.h. in der Regel Klassenfahrten ins Zielsprachenland; Partnerschaft hingegen wird weiter gefasst und beinhaltet auch Austausch mittels Medien (Briefe, email etc.). Gerade weil Austausch und Partnerschaft keine Bestandteile der Ausbildung sind, werden im Folgenden einige grundlegende Überlegungen, die von Seiten der Lehrkraft ins Spiel kommen sollten, vorgestellt. *[Definitionen]*

Die Varianten von Austausch im oben beschriebenen Sinne sind höchst vielfältig. Unterscheiden wir zunächst danach, wer wohin fährt, mit anderen Worten: ist es ‚outgoing' (die deutsche Klasse/Gruppe fährt ins Zielsprachenland) oder ‚incoming' (eine Partnerklasse/-gruppe kommt nach Deutschland). Die Ansprüche und Erwartungen der Beteiligten sind unterschiedlich, nicht zuletzt auch in Abhängigkeit davon, ob im Vorfeld bereits ein Besuch bei den Partnern stattgefunden hat. Dann gilt es zu unterscheiden, ob der Austausch im Rahmen einer bereits bestehenden Partnerschaft (sei es zwischen der Klasse oder Gruppe, sei es zwischen den Schulen) stattfindet oder ob neue Verbindungen durch den Austausch erst aufgebaut werden (sollen). Gerade bei Fahrten im Rahmen von bereits bestehenden Schulpartnerschaften kann sich eine Routine (bei den damit befassten Kolleginnen und Kollegen) eingestellt haben, die unter Umständen nur schwer zu durchbrechen ist. *[Austauschmodelle]*

Wichtig ist nicht zuletzt auch die Altersgruppe der Schülerinnen und Schüler. Die Auswirkungen auf Organisation und Programm sind beträchtlich. Je jünger die teilnehmenden Schülerinnen und Schüler, desto mehr bleiben Organisation, Programm und Durchführung in den Händen der Lehrkräfte (und unter Umständen mitfahrender Elternteile). Dass mehrtägige Reisen ins Zielsprachenland auch bereits mit Kindern der dritten oder vierten Grundschulklasse erfolgreich sein können, beweist inzwischen eine ganze Reihe von Erfahrungsberichten (vgl. z.B. Büttner et al. 1995). Je älter die Schüler sind, desto mehr kann ein Austausch oder eine Klassenfahrt auch als gemeinsames Projekt (vgl. Kap. 9) geplant und durchgeführt werden. *[Alter der Teilnehmer]*

Nicht jeder Aufenthalt einer Schülergruppe im Zielsprachenland muss im Rahmen einer auf Gegenseitigkeit beruhenden Planung zwischen zwei Schulen/Klassen erfolgen. Unabhängig davon und auch unabhängig davon, durch wen und wie Planung und Organisation vorgenommen werden, ist die wichtigste Frage für die beteiligten Lehrkräfte: *Was sollen die Schüler lernen?* (Dies gilt sowohl für ‚outgoing'- als auch für ‚incoming'-Programme.) Diese Frage – so nahe liegend und so wichtig sie ist –, löst jedoch erfah- *[Lernziele]* rungsgemäß nur allzu oft sowohl bei mit Austausch erfahrenen Lehrkräften als auch bei Lehramtsstudierenden Erstaunen, Verwirrung, Abwehr aus. Antworten wie „Land und Leute kennen lernen", „die Sprache in natürlichen Kommunikationssituationen anwenden zu können" etc. sind zwar selbstverständlich nicht falsch, in ihrer Allgemeinheit aber eher Ausdruck dafür, dass weitergehende Überlegungen dazu nicht angestellt wurden. Sind jedoch die Zielstellungen nicht klar, besteht auch keine Möglichkeit zu evaluieren, ob, wie und inwieweit sie erreicht wurden.

Kommunizieren und sprachlich profitieren

Spätestens im Vorfeld einer Fahrt ins Zielsprachenland oder auch vor einem Treffen mit einer Partnergruppe im eigenen Land ist es geboten, mit den Lernern Kommunikations- und Sprachlernstrategien (im Sinne von Kasper 1982 und Rubin 1975) zu besprechen. Viele von ihnen werden sie spontan einsetzen, viele Schüler werden jedoch auch an eigenen nicht einzuhaltenden Ansprüchen und Korrektheitsvorstellungen scheitern, wenn diese ihnen nicht als unangemessen und hinderlich für sich selbst bewusst gemacht werden.

Organisatorisches

Die Zusammensetzung der Gruppe, die ins Zielsprachenland fährt, kann eine Klasse sein, sie kann sich aber auch aus Schülerinnen und Schülern der gesamten Jahrgangsstufe zusammensetzen. Im zweiten Fall ist die Vorbereitung organisatorisch etwas aufwendiger, kann sie doch nicht während der Zielsprachenunterrichtsstunden stattfinden. Eine weitere Differenzierung möglicher Fahrten besteht darin, die Austauschssituation mit der Partnerklasse/-gruppe zeitlich entzerrt stattfinden zu lassen, d.h. dass ein Gegenbesuch vorgesehen ist. Es kann aber auch eine Situation vorgesehen werden, bei der beide Gruppen sich – in der Regel dann in einer Jugendherberge oder einem Landschulheim – an einem dritten Ort treffen und gemeinsame Aktivitäten vorgesehen sind.

Begegnung am dritten Ort

Die *Begegnung am dritten Ort* hat den Vorteil, dass keine der beiden Gruppen einen ausgeprägten Heimvorteil hat. Zwar wird für die Gruppe, in deren Land die Begegnung stattfindet, mehr Vertrautes, angefangen von der Sprache bis hin zur Organisation des alltäglichen Lebens, vorhanden sein. Sind zwei solcher Treffen vorgesehen, wird es vorteilhaft sein, die Kommunikationssprache des jeweiligen Landes für alle mehr oder weniger verbindlich zu machen. Ist nur dieses eine Treffen geplant, gilt es, ein Programm zu entwickeln, das die Verwendung beider Sprachen vorsieht, sei es, dass die Kommunikationssprache sich nach den behandelten Themen richtet, von Tag zu Tag oder von Aktivität zu Aktivität gewechselt wird, sei es, dass jeder seine Sprache spricht (Stärkung der rezeptiven Fähigkeiten), sei es, dass jeder versucht, in der Sprache des Partners zu kommunizieren (Stärkung der produktiven Fähigkeiten). Jede dieser Möglichkeiten hat ihre Vor- und ihre Nachteile, und sie können miteinander kombiniert werden.

Vorbereitung

Begegnungen an einem dritten Ort sind im Gegensatz zu der anderen Austauschmöglichkeit – zeitlich versetzte Reisen ins jeweilige Zielsprachenland – dadurch gekennzeichnet, dass beide Gruppen zur selben Zeit am selben Ort sind und durchgängig ein gemeinsames Programm haben. Dies bedeutet nicht, dass es nicht auch Momente gibt, in denen die beiden Gruppen sich für kurze Zeit trennen; dies kann insbesondere für Zwischenevaluationen sinnvoll sein. Bereits vor dem Treffen müssen Absprachen über Zielsetzung und Wünsche beider Gruppen getroffen werden. Die Aushandlung des Programms im Vorfeld der Begegnung – einschließlich der

Sprachenfrage – ist bereits interkulturelle Arbeit. Dies gilt sowohl für die Schülerinnen und Schüler, sofern sie in Planung und Koordination einbezogen sind bzw. diese selbst in die Hand nehmen, als auch für die beteiligten Lehrkräfte. Organisieren die Schüler die Begegnung eigenverantwortlich (in den Grenzen der gegebenen Möglichkeiten), ist es Aufgabe der Lehrkraft, ihnen gerade hinsichtlich der Interkulturalität der Begegnung beratend zur Seite zu stehen. Dazu gehören die Informationen über kultur- und schulspezifische Verhaltensweisen im anderen Land, die mit größter Wahrscheinlichkeit von den Partnern in die Begegnung eingebracht werden, ebenso wie die bewusstmachende Diskussion über eigene Verhaltensweisen, ‚normales Schulverhalten', Schülerrollen: Wird im anderen Land von Schülern ein eher rezeptiv-reproduktives Arbeiten erwartet, inwieweit sind Gruppen- und Partnerarbeit selbstverständlicher Bestandteil des Unterrichtsgeschehens, wodurch unterscheidet sich die Rolle der Lehrkräfte in beiden Ländern, welche Erwartungen sind zu vermuten etc. etc.

Auch die sprachpraktisch-kommunikative Ebene gilt es vorzubereiten – sofern dies nicht bereits integraler Bestandteil der unterrichtlichen Kommunikation in der anderen Sprache ist. Dies betrifft insbesondere die Fähigkeit, Aussagen der Partner ‚lesen' zu können, d.h. ihnen eine adäquate Interpretation zuzuordnen. Sätze wie „Why don't we/you ..." sind weniger als Fragen denn als Vorschläge im Sinne von „Wir sollten/ihr solltet ...", ähnlich wie „On aurait/vous auriez intérêt à ..." zu verstehen.

Sprachliche Formulierungen

Die zweite Möglichkeit ist die Fahrt an den Wohnort der Partner. Auch für diesen Fall sind im Vorfeld vielfältige Entscheidungen und Absprachen zu treffen. Der Zielort ist klar, nicht jedoch die Frage der Unterbringung. Sehr häufig wird spontan davon ausgegangen, dass die Schülerinnen und Schüler in den Familien der Partner untergebracht werden. Dies birgt den Vorteil, Einblick in das Alltagsleben einer Familie im anderen Land zu gewinnen, erfordert jedoch Offenheit, die Fähigkeit, mit Unbekanntem, Ungewohntem leben zu können, sich selbst zurückzustellen, sich anzupassen, ohne sich selbst aufzugeben. Das gilt auch für die aufnehmende Familie. Das Familienleben ändert sich; die Alltagsroutine wird durchbrochen; man stellt sich auf den ausländischen Gast ein, selbst wenn man der Ansicht ist, alles so wie immer zu tun. Von daher wird die Erfahrung, die der Schüler in der Familie des Partners macht, immer ‚gebrochen' sein, beeinflusst durch die eigene Anwesenheit und das eigene Verhalten – interkulturell mit starken anderskulturellen Anteilen.

Begegnungen am anderen Ort

Diese anderskulturellen Anteile können zudem geprägt sein durch Einflüsse weiterer Kulturen, wenn die aufnehmende Familie ursprünglich aus einem anderen kulturellen Kontext stammt. Es kann, mit anderen Worten, nicht davon ausgegangen werden, dass alle Schüler in ‚autochthonen' Familien untergebracht sind. Denn auch die anderen Industrieländer sind nicht monokulturell, sondern durch eine Vielfalt an (Im)Migrationskulturen geprägt.

Auch und gerade im Fall der Unterbringung in den Familien der Partner ist es notwendig, im Vorfeld Erwartungen und Vorstellungen über das eigene Verhalten in der Gastfamilie in Diskussionen bewusst zu machen (angefangen bei der Frage des Telefonierens vom Telefon der anderen Familie bis hin zur selbständigen Bedienung am Kühlschrank oder zum Essen außer-

Unterbringung in Gastfamilien

halb der Mahlzeiten), Vor- und Nachteile unterschiedlicher Verhaltensmodelle sind zu erarbeiten, ausgehend von der Unterschiedlichkeit der Situation als Gast oder als Kind/Jugendlicher in der eigenen Familie (u. U. im ‚Hotel Mama').

Unterschiedliche Verhaltenserwartungen thematisieren

Informationen über in der anderen Kultur verbreitete Vorstellungen über Höflichkeit und angemessenes Verhalten (Tischsitten [sollte der Teller leer gegessen werden, wo sind die Hände etc.], Speisefolge [damit eine Vorspeise als solche erkannt werden kann], evtl. morgendliche Begrüßungs- und abendliche Verabschiedungsrituale, um nur einige Aspekte zu nennen) sollten den Schülerinnen und Schülern nicht vorenthalten werden. Die Entscheidung darüber, ob sie sie befolgen, bleibt jedoch in ihrer Verantwortung. Auch die Erwartungen der Schüler an die Höflichkeit in der anderen Familie sollten thematisiert werden. Während es bei uns beispielsweise erwartet wird, dass ein mitgebrachtes Geschenk ausgepackt wird (in Vorfreude auf die – echte oder geheuchelte – Freude des Beschenkten), ist dies in anderen Kulturen nicht selbstverständlich. Bekommen wir Ess- oder Trinkbares geschenkt, gehört es nicht zum guten Ton, das gleich allen Gästen anzubieten. (Es war ja für uns bestimmt, und beim Verzehr werden wir sicherlich dankbar an den Schenker zurückdenken.) Anderswo wird dies jedoch erwartet, denn man will ja die Freude, den Genuss mit den Freunden teilen. Es ließen sich noch viele solcher Beispiele finden, die für interkulturelle Missverständnisse sehr anfällig sind. Die Naturwüchsigkeit der eigenen Erwartungen zu reflektieren und zu fragen (sich selbst, gegebenenfalls auch den Anderen) welches seine Erwartungen und Absichten sind bzw. sein könnten, ist grundlegende Voraussetzung für Offenheit und Toleranz anderen Verhaltensweisen gegenüber. Nun ist es sicherlich unmöglich, im Vorfeld alle eventuell entstehenden Szenarien im Geiste durchzuspielen. Wichtig ist jedoch die Vorbereitung auf die Tatsache der unterschiedlichen Möglichkeiten, d. h. das Bewusstsein dafür zu schärfen, dass der Aufenthalt in der anderen Familie durch sich selbst mitgeprägt wird, dass das Erleben subjektiv interpretiert wird, der entstandene Eindruck *ein* Eindruck ist, der nicht vorschnell verallgemeinert werden darf in Hinsicht auf „die" französische, englische … etc. Familie. Die Relativierung dieses Eindrucks sollte in der gemeinsamen Evaluierung nach der Reise (s. u.) möglich gemacht werden.

Schülertagebuch

Gerade bei einem Aufenthalt in einer Gastfamilie empfiehlt es sich, dass die Schüler während der gesamten Zeit ein Tagebuch führen. Dieses kann Bestandteil eines umfangreicheren Portfolios sein, das auch die anderen Komponenten der Reise mit einschließt. Damit die Tagebücher nach der Reise Grundlage einer gemeinsamen Diskussion und Reflexion werden können, müssen vorher Anregungen gegeben bzw. erarbeitet werden, was im Tagebuch festgehalten werden kann/sollte. Dies sind zum Beispiel Bemerkungen über das, was dem Einzelnen aufgefallen ist, über beobachtete Reaktionen (bei sich und den anderen), Situationsbeschreibungen, Bemerkungen zur rezeptiven und produktiven Sprachverwendung bei sich selbst, Reflexionen.

Mutatis mutandis gilt das Ausgeführte auch für den Gegenbesuch der Partnergruppe. Auch hier wäre entsprechende Vor- und Nacharbeit zu leisten.

Die Unterbringung in Familien hat den Vorteil, finanziell am günstigsten zu sein, jedoch kann oder will – aus welchen Gründen auch immer – nicht jede Familie einen Gast aufnehmen. Auch andere Gründe sprechen dafür, die Unterbringung aller Teilnehmer/-innen an einem Ort vorzunehmen. Dadurch wird eine größere Gemeinsamkeit im Erleben geschaffen, Diskussionen über das Gesehene und Erlebte können wesentlich zeitnäher geführt werden, potentielle Reibungsflächen können reduziert werden.

Auch hinsichtlich des Programms einer solchen Reise ins Zielsprachenland gibt es recht unterschiedliche Möglichkeiten. Die scheinbar einfachste – die Schülerinnen und Schüler am Unterricht ihrer Partner teilnehmen zu lassen –, wird inzwischen eher vermieden. Denn die sprachlichen Kompetenzen sind in der Regel nicht ausreichend, um dem Unterricht folgen zu können, die Unterrichtsinhalte sind andere, die Klassenräume oft zu klein, eine (notenrelevante) Überprüfung, ob und was gelernt wurde, findet nicht statt. Das Ergebnis sind dann häufig Schülerinnen und Schüler, die in ihrer Langeweile den Unterricht stören oder sich mit anderem beschäftigen. Nun ist es aber sinnvoll, Schule und Schulleben im anderen Land den Schülerinnen und Schülern erlebbar zu machen. Im Rahmen einer funktionierenden Schulpartnerschaft könnten alle in der Klassenstufe unterrichtenden Lehrkräfte der besuchten Schule ihren Unterricht auf die Gäste einstellen. (Dies gilt selbstverständlich genauso für den Gegenbesuch der Partner in der deutschen Schule.) Der häufig gemachte Gegeneinwand, dass dies ja über mehrere Unterrichtsstunden hinweg ein Verzicht auf das – ja sowieso kaum zu schaffende – Pensum sei, übersieht, dass während dieser Zeit Erfahrungen sprachlicher und kultureller Art gemacht werden können, die sonst nicht möglich sind und die unter Umständen wichtiger sind als ‚business as usual'. Dies erfordert jedoch ein offenes Schulklima und Kooperation der Lehrkräfte untereinander, eine Vorbereitung, in die insbesondere auch die ‚besuchte' Klasse einbezogen werden kann. Auf diese Weise können Unterrichtsstunden zustande kommen, die nicht nur neue Erfahrungen bringen, sondern die auch Schule als Lebensraum positiv erfahrbar werden lassen. Ähnliches gilt auch für den Fall, dass vorgesehen ist, im Rahmen des Austauschs ein Tourismusprogramm einzubauen. Dieses wird dann oft von der Besuchergruppe absolviert, während die Gastgeber in der Schule ihrem Stundenplan folgen. Wesentlich interessanter und – lehrreicher – ist es, wenn die einheimische Klasse, eventuell auch in kleineren Gruppen mit den Gästen, ihre Stadt, Sehenswürdigkeiten, Alltägliches und nicht so Alltägliches zeigen und erklären. Die Wahl der verwendeten Sprache kann – muss aber nicht – im Vorfeld festgelegt werden. Selbst wenn die Zielsprache nicht verwendet wird, ist es für die Schüler eine wichtige interkulturelle Erfahrung, jemandem etwas in ihrer Sprache zu erklären, der diese Sprache nicht wie sie beherrscht. Sind sie an dieser Aufgabe interessiert, werden sie auch aus eigener Initiative wichtige Wörter und Begriffe in der anderen Sprache heraussuchen, um sich verständlich zu machen, sollten die Sprachkenntnisse der Partner nicht ausreichen. Aber auch der Wechsel zwischen den Sprachen ist eine wichtige Erfahrung, ist praktizierte Mehrsprachigkeit. Auch hierfür ist der Verzicht auf normalen Unterricht gerechtfertigt, wird Schule nicht kleinschrittig nach einzelnen Unterrichtsstunden geplant und an deren Absolvierung gemessen. Gerade im Zuge einer größeren Autonomie der Schulen sind hier flexible Lösungen (Stundentausch etc.) möglich, vorausgesetzt die Prioritäten werden gemeinsam entsprechend gesetzt und vertreten.

Programme

Erfahrung und Interpretation

Die Hoffnung, dass bereits die Begegnung mit der anderen Kultur Toleranz und Offenheit befördert, wird nicht immer erfüllt. Die unmittelbare Erfahrung ist kein Garant für die Herstellung interkultureller Handlungskompetenz. Oft wird nur gesehen, was erwartet wird bzw. ausschließlich auf der Grundlage des eigenen Erwartungs- und Interpretationshorizonts gehandelt und gedeutet. Für Missverständnisse wird dann häufig nur die andere Seite verantwortlich gemacht, das Unverständnis für anderes Handeln nicht auf eigene mangelnde Offenheit und Reflexion zurückgeführt. Das Resultat solcher Begegnungen konterkariert die Absichten. Die Chance, in der Auseinandersetzung mit der anderen Kultur nicht nur etwas über die andere Kultur zu erfahren, sondern auch die eigene Kultur besser zu begreifen – frei nach Goethes Maxime über Sprachen: Wer andere Kulturen nicht kennt, weiß nichts über die eigene –, wird vertan und damit die Möglichkeit der eigenen Bereicherung durch Andere(s). Aus diesem Grund ist eine Evaluation im Anschluss notwendig.

Nachbereitende Evaluation

Bislang ist es noch nicht üblich, während solcher Fahrten bzw. auch beim Besuch einer Partnergruppe ein Portfolio anzulegen. Dies ist vor allem deshalb bedauerlich, weil die nachbereitende Evaluation sonst zu sehr auf Erinnerungen basiert. Vieles ist bereits in Vergessenheit geraten, Eindrücke und Erinnerungen verwischen sich, bekommen nachträglich differierende Interpretationen zugeschrieben, nicht alle spontanen Reaktionen während der Fahrt bzw. während des Besuchs können in Erinnerung gerufen werden. Die Antwort auf die Fragen „Welche Erfahrungen habe ich gemacht? Was habe ich gelernt?" fällt dementsprechend schwer, wenn solche Fragen überhaupt gestellt werden. Von daher ist es hilfreich, ein Portfolio anzulegen, in dem die Erfahrungen fortlaufend festgehalten werden. Solch ein Portfolio bedarf allerdings eines Rasters, das bereits im Vorfeld der Reise/des Besuchs mit den Schülerinnen und Schülern erarbeitet werden und die unterschiedlichen Ebenen und Komponenten einbeziehen sollte (Erwerb neuen Wissens, sprachpraktische und interkulturelle Erfahrungen).

Persönliche Erfahrungen thematisieren

Ein Teil des Portfolios ist das Tagebuch. Nun sind Tagebücher höchst intim, und nicht jeder ist bereit, anderen Einblick in diese Intimität zu gewähren. Deshalb gilt es, Wege zu finden, die in den Tagebüchern festgehaltenen Erfahrungen, Reaktionen und Reflexionen in anonymer Weise in die nachträgliche Evaluation einbringen zu können. (Dies kann z. B. durch mit dem Computer geschriebene ‚Statements' zu den unterschiedlichen Einzelpunkten geschehen, die abgegeben und gemeinsam besprochen werden; es kann auch ein Schüler oder eine Schülerin bzw. eine kleine Gruppe die ‚Statements' zu jeweils einem Themenkomplex vorstellen und problematisieren.)

Persönliche Erfahrungen relativieren

Der Vergleich der Einzelerfahrungen gibt die Möglichkeit, selbst Erfahrenes als individuell-persönliche Gegebenheiten der Familie, in der die Person untergebracht war, zu erkennen oder als weiter verbreitetes, eher kulturspezifisches Phänomen zu sehen. (Der Eindruck, den ein französischer Austauschschüler, der in einer deutschen Familie untergebracht ist, in der abends immer warm gegessen wird, vielleicht sogar mit Vorspeise, Hauptgericht, Käse und Nachtisch, von den deutschen Essgewohnheiten gewinnt, relativiert sich, wenn alle anderen berichten, dass das Abendessen nicht nur sehr früh eingenommen wurde, sondern auch aus Brotschnitten bestand, die man sich selber belegen musste, kein Hauptgericht etc. folgte, was zur Folge hatte, dass alle anderen zumindest die ersten Abende eher hungrig ins Bett gingen, wenn sie darauf nicht vorbereitet worden waren. Deutsche Schüler in Frankreich könnten das morgendliche frische Croissant vermissen, von dem Volksmund und Lehrwerke immer wieder berichten.)

Bei der anschließenden Evaluation ist es unerlässlich, dass die Teilnehmer des Austauschprogramms die Möglichkeit haben und auch dazu ermutigt werden, negative Erfahrungen zu thematisieren. Dies bietet die Chance, dass im Nachhinein eine Relativierung möglich wird. Missverständnisse und enttäuschte Erwartungen können so als interkulturelle Problematiken erkannt werden, wenn sie aus dem Aufeinandertreffen unterschiedlicher, jeweils als ‚normal' empfundener Verhaltensweisen und Erwartungen resultieren. Einseitige Schuldzuweisungen können überdacht, die Position des Anderen als eine ebenfalls mögliche ins Blickfeld genommen und reflektiert werden. Es müssen jedoch nicht alle Probleme auf interkulturelle Aspekte zurückzuführen sein. Es können auch sehr individuell personengebundene Negativerfahrungen gewesen sein.

In den Tagebüchern sollten auch die jeweiligen Erfahrungen in der Verwendung der anderen Sprache festgehalten sein. Die nachträgliche Diskussion und Reflexion vertieft Einsichten in verwendete Kommunikationsstrategien, in eigene Vorgehens- und Lernweisen, und bietet damit Ansatzpunkte zu einer bewussten Festigung oder zu einer Veränderung. Aber nicht nur die rezeptiven und produktiven Sprachverwendungserfahrungen, auch die neu gelernten sprachlichen Mittel wären zu thematisieren. Denn häufig bleiben Versatzstücke hängen, Umgangssprachliches oder allzu Umgangssprachliches, dessen Verwendung an bestimmte Situationen und Kommunikationspartner gebunden ist. Da deren Attraktivität oft besonders hoch ist, wären die soziolinguistischen Verwendungszusammenhänge zu besprechen. Im muttersprachlichen und in der Regel auch im zweitsprachlichen Erwerbsprozess, der ja eingebunden ist in soziokulturelle Strukturen, werden auch die Grenzen der Verwendung bestimmter Register erworben, nicht so im schulischen Vermittlungsprozess. Der Hinweis *fam./umgangssprachlich* nach einem Lexikoneintrag ist zu abstrakt und zu allgemein, als dass er automatisch feinere – und vor allem spontane – Differenzierung bei der Verwendung mit sich brächte. Hinzu kommt, dass gerade jugendsprachliche Ausdrücke einer rapiden Veränderung unterliegen, regional- und/oder gruppenspezifisch sein können. (Ausdrücke wie *der Brutzler* (sehr aufregendes, positives Ereignis), *einbauen* (Alkohol trinken), *Honk* (dummer Mensch), *Foliengriller* (Schwächling), *dissen* (sich abfällig äußern) – um nur einige Einträge aus dem (eher überflüssigen) *PONS Wörterbuch der Jugendsprache. Deutsch-Englisch/Deutsch-Französisch* zu zitieren – gehören sicherlich weder zum allgemeinen aktiven oder rezeptiven Wortschatz der Jugendlichen in Deutschland noch werden sie überall verstanden.)

Auf einen weiteren Problemkreis, der in der Literatur so gut wie gar nicht thematisiert ist, sei zum Abschluss dieses Teilkapitels hingewiesen. Eine immer höher werdende Zahl von Jugendlichen geht für eine bestimmte Zeitspanne in ein anderes Land, sehr häufig auch mit kommerziellen oder teilkommerziellen Organisationen. Die Jugendlichen gehen dort zur Schule, tauchen tief in das dortige Leben innerhalb und außerhalb der aufnehmen-

Spracherfahrungen

Jugendsprache

Individueller Aufenthalt im Zielsprachenland

den Familie ein. Sie kommen zurück, haben sehr häufig gute bis sehr gute aktuelle Sprachkenntnisse, wissen sich in Kommunikationssituationen sprach- und kulturspezifisch zu verhalten. Berichte vieler Studierender, die während ihrer Schulzeit einige Monate in einem Zielsprachenland verbracht haben, gehen recht einheitlich in die Richtung, dass – nach einer ersten, sehr kurzen Phase der ‚Berichterstattung' – ihre Sprachkompetenzen und ihr kulturelles Wissen nicht weitergehend für den gesamten Unterricht in der anderen Sprache genutzt wurden, sie sich vielmehr ‚einzureihen' hatten in die Gesamtschar der Schülerinnen und Schüler, ihnen ihre Sprachkompetenzen oft sogar zum Nachteil gereichten, wenn/da die Lehrkraft sich in ihren eigenen Kompetenzen herausgefordert, wenn nicht gar verunsichert fühlte. Statt offen zugeben zu können, dass auch sie unter Umständen von den erworbenen Sprach- und Kulturerfahrungen der Zurückgekehrten profitieren können und wollen, schirmen sie sich und die anderen Schüler dagegen ab. (Dies bedeutet nicht, dass die im anderen Land gewonnenen Erfahrungen per se ‚richtig' sind, sie sind aber auf alle Fälle authentisch und spiegeln interkulturelles Erleben – mit mehr oder weniger großer Fähigkeit zu ihrer Reflexion – wider.)

Partnerschaft Ging es bislang um den Austausch in direkten, interkulturellen face-to-face-Kommunikationssituationen, so soll es im Folgenden um Situationen gehen, bei denen die Partner nicht am selben Ort zusammen sind. (Auf Videokonferenzen wird hier nicht eingegangen, denn zu wenige Schulen haben die notwendige Ausstattung, als dass dies bereits als ein Modell gelten könnte.) Die traditionelle Art von Partnerschaft dieser Art ist die Korrespondenz. Die bereits erwähnte Konzeption von Tandem-Arbeit kann auch für Korrespondenz-Partnerschaften eingesetzt werden. Hierbei ist die Nutzung der modernen Medien sehr fruchtbringend. Deshalb soll es hier vor allem um die grundlegenden Prinzipien einer nach dem Tandem-Prinzip konzipierten und durch moderne Medien unterstützten Partnerschaft gehen.

Tandem Die Arbeit in Tandems wurde ursprünglich im Rahmen der Begegnungsprojekte des Deutsch-Französischen Jugendwerks entwickelt (vgl. DFJW [Hrsg. 1999]). Die grundlegende Idee ist, zwei Menschen mit unterschiedlicher Muttersprache, die jeweils die Sprache des Anderen lernen wollen, miteinander so in Kontakt zu bringen, dass sie voneinander lernen. Diese Idee, die ursprünglich für Situationen der direkten örtlichen Zusammenarbeit galt, ist seit einiger Zeit auch auf E-Mail-Korrespondenzen übertragen worden. (Unter www.slf-ruhr-uni-bochum.de können beim Tandem-Server Bochum die Informationen über die Prinzipien eingeholt werden und auch entsprechende Sprachlern-Partnerschaften mit Menschen in vielen Ländern geschlossen werden.) Die dabei vorhandenen zeitlichen und örtlichen Verschiebungen erfordern die Bewusstmachung der zugrunde liegenden ‚Abmachungen' zwischen den Partnern, damit eine fruchtbare Zusammenarbeit über einen längeren Zeitraum hinweg entwickelt werden kann.

@-Tandem Da E-Mail-Partnerschaften als Klassenpartnerschaften auch im schulischen Lernkontext einen wichtigen Stellenwert haben können und sollten, sind im Folgenden kurz die Grundsätze einer solchen Tandem-Partnerschaft dargelegt. Dass und wie solche Tandem-Partnerschaften über E-Mail auch bereits in der Grundschule bzw. in den Anfängen des Sprachlernens funktionieren können, ist in Sarter (2000) ausgeführt. Vorausgeschickt sei, dass

es sich dabei um eine umfassende Aufgabe handelt, die Zeit und Engagement kostet, und über Monate hinweg immer wieder Gegenstand der gemeinsamen Arbeit wird. Gelingt dies, können recht unterschiedliche Lernziele verwirklicht werden, und zwar in wahrscheinlich wesentlich nachhaltiger Art als allein im ‚normalen' Unterricht. Nicht nur fächerübergreifende Arbeit (vgl. Kap. 9) hat hier ihren Stellenwert, auch die Entwicklung sprachlicher, sozialer und personaler Kompetenz im interkulturellen Austausch, Empathie, Entwicklung eigener Fragestellungen und Engagement bei der Erarbeitung von Antworten für die Partner werden gestärkt und gefördert.

Grundlegend für Tandem-Arbeit sind die Prinzipien der Gegenseitigkeit und der Lernerautonomie. Jeder der Partner hat den Wunsch, vom anderen etwas zu erfahren, zu lernen. Die Arbeit in einem Tandem wird damit zu Geben und Nehmen. Auf längere Sicht wird dies nur funktionieren, wenn ein ausgeglichenes Verhältnis von Geben und Nehmen vorhanden ist, wenn jeder der beiden Partner das Gefühl hat, ebenso viel zu bekommen, wie er selbst investiert. Lernerautonomie bedeutet in diesem Zusammenhang, dass jede Seite für sich darüber befindet, was sie lernen möchte, was der Partner für sie tun soll (s.u.). Im Rahmen der Gegenseitigkeit werden diese Wünsche respektiert und nach bestem Wissen erfüllt. Zwischen den beiden Partnern wird gewissermaßen ein Vertrag geschlossen; jede Seite hat das ‚Anrecht' auf verantwortungsbewusste Bearbeitung ihrer Anliegen, ebenso aber auch die ‚Verpflichtung', die Anliegen des anderen so zu bearbeiten, wie sie es vom anderen für die eigenen formulierten Wünsche erwartet.

Prinzipien der Tandem-Arbeit

Im gemeinsamen Arbeiten sind beide Seiten sowohl Lerner auch Lehrer. Sie sind Lerner, denn sie wollen die Sprache des anderen lernen bzw. ihre Sprachkenntnisse verbessern und über sein Land und dessen Kultur mehr Informationen bekommen. Sie sind Lehrer, denn sie sind die Experten für ihre Sprache, ihr Land und ihre Kultur. Dies beinhaltet die Verpflichtung, mit den Informationen, die dem anderen übermittelt werden, sorgfältig umzugehen, gegebenenfalls sich selbst zu informieren, um verlässliche Aussagen weitergeben zu können.

Lerner und Experte gleichzeitig sein

Die ausgetauschten emails sind in der Regel zweisprachig. Jeder Partner formuliert einen Teil in der Sprache, die er lernen möchte. Dieser zielsprachige Text soll vom Partner korrigiert und/oder kommentiert werden. Der Lernende teilt dem ‚Experten', dem Muttersprachler, mit seinem Text die entsprechenden Korrekturwünsche mit; beispielsweise kann er um eine umfassende Durchsicht und Rückmeldung bitten, er kann aber auch um eine stilistische Einschätzung mit anderen Formulierungsvorschlägen bitten oder nur die fünf oder zehn ‚schwersten' Grammatikfehler oder nur fehlerhafte Zeitenverwendung benannt bekommen wollen. Positiv ist nicht nur die Konzentration auf ausgewählte Problembereiche, sondern auch die Tatsache, dass der Formulierung die Bewusstmachung der eigenen Interessen vorausgeht – was unter Umständen bereits eine größere Beachtung dieses Aspekts beim Abfassen des andersprachigen Textes bewirkt.

Zweisprachigkeit

Der ebenfalls zu schreibende zweite Teil ist in der Muttersprache zu verfassen und dient dem Partner als sprachliches Modell. Hier können und sollten die inhaltlichen Fragen des Partners Gegenstand der Behandlung sein. Die Abfassung der muttersprachlichen Texte hat in diesem interkulturellen

Kontext nicht zuletzt die Funktion, empathisches Verhalten durch Bewusstmachung zu fördern: die sprachliche Konzeption der Texte sollte sich nicht am eigenen Sprachvermögen ausrichten, sondern muss die Sprachkenntnisse der Partner in Rechnung stellen.

Medien und Materialien

Die Einbindung von (email)Tandempartnerschaften in den Unterricht verliert sicherlich ihre Attraktivität, wenn es ausschließlich um die Formulierung und Korrektur von Texten geht. Von daher ist von vornherein eine Erweiterung ins Auge zu fassen. Zum einen muss und sollte es sich nicht nur um geschriebene Texte handeln, auch auditive (Lieder, typische Geräusche, gesprochene Texte etc.) und andere visuelle Materialien (Fotos, Bilder, Video) können erarbeitet und versandt werden. All das kann, ebenso wie die Textproduktionen, in den Rahmen gemeinsamer Projekte (s.u.) eingebunden werden. Handelt es sich um Inhalte, die beide Seiten als ihre Interessen und Fragestellungen sehen, geht das Engagement erfahrungsgemäß auch über die Unterrichtsstunden hinaus, und der Lernzuwachs wird als persönliche Bereicherung gesehen und angestrebt.

9. Über's Fach hinaus

Die traditionelle Zukunftsorientheit schulischen Lernens, ausgedrückt durch „Non scholae sed vitae discimus", verwies auf spätere (Berufs)Zeiten, war ‚Lernen auf Halde'. Diese Sicht ist seit geraumer Zeit einer Gegenwartsperspektive gewichen, die die Motivierung der Lernenden nicht zuletzt durch direkte Bezüge zu ihrem Hier und Heute zu unterstützen sucht. Hierzu tragen die geänderten Lebensbedingungen in wesentlichem Maße bei. Allzu oft werden diese jedoch nicht als ein ineinander greifendes komplexes Ganzes wahrgenommen, sondern in Ausschnitten. Der beharrlich fortgeschriebene Fächerkanon an den Schulen ist „Element dieser ‚Weltzerstückelungsmaschine'. Alle 50 Minuten [...] ein anderes Stück Welt [...], eine Szenenfolge mehr oder weniger gut inszenierter Fachauftritte" („Zusatzinfo: Was ist Projektunterricht"; o. J.). Dieser Zerstückelung durch Fachzentriertheit soll durch Themenorientierung entgegengearbeitet werden. Die damit angestrebte Vernetzung soll in fächerübergreifendem und fächerverbindendem Unterricht ebenso erreicht werden wie durch Projektarbeit.

Begründungen

9.1 Projekte

Multikulturalität der Gesellschaft und moderne Kommunikations- und Informationsmedien bieten viele Anlässe und Gelegenheiten für schulische Projekte, in denen es darum geht, erworbenes Wissen zielgerichtet zur Erarbeitung einer Aufgabenstellung einzusetzen und in der Projektarbeit neues Wissen und neue Kompetenzen zu erwerben. Die methodisch-didaktische Literatur zu schulischer Projektarbeit ist ausgesprochen umfangreich; es werden unterschiedliche Schwerpunkte gesetzt: Die lange Geschichte dieser Idee wird ebenso behandelt wie definitorische Feinheiten diskutiert, methodisch unterschiedliche Ansatzpunkt vorgeschlagen und begründet, didaktische Zielsetzungen übergeordneter Art argumentativ erhärtet werden (für einen ersten Überblick vgl. Hänsel [Hrsg. 1999], Frey [2002]). Hinzu kommen die Berichte über durchgeführte Projekte.

Fachliteratur

Im Gegensatz zu fächerübergreifendem und fächerverbindendem Unterricht, in dem die Themenzentrierung vorrangig durch eine Kooperation unter Lehrkräften bewerkstelligt wird, ist Selbsttätigkeit und Selbstverantwortung der Lernenden wesentlicher Bestandteil von Projektarbeit. Damit kommen bei Projekten zwei Ebenen ins Spiel, die beide gleichermaßen wichtig und bei der Durchführung zu beachten sind: das angestrebte Ergebnis, das Produkt, und der Prozess. Dabei hängt das Produkt in wesentlichem Maße vom Prozess ab. Es ist ganz ähnlich wie beim Hausbau oder Kuchenbacken: Lassen Planung und Durchführung zu wünschen übrig, steht zu erwarten, dass auch das Produkt nicht den Erwartungen entspricht. Die notwendige Konzentration auf den Prozess, auf seine Organisation, darf aber die Konzentration auf das Produkt, auf die Zielsetzung des Prozesses, nicht in den

Prozess und Produkt

Hintergrund drängen. Denn die Herstellung eines Produkts ist kein Selbstzweck, sondern folgt der Forderung nach Lösung eines Problems, nach Verbesserung einer gegebenen, nicht zufrieden stellenden Situation. Die Ernsthaftigkeit der Zielsetzung ist wichtig für die Motivation.

Prinzipien der Projektarbeit

Die Erarbeitung von Prinzipien der Projektarbeit fällt in den Zuständigkeitsbereich der Allgemeinen Didaktik. Deshalb kann hier nicht näher darauf eingegangen werden, sondern es wird auf die sehr hilfreiche Internetseite „Projektleitfaden" verwiesen. Durch die dort vorgenommene Orientierung an Projekten in der Wirtschaft und die Anpassung ihrer wesentlichen Aspekte an die Schulwirklichkeit werden grundlegende Hinweise zur Durchführung von Projekten als ernsthafte und anspruchsvolle, Selbsttätigkeit und Selbstverantwortung der Schülerinnen und Schüler fördernde Unterrichtsvorhaben gegeben. Projekte bekommen damit einen mehrfach wichtigen Stellenwert: Nicht nur das Erreichen eines gemeinsam gefundenen und von der gesamten Gruppe getragenen Ziels, sondern auch die Organisation, der Weg dorthin, wird als wesentlicher Beitrag zum Lernen von selbstverantwortetem und selbstreguliertem Lernen aufgezeigt. Dabei ist die „Projekttechnik" ein leitender Gedanke, der aus der außerschulischen Arbeitswelt adaptiert wurde: „In der Arbeitswelt ist ‚Projektarbeit' eine der anspruchsvollsten Tätigkeiten überhaupt, sehr komplex, sehr leistungsorientiert, sehr organisiert und [vom Projektteam] stark kontrolliert. Projekte sind hier Vorhaben mit einem ganz klar definierten Ziel, mit Anfangs- und Endtermin und einer ebenso klaren Struktur: Auftraggeber – Projektgruppe – Projektleiter – eventuell Projektbegleiter. Ziele, Termine, Umfang, Kosten, Kompetenzen sind entweder von Anfang an vorgegeben oder werden am Beginn geklärt. Überprüfbarkeit und Kontrolle sind zentrale Wesensmerkmale der Projekttechnik, ein ausgeklügeltes Organisationssystem und Dokumentationswesen kennzeichnet die Arbeit in Projekten. – Im Kern geht es um zwei Fragen: Wie bekommt man das Thema, die Aufgabe und wie den Prozeß in den Griff?" („Zusatzinfo: Was ist Projektunterricht"; o. J.) Auf den weiteren Seiten wird dann ausführlich auf Entstehung, Planung, Steuerung, Dokumentation, Reflexion und Präsentation von Projekten eingegangen; es finden sich Beispiele ebenso wie Materialien zur Vorbereitung und Durchführung der einzelnen Projektphasen. Auch die zum Ende angefügte umfangreiche „Infotour Präsentationstechnik" ist als Grundlage zur Hinführung der Schüler zu einer gelungenen Präsentation ihres Projektergebnisses hilfreich.

Eine Orientierung auf außerschulische und außerunterrichtliche Aufgabenstellungen erhöht in der Regel den Reiz von Projekten. Die Schülerinnen und Schüler können sich hier über den Fachunterricht hinaus beweisen, durch Präsentation und Rückmeldung Bestätigung auch für unterrichtliches Lernen und Handeln bekommen. Gerade im Zusammenhang von Partnerschaft und Austausch lassen sich viele Projekte finden, die nach außen gerichtet sind. Aber auch in Hinsicht auf die Darstellung (und das Selbstverständnis) der Schule als Schule im mehrsprachigen, globalisierten Raum sind interessante Ansatzpunkte zu finden, die zum Teil auch schon an Schulen Gegenstand von Projektarbeit waren und über die in der fachdidaktischen Literatur berichtet wurde.

Beispiele für Projektziele

Als Beispiele für Projekte im anderssprachigen Unterricht seien Schul-/Klassen-Homepages in der anderer Sprache bzw. in den an der Schule unterrichteten modernen Sprachen genannt, zielsprachige Stadtführer (in entsprechender Auswahl der interessanten Aspekte) für den Besuch der Partnergruppe. Auch die Beteiligung an unterschiedlichen Wettbewerben, nicht zuletzt dem Bundeswettbewerb für Sprachen, kann Anlass für die Durchführung eines Projekts sein.

Ein Projekt, das auch bereits mit einer sechsten oder siebten Klasse durchgeführt werden kann, und zwar selbst dann, wenn die andere Sprache erst im zweiten Jahr gelernt wird, könnte heißen „Wir machen unsere Schule mehrsprachig" und zum Ziel haben, alle (wichtigen) Hinweisschilder in der Schule zweisprachig zu machen. Handelt es sich bereits um die zweite Zielsprache der Klasse, können auch dreisprachige Beschilderungen in Angriff genommen werden. Bei einem unterschiedlichen Sprachenangebot an der Schule kann dieses Projekt auch jahrgangsübergreifend und mit dem Ziel ‚Schilder in möglichst vielen Sprachen' angegangen werden.

Projekt: Mehrsprachige Schule

In Vereinfachung der oben genannten Phasen sei hier kurz und exemplarisch auf Planung, Umsetzung und Präsentation dieses möglichen Projekts eingegangen. Vorausgeschickt sei, dass die Aufgabe der Lehrkraft vor allem darin besteht, der Projektgruppe (und den jeweiligen, u. U. auch wechselnden Untergruppen) begleitend zur Seite zu stehen, zwar Hinweise zu geben, die sie in die Lage versetzt, die einzelnen Phasen so selbständig wie möglich durchzuführen, sich aber mehr und mehr in den Hintergrund zu stellen und nur einzugreifen, wenn ernsthafte, das Projekt als Ganzes gefährdende Probleme auftauchen.

Rolle der Lehrkraft

Für die Planungsphase ist der wichtigste Ansatzpunkt das gesetzte Ziel. Dieses muss zunächst in all seinen Aspekten diskutiert und durchdrungen sein, damit die Planung der einzelnen Schritte vorgenommen werden kann. Dabei sind zwei Linien zu verfolgen: zum einen gilt es, die entsprechenden Benennungen der Räumlichkeiten in der anderen Sprache herauszufinden, zum anderen muss die Durchführung im Geiste durchgespielt werden. Dazu gehört auch, die entsprechende Erlaubnis einzuholen. (Die Lehrkraft sollte natürlich im Vorfeld bereits geklärt haben, ob dies grundsätzlich erlaubt werden wird. Die offizielle Zustimmung einzuholen, sollte aber Teil der Verantwortlichkeit des Projektteams sein, delegiert an eine Untergruppe.) Dazu muss die Gruppe Überlegungen zu folgenden Punkten anstellen und entsprechende gruppeninterne Entscheidungen treffen: Wer kann uns die Erlaubnis geben, wer von uns ist geeignet (hat die entsprechende Sozialkompetenz), unser Anliegen vorzutragen und die notwendigen ‚Verhandlungen' zu führen. Dabei wird deutlich werden, dass bereits vorher klare Vorstellungen darüber erarbeitet werden müssen, wie das Endprodukt aussehen soll. (Sollen die vorhandenen Schilder ausgetauscht werden? Sollen neue darunter angebracht werden? Wie soll die jeweilige Gestaltung aussehen? Welche Kosten entstehen bei welcher Lösung? Wer kann hier Auskunft geben? Wer holt die ein? Wie werden die Gelder aufgebracht? – Fund raising durch Sammeln im Lehrerkollegium, Gestaltung eines Elternnachmittags etc.? – Erst wenn diese Fragen geklärt sind, können die ausgewählten Gruppenmitglieder durch klare Vorstellungen überzeugen.

Planung

Nicht zuletzt muss auch die Präsentation des Projekts geplant werden. Wann und in welchem Rahmen sollen die zusätzlichen Beschriftungen angebracht werden? Soll es außerhalb der normalen Unterrichtszeit gesche-

Projektpräsentation

hen? Vielleicht im Rahmen einer besonderen Aktivität mit Eltern und/oder mit Elternvertretern anderer Klassen? Kann die Lokalpresse dafür interessiert werden? Wer kümmert sich darum? Wie kann die Präsentation vorbereitet werden? Soll das Projekt – evtl. auch sein Fortgang – auf der Schulhomepage vorgestellt werden? Dann wären kurze Videos interessant; Fotos sollten gemacht werden, die den Fortgang der Arbeit, die Entstehung des Produkts dokumentieren. Wer übernimmt diese Aufgaben? Zur Delegation der unterschiedlichen Aufgaben gehört auch die Auseinandersetzung mit den Fragen, welche besonderen Fähigkeiten gerade für diese Aktivität benötigt werden, wer wofür besonders geeignet ist, wer welche Stärken in die Gruppe einbringen kann.

Durchführung — Während der Phase der Durchführung werden die entsprechenden Begrifflichkeiten in der bzw. den anderen Sprachen zu eruieren sein. Wörterbücher allein – so wird die Erfahrung zeigen – können nicht alle benötigten Denominationen klären; es müssen andere Wege gefunden werden, beispielsweise bei Muttersprachlern (innerhalb und außerhalb der Schule) nachfragen. Dies wird zeigen, dass in vielen Fällen keine Übersetzbarkeit der Termini gegeben ist; die Frage nach dem Grund wird auftauchen …

Gleichzeitig können die Vorbereitungen für die praktische Umsetzung anlaufen, Papier, Karton o. ä. muss besorgt werden, die weiteren Materialien für die Beschriftung (Drucker, handschriftlich, gemalt …) müssen festgelegt und organisiert werden, Schraubendreher entsprechender Größe dürfen nicht fehlen – hilft hier der Hausmeister?

Lernerfahrungen — Ist dann der große Augenblick gekommen, das gelungene Projekt präsentiert und dokumentiert, wird dies für die beteiligten Schülerinnen und Schüler eine nachhaltig prägende Lern- und Arbeitserfahrung sein. Denn die aufgabenbezogene Diskussion und Reflexion, die sie während des gesamten Projekts geleistet haben, wird nicht nur ihre Kenntnis der Bezeichnungen der Räumlichkeiten von Schulen im anderen Land (und warum diese nicht in allen Fällen übersetzbar sind) erweitert haben, sondern sie auch exemplarisch die Wichtigkeit einer möglichst konkreten Planung unter Berücksichtigung der jeweils wichtigen Einflussfaktoren erfahren lassen. All dies sind wichtige Grundlagen selbstgesteuerten Lernens, von Lernerautonomie. Die Rolle der Lehrkraft sollte so weit wie möglich in der ideellen Projektbegleitung liegen (unter Verzicht auf unterstützende Laufburschentätigkeit wie Kopieren, Materialien Zusammentragen etc.) und als ‚Fürsorgepflicht' insbesondere nach außen verstanden werden, die hilft, ein positives Außenimage zu gewährleisten.

9.2 Fächerübergreifender und -verbindender Unterricht

Zielsetzung — Der Gegensatz zwischen einem festen Fächerkanon auf der einen Seite und der Notwendigkeit von Wissen und Kompetenzen, die die Grenzen der Fächer überschreiten und Aspekte unterschiedlicher Fächer in ihrer Verbindung sehen, soll durch fächerübergreifenden und fächerverbindenden Unterricht aufgehoben werden. Dabei sind die diesbezüglichen terminologischen Abgrenzungen sehr unterschiedlich und Überschneidungen und Unklarheiten nicht ausgeschlossen. Die Forderung nach prinzipieller Überfachlichkeit von Unterricht bricht sich an fehlenden Vorstellungen und/oder Vorgaben, wo und wie dies herzustellen ist (vgl. Huber 1999). Trotz aller terminologischen Unterschiede werden in der Regel insbesondere die drei Zielsetzungen Ganzheitliches Lernen, Problemorientiertes Lernen und Reflexives Lernen als Argumente für einen die Fachgrenzen überschreitenden Unterricht vorgebracht. Von daher sind vielfältige Berührungspunkte und mögliche Überschneidungen mit Projektunterricht gegeben. Während Projekte in der Regel jedoch Aspekte und Problemkreise aufgreifen sollten, die im Curriculum nicht vorgesehen sind, ist fächerübergreifendes Arbeiten eher auf in den Lehrplänen vorgesehene Teilaspekte ausgerichtet.

Es wird versucht, eine Themenstellung aus der Perspektive von mindestens zwei Fächern zu erarbeiten. Dazu ist die Fach- und Fachmethodenkompetenz der beiden Fachlehrkräfte gefordert. Aus der Sicht der Sprachfächer bieten sich vielfältige Ansatzpunkte für die Überschreitung der Fachgrenze; außerdem sind bereits viele sozialkundliche, geschichtliche und geographische Bereiche im Sprachunterricht selbst vorgesehen. Hier kann die Ziellandperspektive geöffnet und eine vergleichende Arbeit vorgenommen werden. Dabei können auch mehrere Fächer bzw. Fachlehrkräfte beteiligt sein. So bietet es sich beispielsweise an, die historische und literarische Sicht auf Napoleon aus französischer, britischer, deutscher, russischer oder polnischer Perspektive in der Zusammenarbeit dieser Fächer und unter Einbezug von entsprechenden ausgangssprachlichen Quellen (Lehrwerktexten, literarischen Texten, Karikaturen, Filmen etc.) zu behandeln. Ein anderes Beispiel wären im sozialkundlichen Bereich die unterschiedlichen Definitionen von „Demokratie" (s.o.), nicht zuletzt auch in Hinsicht auf die Unterschiede im Aufbau der Lexikoneinträge. Denn dahinter verbergen sich kulturspezifische Vorstellungen von Wissensbeständen. Gerade die Arbeit über literarische Werke und über historisch-soziale Gegebenheiten macht vergleichende Betrachtungen notwendig, will man nicht in nationale Perspektiven zurückfallen.

Kulturspezifische Wissensbestände

Die Liste möglicher Themenbereiche für fächerübergreifende Arbeit – ausgehend von den Sprachfächern – ist damit ebenso lang wie vielfältig. Es kommt darauf an, in kollegialer Teamarbeit die entsprechenden Zielsetzungen zu finden, offen gegenüber dem methodischen und inhaltlichen Ansatz des anderen Faches zu sein, selbst eine andere Sicht auf die Dinge kennen lernen zu wollen, sich selbst als auch Lernende(r) zu sehen. Organisatorische Möglichkeiten zur umsetzenden Arbeit mit den Schülerinnen und Schülern sind im täglichen Schulgeschehen nicht immer leicht zu finden. Dies sollte jedoch kein Hinderungsgrund sein. Denn die Bestrebungen, die Schulen größere Autonomie zugestehen, teilweise sogar schuleigene Lehrpläne vorsehen, kommen solchen Ansätzen entgegen. Voraussetzung ist allerdings, dass entsprechende Initiativen vorhanden sind.

Teamarbeit

Auch im fächerübergreifenden und fächerverbindenen Unterricht kann projektartig gearbeitet werden. Grammatische und lexikalische Progression kann hier text- und themenorientiert angegangen werden; die Notwendigkeit des Erwerbs der entsprechenden sprachlichen Mittel ergibt sich aus den Verständnisproblemen der andersprachigen Materialien. Die Zielgerichtetheit sprachlicher Kompetenzerweiterung ist direkt gegeben und damit wesentlich eindrücklicher als in der Lehrwerkarbeit.

Sprachlernmotivation steigern

9. Über's Fach hinaus

Ein-Person-Team — Fächerübergreifende Arbeit ist aber nicht daran gebunden, dass eine oder mehrere Lehrkräfte zusammenarbeiten. Jede Lehrkraft hat neben ihrer Sprache ein weiteres Fach, hier sind bereits viele Überschneidungspunkte gegeben, die für die Erweiterung der Perspektive genutzt werden können. Unterrichtet eine Lehrkraft zwei Sprachen, so ist die Spannbreite ebenfalls sehr groß; die Perspektive ist dann vorrangig die des Vergleichs, das kann die Sprache (Struktur und Lexikon) betreffen, kann sich aber auch auf die inhaltlich-landeskundlichen und interkulturellen Aspekte beziehen.

Grundschulische Arbeit — Die methodisch-didaktischen Ansätze von anderssprachigem Unterricht in der Grundschule waren von Anfang an auf eine inhaltliche Arbeit ausgerichtet, die sich an den Interessen der Schüler und ihrer Lebenswelt orientierte. Da dadurch eine enge Parallelität zu den in den anderen Fächern verfolgten Themenstellungen gegeben ist, ist grundschulische Arbeit in und mit einer anderen Sprache weitgehend fächerübergreifend.

9.3 Bilingualer Unterricht

In den letzten Jahren sind mehr und mehr bilinguale Zweige, vor allem an den Gymnasien und vor allem für Englisch, entstanden. Auch bilinguale Schulen sind inzwischen keine Seltenheit mehr. Kennzeichen beider ist die Verwendung von zwei Sprachen im Unterrichtsgeschehen: beim bilingualen Unterricht in der Regel in einem Fach, bei den bilingualen Schulen im Gesamtleben der Schule. Während in den bilingualen Schulen in erhöhtem Maße auch muttersprachliche Kinder der anderen Sprache anzutreffen sind und beide Sprachen häufig gleichgewichtet sind, ist das bilinguale Angebot an den anderen Schulen auf ein Fach beschränkt und richtet sich häufig an leistungsstärkere Schülerinnen und Schüler: es ist bilingualer Sachfachunterricht.

Bilingualer Sachfachunterricht — Der bilinguale Sachfachunterricht setzt nach einer meistens zweijährigen Phase intensivierten Sprachunterrichts ein. Erst dann wird zum Sachunterricht in der anderen Sprache übergegangen. Bilinguale Fächer ziehen sich damit häufig von der siebten Klasse bis zum Abitur durch. Die Sprachkompetenzen in der anderen Sprache werden in besonderer Weise gefestigt und ausgebaut. Auf der einen Seite betrifft dies das zielsprachige Fachvokabular, das notwendig ist, um die entsprechenden Inhalte mit den entsprechenden methodischen Instrumentarien erarbeiten zu können. Auf der anderen Seite sind auch die kommunikativ-pragmatischen Sprachkompetenzen davon begünstigt. Dies trifft natürlich in besonderem Maße zu, wenn die das bilinguale Sachfach unterrichtende Lehrkraft Muttersprachler in der betreffenden Sprache ist. Das ist jedoch keineswegs die Regel, denn dem stehen immer noch Anerkennungsschwierigkeiten von im Zielsprachenland erworbenen Examina entgegen, wodurch die Mobilität eingeschränkt ist. Durch die im Entstehen begriffenen Bachelor- und Masterstudiengänge auch für die Lehrämter wird versucht, die Mobilität auf europäischer Ebene zu befördern.

Lehrkraft — Gegenwärtig werden die bilingualen Sachfächer – aufgrund unzureichender Sprachkompetenz der Fachlehrkräfte in der Zielsprache – in der Regel von Lehrkräften unterrichtet, die sowohl das Sprachfach als auch das Sachfach vertreten. Dies erfordert eine hohe methodisch angemessene

Kompetenz und Souveränität. Denn geht es im Sprachunterricht darum, den Schülerinnen und Schülern die andere Sprache – anhand unterschiedlicher Themenstellungen und Materialien – zu vermitteln, so ist im Sachfachunterricht die andere Sprache als natürliches Kommunikationsmittel zu verwenden und zu behandeln.

Auch die Frage der angemessenen Unterrichtsmaterialien ist noch nicht zufrieden stellend geregelt. Von der Verwendung von Unterrichtsmaterialien aus dem Zielsprachenland wird abgesehen, da die dafür benötigte Sprachkompetenz bei den Schülerinnen und Schülern als nicht ausreichend gesehen wird. Dies ist allerdings eine Problematik, die unterschiedlich beurteilt werden kann. Denn ein derart generalisierendes Urteil, das die Fähigkeiten und die Bereitschaft der Lernenden, diese (Sprach)Kompetenzen mit und bei der Erarbeitung der Themen zu erwerben, in Abrede stellt, kann wie eine sich selbst erfüllende Prophezeiung wirken. Vorsichtig didaktisierendes Vorgehen erscheint vielen angemessener als authentische Materialien, durch deren Authentizität die Lernenden sich ernst genommen und gefordert sehen.

Unterrichtsmaterialien

Problematisch und in gewisser Weise auch bedauerlich scheint die Festlegung auf ein Sachfach, das über Jahre hinweg in der anderen Sprache unterrichtet wird. Das erworbene Fachlexikon wird später für die meisten teilnehmenden Schülerinnen und Schüler eher selten Relevanz für entstehende Kommunikationssituationen bekommen – es sei denn, sie studieren das entsprechende Fach im Zielsprachenland. Überspitzt könnte dies beispielsweise in der Frage münden, warum ein Schüler in Deutschland wissen soll, was „Reichsdeputationshauptschluss" auf Englisch oder Französisch heißt, wenn er nicht einmal auf Deutsch weiß, was mit dem Begriff gemeint ist. Ein Modell, das demgegenüber in steter Regelmäßigkeit ausgesuchte Module aus unterschiedlichen Fächern bilingual angeht, hat den Vorteil, anderssprachige Kommunikationsfähigkeit zu wichtigen Themenstellungen aus unterschiedlichen Bereichen anbahnen zu können. Auch hier sind schuleigene Lehrpläne wichtig, um ein solches Vorhaben nicht in Zufälligkeit und Beliebigkeit verfallen zu lassen.

Themen

Die Verwendung der unterrichteten Sprachen als Unterrichtssprache auch in anderen Fächern oder Teilbereichen ist ein produktives Modell, schafft es für die andere Sprache doch Verwendungszusammenhänge, lässt sie zum Medium der Vermittlung und des Erwerbs von Kenntnissen werden, befreit sie aus ihrem Objektstatus. Von daher ist es sinnvoll, bereits während der universitären Ausbildung diese Perspektive ins Auge zu fassen. Allerdings sind bislang noch keine durchgängigen Angebote in unterschiedlichen Sachfächern bzw. Module dafür vorhanden. Dies sollte aber nicht daran hindern, sich die entsprechenden Kenntnisse – Fachsprache in Thematik und Methodik – selber zu erarbeiten, sei es durch gezielte Internetrecherchen, sei es durch Belegung entsprechender Lehrveranstaltungen während eines Auslandsstudiums im Zielsprachenland.

Ausbildung der Lehrkräfte

10 Praktika

Bestandteil jedes Lehramtsstudiums sind Praktika. Ihre Anzahl und Ausgestaltung unterscheiden sich nach Bundesland, Universität und angestrebtem Lehramt. De facto scheint die Regel zu gelten: je jünger das spätere Schülerpublikum, desto wichtiger Praktika – je älter die Schüler und je höherwertig ihr Abschluss, desto geringer ihre Wichtigkeit. Dies ist weder praktisch vertretbar noch theoretisch gerechtfertigt, und es steht zu hoffen, dass die Einführung der B.A./M.A.-Lehrerausbildung diese althergebrachte und wahrscheinlich nie sinnvoll gewesene Regelung in Hinsicht auf eine gleichermaßen umfassende Verankerung von Praktika revidiert.

Unterschiedliche Arten

Während das erste Praktikum der allgemeinen Orientierung dienen soll und noch keine eigenen Unterrichtsversuche vorsieht, kommt in den Praktika der weiteren Jahre eigene Unterrichtstätigkeit hinzu. Je nach Praktikumsart und ausbildender Universität sind diese Praktika individuell oder in Gruppen zu absolvieren, von den entsprechenden Institutionen der Universität (Praktikumsbüro, Fachdidaktik) organisiert und (mehr oder weniger) betreut. Die meisten finden während der vorlesungsfreien Zeit statt. In einigen Studiengängen und Universitäten finden auch semesterbegleitende, durchgängig betreute Praktika statt.

Zielsetzungen

Die Praktika sind eingebettet in die Zeit der theoriegeleiteten Ausbildung in der ersten Phase und können und sollen die praktische Ausbildung der zweiten Phase nicht vorweg nehmen. Ihre allgemeine Zielsetzung ist die Erkundung der schulischen und unterrichtlichen Praxis, zum Teil unter Einschluss erster eigener Unterrichtsversuche. Sie dienen der Reflexion der erworbenen theoretischen Grundlagen und der Überprüfung der Berufswahl, d.h. der persönlichen Eignung für den Beruf einer Lehrkraft.

10.1 The State of the Art?

Orientierungspraktikum

Das erste abzuleistende Praktikum ist fast überall ein so genanntes Orientierungspraktikum, das nach dem ersten oder zweiten Semester in der vorlesungsfreien Zeit zu absolvieren ist. Es ist in der Regel mit zwei Wochen sehr kurz und schulart-, aber noch nicht fachgebunden. Während dieser Zeit sollen die Studierenden in unterschiedlichen Klassen und bei unterschiedlichen Lehrkräften hospitieren und einen Gesamteindruck der gegebenen Schulrealität gewinnen. In den meisten Fällen handelt es sich um eine individuell zu organisierende und individuell zu erfahrende erste Begegnung mit Schule nach Beendigung des Schüler-Daseins. Eine systematische Betreuung der Praktikumsabsolvierenden findet im Normalfall weder von Seiten der Universität noch von Seiten der Schule statt. Oft sind auch die Schulsuche und die Klärung der organisatorischen Fragen in die Verantwortung des Studierenden gegeben. Diese beginnt mit der generellen Absprache mit der Schulleitung und endet mit der Suche nach Lehrkräften, die bereit sind, den jeweiligen Praktikanten mit in ihren Unterricht zu nehmen, gegebenenfalls sogar die entsprechenden Unterrichtsstunden im Vorfeld und/oder nachher mit ihm zu diskutieren, d.h. in gewisser Weise Mentorentätigkeit zu übernehmen. Hinzu kommt, dass in nicht wenigen Schulen die Absolvierenden von Praktika als Belastung gesehen werden, als ‚Störfaktoren' der täglichen Routine.

Die Orientierungspraktika sind durch die allgemeine Ausrichtung insbesondere für die erziehungswissenschaftliche Ausbildung relevant. Sie finden allerdings zu einem Zeitpunkt statt, zu dem noch kaum die theoretischen Grundlagen gelegt sind, oft noch gar keine einschlägige erziehungswissenschaftliche Lehrveranstaltung besucht wurde. Mancherorts wird den Studierenden in Vorbesprechungen geraten, sich ‚eine Fragestellung zu überlegen', unter die sie das Orientierungspraktikum stellen möchten. Stellt man in Rechnung, dass dieses Praktikum die erste Wiederbegegnung mit Schule für die Lehramtsstudierenden ist, so beginnt hier der Rollenwechsel von Schüler zu zukünftiger Lehrkraft. Dass eine solche Perspektivenänderung – nach immerhin 13-jähriger Schülererfahrung – ausführlicher Reflexion bedarf, wird zwar nicht negiert, jedoch auch nicht als integraler Bestandteil der Zielsetzung von Orientierungspraktika angesetzt. Die Möglichkeiten, von diesen ersten Praktika in angemessenem Umfang profitieren zu können, sind aus unterschiedlichen Gründen per se gering. An erster Stelle steht die Tatsache, dass aufgrund der noch kaum vorhandenen theoretischen Kenntnisse und der dementsprechend wenig kohärenten Reflexion erziehungswissenschaftlicher Grundlagen für die schulische Praxis die Absolventen mehr oder weniger auf sich selbst zurückgeworfen sind. Eine zielgerichtete reflektierte Auseinandersetzung mit den beobachteten Realitäten wird damit nicht befördert. Da in der Regel im Anschluss an die einzeln durchgeführten Orientierungspraktika auch keine Auswertung in Gruppen stattfindet, können auch die individuell gewonnenen Erfahrungen nicht verallgemeinert und in ihrer Relevanz hierarchisiert werden. Damit bleibt bei vielen Studierenden nach dem Orientierungspraktikum ein Gefühl der Unsicherheit, wenn nicht gar der Verunsicherung, insbesondere dann, wenn sie nicht das Glück hatten, auf aufgeschlossene Lehrkräfte zu treffen, die freiwillig und in eigenem Verantwortungsbewusstsein und zusätzlich zu ihrer sonstigen Arbeit Mentorenfunktion übernommen haben.

Somit zeigt das Orientierungspraktikum in vielen Punkten bereits die generelle Problematik von Schulpraktika während der universitären Ausbildungsphase auf. Diese beginnt mit der Disparität der Verantwortlichkeiten. Die Fachwissenschaften sind von der Konzeption, Organisation und Betreuung von Praktika in der Regel nicht tangiert. – Diese Tatsache ist insofern bedauerlich, als damit die Fachwissenschaftler keinen Einblick in die inhaltlichen Anforderungen und Notwendigkeiten der schulisch zu vermittelnden Inhalte und Problembereiche bekommen. Eine Sensibilisierung für die Vermittlungsperspektive (immerhin ein Anliegen von wahrscheinlich der Hälfte der Teilnehmer an den fachwissenschaftlichen Lehrveranstaltungen) könnte jedoch dazu führen, in höherem Maße als bislang diese Perspektive mit einzubeziehen, gegebenenfalls auch entsprechende Schwerpunkte zu setzen. Denken wir nur an die wohl überall obligatorische Lehrveranstaltung zu Phonetik und Phonologie. Hier wäre es ein Leichtes, im Bereich der Phone-

Rollenwechsel

Grenzen

Problemfelder

tik Artikulationsort und -art etc. in technischen Hinweisen so aufzubereiten, dass auch operationalisierbare Hilfestellungen für die spätere Vermittlungsperspektive erarbeitet würden.

Betreuung

Die allgemeinen Praktika (Orientierungspraktikum und erstes Praktikum, während dessen die Studierenden bereits eine gewisse Anzahl von Stunden unterrichten müssen) sind von den Erziehungswissenschaften bzw. von dafür vorgesehenen Institutionen organisiert, ohne dass jedoch in der Regel eine fachdidaktische Betreuung für diesen Unterricht stattfindet. Im günstigsten Fall hospitiert eine betreuende Lehrkraft aus dem Bereich der Fachdidaktik ein oder zwei Stunden – mehr ist nicht zuletzt aufgrund mangelnder personeller Kapazitäten kaum je möglich. Die Betreuungstätigkeit während dieser Praktika ist – ebenso wie beim Orientierungspraktikum – in die Obhut bereitwilliger Lehrkräfte an der Schule gegeben.

Die Schulen sind zwar der Ort, an dem Praktika durchgeführt werden, sie sind jedoch nicht in die Verantwortung für diesen Teil der Ausbildung künftiger Lehrkräfte eingebunden. Sie sind zwar verpflichtet, Studierende während ihrer Praktika aufzunehmen, alles Weitere jedoch ist nicht festgeschrieben und damit abhängig vom Engagement der Schulleitung und einzelner Lehrkräfte. Diese sind nicht verpflichtet, Praktikanten zu ‚betreuen', bekommen in der Regel weder Bezahlung noch Stundenabsenkung dafür. Nicht immer wird diese Tätigkeit im Kollegenkreis honoriert und anerkannt und vor allem: Die Lehrkräfte haben keine entsprechende Ausbildung.

Ausbildung der Ausbilder

Die Ausbildungsklientel der Studierenden während der Praktika erfordert – ebenso wie die der Referendare und Referendarinnen in der zweiten Phase – neben den berufspraktischen und -theoretischen Kenntnissen und Kompetenzen (vgl. Herrmann/Horstendahl 2002, 167 f.) nicht zuletzt spezifische Kenntnisse in der Erwachsenenbildung. Bislang gibt es jedoch bei uns noch kein Anforderungsprofil für die Ausbildung der Ausbilder im Bereich der praktischen Einführung in den Beruf der Lehrkraft an Schulen. Von daher sind auch Fortbildungsveranstaltungen für diese Aufgabe nicht vorhanden. Die Lehrer geben *ihr* Wissen weiter, zeigen im Unterricht ihre Kompetenzen, sind in unterschiedlichem Maße zu Kritik und Selbstkritik willens und in der Lage. Jeder Lehrkraft, die die Aufgabe der Praktikantenbetreuung übernimmt, ist dieses Engagement hoch anzurechnen. Ihr Engagement löst jedoch nicht das strukturelle Problem. Dieses liegt in der nicht geregelten Verteilung der Kompetenzen. Die Schulen als Orte der orientierenden Begegnung mit der Berufswirklichkeit zukünftiger Lehrkräfte haben wesentliche Aufgaben und Verantwortlichkeiten in Hinsicht auf das ‚Unternehmen Schule' und seine Weiterentwicklung für die Zukunft. Diese gehören festgeschrieben und durch entsprechende Begleitmaßnahmen (wie Honorierung der betreuenden Lehrkräfte durch Stundenermäßigung, anerkennende Wertung der Ausbildungs- und Betreuungsarbeit der Schule und der einzelnen Lehrkräfte und nicht zuletzt die Ausbildung einiger Lehrkräfte zu kompetenten Mentoren) abgesichert. Denn die Herausforderung der Ausbildung zukünftiger Lehrkräfte liegt darin, dass die Ausbildenden einen Wissensbestand auf aktuellster Ebene in konkreten Erfahrungs- und Handlungssituationen mit Erwachsenen so thematisieren und reflektieren, dass diese in die Lage versetzt werden, ihr theoretisches Wissen in Handlungskompetenz umzusetzen. „Das ist erkennbar mehr als und anderes als die Reflexion der eigenen Praxis und ihre Übersetzung in ‚Muster'-Empfehlungen und Standardlösungen; denn dies würde nur imitatives Verhalten in einer Ausbildungssituation bewirken […] und dies führt nur zur Verhinderung des Findens *eigener* erfolgreicher Handlungsformen." (Herrmann/Horstendahl 2002, 166) Die Definition der Referendare und Referendarinnen als erwachsene Lernende und zugleich Lehrende bedarf größerer Beachtung als bisher, nicht zuletzt um sie sowohl als immer noch Auszubildende als auch als zukünftige Kolleginnen und Kollegen zu sehen. Bislang scheint der Aspekt der Ausbildung zu überwiegen, teilweise auch zu einer Nichtbeachtung der Tatsache beizutragen, dass es sich im demokratischen Sinn um gleichberechtigte Gesprächspartner handeln muss. An der Universität drückt sich das auch in der zweiten Phase häufig noch vorhandene ‚Gefälle' zwischen Ausbildenden und Auszubildenden oft darin aus, dass Studierende wie Schüler der Sekundarstufe II angeredet werden: Anstatt sie mit Frau/Herr und Nachnamen anzureden, werden sie gesiezt, aber mit Vornamen angesprochen.

Anders als in anderen Ländern beginnt in Deutschland das Reich der Lehrkraft, manchmal auch ihr Refugium, in das andere nicht immer gern eingelassen werden, an der Schwelle zum Klassenzimmer. Anders als in anderen Ländern gibt es bei uns auch keine Verpflichtung zu Fortbildung oder regelmäßige Unterrichtsbesuche vorgeordneter Instanzen. All dies ist ebenfalls ein strukturelles Problem – denn viele Lehrkräfte öffnen ihren Unterricht, nehmen an Fortbildungen teil, sind kritik- und selbstkritikfähig, suchen nach ständiger Verbesserung in Methodik und Didaktik. Nicht jeder Praktikant trifft jedoch auf solche Lehrkräfte. Ihre Anwesenheit an Schulen und im Unterricht wird häufig als Verunsicherung empfunden (‚Jetzt kommen schon wieder die Studenten mit ihren neuen Theorien und Ideen, die sich ja in der Praxis sowieso nicht durchführen lassen.'). Manchen dient sie auch dazu, die Nutzlosigkeit theoretischer Ausbildung zu bekräftigen (‚Jetzt vergessen Sie mal, was man Ihnen an der Uni so beibringt. In der Praxis funktioniert das sowieso nicht.'). Manche sehen zwar den Nutzen theoretischer Positionen, negieren aber ihren Stellenwert für die Praxis (‚Das ist ja alles gut und schön, und ich würde das alles ja gern umsetzen. Aber in meinen Klassen kann es nicht funktionieren, denn die Klasse ist …, die Schüler sind …, die Eltern …, die Schulleitung ….'). Schulische Realitäten

Umso mehr Anerkennung ist denjenigen Lehrkräften zu zollen, die ihren Unterricht öffnen, die die Studierenden als Gesprächspartner suchen und akzeptieren, die ihren eigenen Unterricht – und damit auch ihre Professionalität als Lehrkraft – zur Diskussion stellen und an einer Weiterentwicklung von Unterrichtsqualität interessiert sind. Dies setzt Personalkompetenz voraus (zu der im Übrigen alle Lehrkräfte die Schülerinnen und Schüler ausbilden sollen). Professionalität

Nicht oder nur in geringem Maße professionell betreute Praktika sind damit in Gefahr, kontraproduktiv zu wirken. Mangelnde oder gar falsche Betreuung und Beratung ermöglichen keine Vor- und Nachbereitung, die Studierende in die Lage versetzte, den Lehrerberuf als persönliche Perspektive zu erkunden, bereits vorhandene Kompetenzen ebenso wie noch abzubauende Kompetenzdefizite zu konstatieren, gegebenenfalls auch den Lehrerberuf als individuelle Fehlwahl zu erkennen und ohne Einbußen an Selbstwertgefühl konstruktiv-aufbauend zu einem anderen Berufsziel zu wechseln.

10.2 Praktika als Teil der berufswissenschaftlichen Ausbildung

Berufsbild Die Ausbildung künftiger Lehrkräfte wird gemeinhin in eine theoretische und eine praktische Ausbildung unterteilt. Übergreifend über die beiden Phasen der Ausbildung werden Praktika gesehen, die bereits zur Zeit der theoretischen Ausbildung praktische Anteile einfließen lassen sollen, als sowohl theoriegestützte als auch die Reflexion über eben diese Theorie anstoßende Elemente. Aus der Verbindung der unterschiedlichen theoretischen Anteile (Erziehungswissenschaft, Psychologie, Fachwissenschaft und Fachdidaktik) mit der Praxis der Unterrichtstätigkeit und der Kompetenz zu deren Reflexion muss sich eine neue Qualität ergeben, die erst das notwendige Berufswissen und die notwendige professionelle Handlungskompetenz einer Lehrkraft ausmacht. Lehrer zu sein erscheint vielen immer noch mehr Berufung denn professionelles Handeln; eine Verständigung auf ein ‚Leitbild Lehrer' hat noch nicht stattgefunden. Auch im Bereich der Berufsausbildung zukünftiger Lehrkräfte steht die Forschung noch am Anfang. Empirische Forschungen liegen bislang kaum vor. (Vor kurzem erschien allerdings eine Studie, die Rückmeldungen von Referendaren und Referendarinnen über ihre in der zweiten Ausbildungsphase gemachten Erfahrungen untersucht. [vgl. Schubarth et al. 2004]) Diese Forschung kann allerdings nur den gegenwärtigen Stand erheben; zur Reflexion und abwägenden Beurteilung ist ein Modell erforderlich, an dem die Ergebnisse im Positiven wie im Negativen gemessen werden.

Ein Kompetenzprofil des Berufs zu erarbeiten, ist nicht zuletzt notwendig, um individuelle Schwächen und Unsicherheiten benennen, sie in der Ausbildung thematisieren und gezielt abbauen zu können, ohne jedoch die ‚Maschine Lehrer' herstellen zu wollen. Wesentliches Kriterium der Berufskompetenz ist dabei die Fähigkeit zur adäquaten, theoriegeleiteten Lerner (Singular!) bezogenen Umsetzung von Fach- und Handlungswissen und die Überprüfung ihrer Resultate (Kompetenzzuwächse beim einzelnen Schüler), um daraus Erkenntnisse in Hinsicht auf Verbesserungsnotwendigkeiten des eigenen beruflichen Handelns zu gewinnen. Die Gesellschaft bezahlt Lehrkräfte dafür, dass sie Schülern und Schülerinnen Wissen und Kompetenzen vermitteln. Geschieht dies nicht, wird dies dem Lerner oder den Umständen angelastet. Lehrkräfte werden bei uns so gut wie nie für schlechten Unterricht zur Rechenschaft gezogen.

Zielsetzung von Praktika Die Zielsetzung von Praktika kann nur die Auseinandersetzung mit den Umsetzungskompetenzen beruflichen Wissens sein. Dies betrifft die Reflexion der eigenen Kompetenzen (sofern eigene Unterrichtstätigkeit während des Praktikums vorgesehen ist) als auch die der Lehrkräfte, bei denen hospitiert wird. Geht man davon aus, dass bislang noch kein für alle Situationen und Lernergruppen gültiger ‚Königsweg' für die Vermittlung von Wissen und Kompetenzen gefunden ist – und wahrscheinlich auch nicht existiert –, so zu vermuten, dass „(...) Berufslernen in der Ausbildung wahrscheinlich um so effektiver für den Übergang in die eigene Berufstätigkeit (ist), je deutlicher der Experimentalcharakter des Lehrerhandelns als konstitutiv für die Berufstätigkeit *auf Dauer* verstanden wird." (Herrmann/Horstendahl 2002, 167).

Damit kommen berufsadäquate Verhaltens- und Vermittlungsweisen als *Möglichkeiten* ins Blickfeld, über deren Einsatz in Abhängigkeit von den unterschiedlichen, je gegebenen Variablen zu entscheiden ist. Die Notwendigkeit, diese professionellen Handlungskompetenzen zu kennen, sie theoretisch und praktisch einordnen und begründen zu können, sie zu erproben und anwenden zu lernen, wird damit zu einem Bestandteil auch und gerade von Praktika. Mit anderen Worten: es geht um professionelles Verhalten und Verhaltenstraining.

Zu den Aufgaben jeder Lehrkraft gehört es, Schülerinnen und Schülern Sozialkompetenz zu vermitteln, diese zu trainieren und zu stärken. Dass Lehrkräfte über Sozialkompetenz verfügen, scheint vorausgesetzt. Nun ist Unterrichten als soziale Verhaltensweise, als professionelle Kompetenz, bestenfalls teilidentisch mit genereller Sozialkompetenz. Sie muss zielgerichtet für konkretes Unterrichtsgeschehen reflektiert, angepasst, ausprobiert und trainiert werden. Firmen, die auf Erfolg bedacht sind, schulen ihre Mitarbeiter und Mitarbeiterinnen im Umgang mit ihrer Klientel, insbesondere, was die Überzeugungsarbeit zum Kauf ihrer Produkte betrifft. Nun sind Schülerinnen und Schüler keine Kunden (oder doch?). Bis zu einem bestimmten Alter sind sie verpflichtet, die Schule zu besuchen, können ihr also nicht entkommen; sie müssen die Leistungen erbringen, um in die nächst höhere Klasse zu kommen, dürfen/müssen das Lernjahr wiederholen, wenn sie diese nicht erbringen. (Nach dem Anteil der Lehrkräfte an ihrem (Nicht-)Erbringen der Leistungen fragen sich höchstens Schüler und Eltern.) Der Vergleich mit einer Firma öffnet gedanklich eine andere, vielleicht fruchtbare Perspektive auf die Verantwortlichkeiten zum Erbringen und Beurteilen von Leistung in der Institution Schule. So sind Mitarbeiter, die im direkten Kundenkontakt stehen, zum Beispiel oft gehalten, sich einige Sekunden zu sammeln und sich auf die neue Situation, die neue Kundschaft einzustellen, aktuell vorhandene Stimmungen, gerade gemachte Erfahrungen, Reaktionen auf vorangegangene Situationen nicht in den neuen Kontakt einzubringen, sondern sich ganz auf diesen zu konzentrieren. Einige Lehrkräfte folgen intuitiv diesem Prinzip, sich kurze Zeit zu sammeln und auf die nächste Unterrichtsstunde, die dort anwesenden Lerner, die Gruppendynamik, auf das in der vorangegangenen Unterrichtsstunde Behandelte, die entstandenen Verständnis- und Verständigungsprobleme zu besinnen, um dort ansetzen zu können. Mindestens ebenso viele beginnen aber die Unterrichtsstunde mit der Frage: „Wo waren wir stehen geblieben?" oder verhalten sich dementsprechend. Wie viele notieren sich im Anschluss an die abgelaufene Unterrichtsstunde die Ergebnisse und entstandenen Problemkreise als Bestandteil ihrer Vorbereitung auf die nächste Stunde? In den meisten Fällen wird hier dem eigenen Gedächtnis und der eigenen spontan-unreflektierten Interpretation des Stundenablaufs vertraut – angesichts der Zeitspanne und der anderen Unterrichtsstunden, die bis zur nächsten Unterrichtsstunde vergehen, ein recht mutiges Verfahren.

Schulisches Sozialverhalten ist gekennzeichnet durch eine Reduktion der Komplexität sozialer Verhaltensweisen (vgl. Grell 2001, 25). Es existiert eine wohl bekannte Rollenverteilung zwischen Lehrkräften und Schülern. Während die Schülerrolle – gekennzeichnet durch das Erbringen der geforderten Leistungen und ein angemessenes Verhalten – zwar nicht verbal klar

Verhalten professionalisieren

Rollenerwartungen

definiert ist, so ist sie doch so festgeschrieben, dass bei Verstößen Sanktionierungen erfolgen. Die Lehrerrolle ist in den Anforderungen ihrer Sozialkompetenzen – einschließlich der Fähigkeit zu erfolgreicher Vermittlung des Lernstoffs an unterschiedliche Lerntypen – kaum reflektiert, geschweige denn als berufliche Profil-Anforderung formuliert.

Ist es Zielsetzung von Praktika, die Vermittlungsperspektive kennen und reflektieren zu lernen und sich in ihr zu erproben, so gehört die Auseinandersetzung mit den Voraussetzungen guter sozialer Verhaltenskompetenzen unabdingbar dazu. Die Annahme, ausschlaggebend sei die ‚Gesamtpersönlichkeit' der Lehrkraft, ist zwar richtig; sie wird jedoch kontraproduktiv, wenn die entsprechenden einschlägigen Persönlichkeitsvariablen als unveränderlich, als gegeben oder nicht gegeben angenommen werden (‚die geborene Lehrkraft'). Denn sie verhindert einerseits die Weiterentwicklung bereits vorhandener guter Ausgangspositionen bei für den Lehrberuf ‚Begabten', andererseits gibt sie ‚Unbegabten' keine Chance zur Verbesserung ihrer Verhaltensweisen – was nicht heißt, dass diese nicht dennoch Lehrer werden können. „Theorien wie die vom geborenen Erzieher dokumentieren eine Kapitulation vor den Komplexitäten der Lehrer-Schüler-Interaktion; sie bieten keine Erklärung, sondern befriedigen nur den Wunsch nach Einfachheit und Eindeutigkeit, indem sie Leerformeln als Lösungen präsentieren." (Grell 2001, 27).

Verhaltensmuster
Lehrerrolle

Nimmt man all die bereits aufgeführten Faktoren zusammen, so kristallisiert sich zum einen heraus, dass die Lehrerrolle – als integraler Bestandteil alltags-kultureller Verhaltensweisen und Erwartungen – bislang in hohem Maße unreflektiert und somit auch nur in geringem Maße auf breiter Basis veränderbar ist, es sich also um ein „außerordentlich resistentes kulturelles Verhaltensmuster" (Grell 2001, 31) handelt. Zum anderen zeigt sich, dass (vor allem von Seiten der Universität unbetreute) Praktika häufig insofern kontraproduktiv sind, als sie Verhaltensweisen und Rollenerwartungen tradieren, die auf theoretischer Ebene bereits ihre Überzeugungskraft verloren haben: „Das offizielle Curriculum propagiert neue Formen des Lehrens, während das versteckte Curriculum die Studenten mit den traditionellen Unterrichtsweisen indoktriniert." (Grell 2001, 31). Denn „das Lernen in der Praxis führt nicht über den Rahmen des in der Praxis Üblichen hinaus" (Grell 2001, 33). Dies gilt insbesondere, wenn man die Theorie-Abneigung, wenn nicht Theorie-Feindlichkeit, in Rechnung stellt, die bei nicht wenigen Lehrkräften vorhanden ist. Hier zeigt sich das von Grell angesprochene Beharrungsvermögen tradierter Verhaltens- und Wahrnehmungsweisen. Diese nicht immer explizit formulierte Position, die die Relevanz auch und gerade der eigenen theoriegeleiteten didaktischen und fachdidaktischen Ausbildung negiert, verschließt oft bereits im Vorfeld die Möglichkeit zu angemessener Diskussion als Hilfestellung im Prozess der Reflexion des Berufsfeldes. Von daher sind Studierende gerade vor und während der ersten Praktika gut beraten, sich dies als Bestandteil der schulischen Realität bewusst zu machen, um Kriterien zur eigenen Evaluation der Gespräche und Beratung durch Lehrkräfte zu entwickeln.

Bei der Vorbereitung auf Praktika kommt ein weiterer Aspekt ins Spiel, der nur allzu häufig ebenfalls nicht berücksichtigt wird. Bei der Beschreibung der Zielsetzung finden sich in erstaunlich hoher Anzahl Formulierungen wie (um nur zwei willkürlich herauszugreifen): „[Es] werden erste Einsichten in die Lehrerrolle, die Lehrertätigkeit und Einblicke in das Schulleben vermittelt." (Praktikumsordnung für vermittlungsorientierte Praxisstudien der Zwei-Fächer-Studiengänge „Bachelor of Arts" bzw. „Bachelor of Science" und „Master of Education" der Ruhr-Universität Bochum vom 15. 6. 2005, § 5, Abs. 1) oder: „*Initiierung* und Reflexion von Schul- und Unterrichtserfahrungen" (Herrmann/Horstendahl 2002, 159, Hervorhebung HS) – als ob Lehramtsstudierende nicht mindestens 13 Jahre Erfahrungen, Eindrücke und Einblicke in die genannten Bereiche gesammelt hätten. Ihre Entscheidung, selber Lehrer bzw. Lehrerin zu werden, ist in der Regel in diesem Erfahrungsprozess gewachsen; sei es, dass sie ihren Lehrkräften nacheifern möchten, sei es, dass sie es besser als diese machen möchten. Absolvierende von Schulpraktika sind keine Tabula rasa. Sie bringen ihre sehr persönlichen, subjektiven Lehrer-, Schüler- und Schulbilder mit. Diese gilt es im Vorfeld zu reflektieren, mit dem Bild von sich selbst, mit den je vorhandenen perspektivischen Vorstellungen von sich selbst als Lehrkraft (Ängste ebenso wie überzogenes Selbstvertrauen) zu thematisieren und zu vergleichen. Gerade, wenn es um die Überprüfung der Berufswahl (so eine weitere Zielsetzung der Praktika) gehen soll, kann und darf diese sehr persönliche Auseinandersetzung nicht fehlen. Denn Erfahrungen werden gemacht, d. h. sie werden hergestellt und interpretiert auf der Basis vorhandener subjektiver Gegebenheiten. Wird die Möglichkeit zur Reflexion dieses Bereichs im Vorfeld von Praktika institutionell nicht angeboten, so sollte die Bewusstmachung und Reflexion der eigenen Positionen, Erwartungen und Hoffnungen, aber auch Ängste, eigenverantwortlich im jeweiligen ‚Gedankenstübchen' angegangen werden. Auf dieser Basis kann dann eine wesentlich solidere und objektivere Auseinandersetzung mit der während des Praktikums erfahrenen Schulrealität stattfinden, die sich selbst bewusst und gezielt in die Reflexion einbezieht und damit auf späteres professionelles Lehrerhandeln hinarbeitet.

10.3 Praktika als unterrichtsfachliche Vorbereitung

In den Fachpraktika sind Beobachtung von Unterrichtsstunden einer erfahrenen Lehrkraft, aber auch von anderen Studierenden, die das Praktikum absolvieren, und eigenes Unterrichten in der Regel integrale Bestandteile, auch wenn sie im Einzelnen unterschiedlich gewichtet sein mögen. Auch hier greifen allgemein didaktisch-pädagogische und fachlich methodisch-didaktische Aspekte ineinander. Damit gelten zwar die gleichen Kriterien für Unterrichtsbeobachtung wie in anderen, allgemeiner ausgerichteten Praktika. Sie sind aber wesentlich spezifizierter und erfordern zusätzlich fachwissenschaftliche und fachdidaktische Kenntnisse, um das beobachtete Verhalten von Lehrkraft und Schülern, ihre Interaktionen, beabsichtigte bzw. angenommene Lernziele und gegebenes (oder nicht gegebenes) Lern- und Erwerbsverhalten der Schüler erkennen und einordnen zu lernen. Die Unterrichtsbeobachtung sollte sich jedoch nicht nur auf methodisch-didaktische Aspekte richten, sondern auch und gerade allgemeine Aspekte wie Gestik, Mimik, Körpersprache allgemein – und zwar bei Lehrkräften und Schülern – als Aktion und Reaktion im unterrichtlichen Geschehen einbeziehen. Gerade in letzter Zeit, in der die Lehrerausbildung durch PISA und

Fachpraktikum

den so genannten Bologna-Prozess verstärkt ins öffentliche Interesse gerückt ist und eine größere und adäquatere Praxisorientierung auch bereits während der ersten Phase der Ausbildung angestrebt wird, ist auch ein erhöhte Anzahl von Veröffentlichungen in Buchform oder auch im Internet zu verzeichnen, die zum Teil sehr konkrete Hilfestellung zu den unterschiedlichen Aspekten dieses Bereichs professionsorientierter Wissens- und Kompetenzherstellung anbieten. Das geht von vorgefertigten Beobachtungsbögen, an denen sich der Praktikant orientieren kann, bis hin zu Vorschlägen bzw. Vorgaben zur äußeren Form von Praktikumsberichten auf den Homepages der entsprechenden Institutionen der ausbildenden Universitäten. Gibt man bei www.google.de den Suchbegriff „Praktikum im Lehramtsstudium" ein, werden nicht weniger als knapp 11 000 Einträge ausgewiesen (Mai 2005). Eine breit angelegte Orientierungshilfe in Buchform ist das Bändchen *Schulpraktikum* (Kretschmer/Stary 1998). Dort finden sich wichtige und interessante Anregungen zu den unterschiedlichsten Aspekten, die in die Absolvierung von schulischen Praktika hineinspielen.

Vermittlungsmethodik

Die sprachlichen und inhaltlichen Kompetenzen, die Schülerinnen und Schülern in den sprachlichen Unterrichtsfächern vermittelt werden, sollten bis auf wenige Ausnahmen in aktuellen landeskundlichen Bereichen zum Wissens- und Kompetenzbestand der Studierenden im unterrichtsfachlich orientierten Praktikum gehören – haben sie sie doch selbst als ehemalige Schüler gelernt und erworben. In ihrer weiteren sprachpraktischen, fachwissenschaftlichen und fachdidaktischen sowie allgemeinen pädagogischen und didaktisch-methodischen Ausbildung haben sie zusätzliche Wissens- und Kompetenzbestände erworben. Während des Praktikums geht es darum, diese aspektuelle Vielfalt mit einander zu verweben und sie einerseits erkenntnisleitend in die Beobachtung des Unterrichts anderer einzubringen, andererseits sie für eigene Unterrichtsversuche fruchtbar in Anstöße zum Erwerb inhaltlichen Wissens und sprachlichen Könnens bei den Schülerinnen und Schülern umzuwandeln.

Diagnosefähigkeiten

Die allgemein berufswissenschaftlich orientierten Beobachtungen, ihre Reflexion und Auswertung müssen durch unterrichtsfachbezogene ergänzt und konkretisiert werden. Dies geht über Kenntnisse in den unterschiedlichen fachwissenschaftlichen Teildisziplinen und der möglichen Methoden ihrer Vermittlung hinaus. Gerade im Bereich des Spracherwerbs sind sprach- und fachspezifische Diagnosefähigkeiten notwendig, um Erwerbs- und Verständnisschwierigkeiten bei Schülern zu erkennen und mit der entsprechenden Lehrkraft das Gespräch darüber suchen zu können. Neben der analysierenden Beobachtung der Vermittlungsmethodik sollte auch die Art der Fehlerbehandlung und die evaluierende Rückmeldung an die Lerner aufmerksam verfolgt werden. Es gilt beispielsweise auch, Aussprachefehler und -schwächen bei Schülern hören zu können und Vermutungen über ihre Ursachen in Hinsicht auf potentielle Hilfestellungen formulieren zu lernen. Gerade im Bereich der Aussprache ist eine Erklärung wie „x ist eben nicht sprachbegabt" eher Ausdruck mangelnden Bemühens von Seiten der Lehrkraft – u. U. aufgrund mangelnder technisch-artikulatorischer Kenntnisse im Bereich Phonetik/Phonologie – als Wiedergabe eines Tatbestands.

Diskussionen über den eigenen Unterricht von Praktikanten finden im Allgemeinen zwischen diesen, den schulischen Mentoren und den universitären Betreuern statt. Eine wichtige Gruppe bleibt in der Regel ausgespart: die Schülerinnen und Schüler. Ihre Reaktionen und Beurteilungen der betreffenden Unterrichtsstunde können jedoch helfen, andere Perspektiven ins Spiel zu bringen und zusätzliche Informationen über die gehaltene Stunde zu bekommen. Von daher empfiehlt es sich, das Gespräch mit Schülern – jeder Altersstufe – zu suchen bzw. in anderer Form von ihnen Rückmeldung zu erbitten (z. B. durch kurze Fragebögen etc.).

In den Veröffentlichungen der letzten Zeit tritt mehr und mehr die Einsicht in den Vordergrund, dass Praktika während der Studienzeit keine erste, kleine Vorwegnahme der praktischen Ausbildung, die später im Referendariat folgt, sein dürfen. Ihr Stellenwert als theoriegeleitete Annäherung an subjektive berufswissenschaftliche Kompetenzen und deren Reflexion kristallisiert sich immer mehr heraus. Je intensiver dieser Prozess der – subjektiv zu führenden – Auseinandersetzung ist, desto deutlicher kristallisieren sich auch noch vorhandene Defizite und Lücken in diesem Bereich heraus. Damit werden die jeweils persönlich gegebenen Notwendigkeiten des Erwerbs weiteren Wissens und weiterer Kompetenzen für das Studium offen gelegt; es eröffnet sich die Chance, zielgerichtet auf die zukünftig nötige Berufskompetenz hinzuarbeiten, und zwar nicht nur in der Einsicht in die Notwendigkeiten theoretischer Fundierung und Reflexion praktischer Tätigkeit, sondern auch in der Formulierung einer ebenso fundierten Schwerpunktsetzung in der fachwissenschaftlichen Ausbildung als Grundlage methodisch-didaktischer Vermittlungstätigkeit landeskundlich-interkultureller Kenntnisse und sprachpraktischer Fähigkeiten und Fertigkeiten. Mit anderen Worten: Es geht um Eigenverantwortlichkeit und Autonomie während der eigenen Ausbildung in antizipierender Verantwortung für eine gute Ausbildung nicht zuletzt des späteren Zielpublikums: Schülerinnen und Schüler.

Bibliographie

Einleitung

DEUTSCHES PISA-KONSORTIUM (Hrsg.) (2002): PISA 2000 – Die Länder der Bundesrepublik Deutschland im Vergleich, Opladen: Leske und Budrich.
EUROPÄISCHE UNION: http://europa.eu.int.
EURYDICE: www.eurydice.org.
GRELL, JOCHEN (2001): Techniken des Lehrerverhaltens, Weinheim/Basel: Beltz.
HERRMANN, ULRICH (Hrsg.) (2002): Wie lernen Lehrer ihren Beruf? Empirische und praktische Vorschläge, Weinheim/Basel: Beltz.
MILLER, REINHOLD (1999): Lehrer lernen. Ein pädagogisches Arbeitsbuch, Weinheim/Basel: Beltz (Beltz Taschenbuch 24).
STANAT ET AL. (2002): PISA 2000: Die Studie im Überblick. Grundlagen, Methoden und Ergebnisse: http://www.mpib-berlin.mpg.de/pisa/PISA_im_Ueberblick.pdf

Kap. 1

10 LAT – 10 JAHRE. SPOTKANIE HEIßT BEGEGNUNG. WIR LERNEN FÜR EUROPA: http://www.raa-brandenburg.de
CORDER, PIT (1971): „Idiosyncratic dialects and error analysis", in: IRAL, IX/2, 147–160.
DOYÉ, PETER (2005): „Learning und Teaching Intercomprehension", in: PRAXIS Fremdsprachenunterricht, 1, 3–7.
GRUND- UND AUFBAUWORTSCHATZ FRANZÖSISCH (²1993), Stuttgart: Klett.
HUFEISEN, BRITTA (2003): „Kurze Einführung in die linguistische Basis", in: Hufeisen, Britta/Neuner, Gerhard (Hrsg.), 7–11: http://www.ecml.at/documents/pub112G2003.pdf
HUFEISEN, BRITTA/LINDEMANN, BEATE (Hrsg.) (1998): Tertiärsprachenforschung. Theorien, Modelle, Methoden, Tübingen: Stauffenburg.
HUFEISEN, BRITTA/NEUNER, GERHARD (Hrsg.) (2003): Mehrsprachigkeitskonzept – Tertiärsprachen – Deutsch nach Englisch, Strasbourg: Council of Europe Publishing: http://www.ecml.at/documents/pub112G2003.pdf
KRUMM, HANS-JÜRGEN (2003): „Sprachenpolitik und Mehrsprachigkeit", in: Hufeisen, Britta/Neuner, Gerhard (Hrsg.), 35–49: www.ecml.at/documents/pub112G2003.pdf.

MEIßNER, FRANZ-JOSEPH/REINFRIED, MARCUS (Hrsg.) (1998): Mehrsprachigkeitsdidaktik. Konzepte, Analysen, Lehrerfahrungen mit romanischen Fremdsprachen, Tübingen: Narr.
NEUNER, GERHARD (2003): „Mehrsprachigkeitskonzept und Tertiärsprachendidaktik", in: Hufeisen, Britta/Neuner, Gerhard (Hrsg.), 13–34: www.ecml.at/documents/pub112G2003.pdf.
PELZ, MANFRED (1989): „Lerne die Sprache des Nachbarn" – Grenzüberschreitende Spracharbeit zwischen Deutschland und Frankreich, Frankfurt/M.: Diesterweg.
SARTER, HEIDEMARIE (1997): Fremdsprachenarbeit in der Grundschule. Neue Wege, neue Ziele, Darmstadt: Wissenschaftliche Buchgesellschaft.
SPRACHENKONZEPT SCHWEIZ (1998): Welche Sprachen sollen die Schülerinnen und Schüler der Schweiz während der obligatorischen Schulzeit lernen? Bericht einer von der Kommission für Allgemeine Bildung eingesetzten Expertengruppe „Gesamtsprachenkonzept": www.romsem.unibas.ch/sprachenkonzept/Konzept.html (mit insgesamt 14 Anhängen: www.romsem.unibas.ch/sprachenkonzept/Annexe_1.html bis www.romsem.unibas.ch/sprachenkonzept/Annexe_14.html).
TSCHIRNER, ERWIN (2001): „Kompetenz, Wissen, mentale Prozesse: Zur Rolle der Grammatik im Fremdsprachenunterricht", in: Funk, H./König, M. (Hrsg.): Kommunikative Grammatik in Deutsch als Fremdsprache – Bestandsaufnahme und Ausblick. Festschrift für Gerhard Neuner, München: Iudicium, 106–125; www.uni-leipzig.de/herder/mitarbeiter/tshirner/lehre/lingu/skripte.htm.
WANDRUSZKA, MARIO (1979): Die Mehrsprachigkeit des Menschen, München: dtv.

Kap. 2

BLK-VERBUNDPROJEKT: Sprachen lehren und lernen als Kontinuum: Schulpraktische Strategien zur Überbrückung von Schnittstellen im Bildungssystem (1. 11. 2003–31. 10. 2006): www.blk-bonn.de/modellversuche/programm_sprachenlehren.htm.
GRUNDLAGEN UND MATERIALIEN ZU DEN STANDARDS FÜR DIE LEHRERBILDUNG: www.kmk.org/Lehrerbildung-Bericht_der_Ag.pdf.

KONSTANZER BESCHLUSS: www.kmk.org/schul/pisa/konstanz.htm.
TRIM, JOHN/NORTH, BRIAN/COSTE, DANIEL (2001): Gemeinsamer Europäischer Referenzrahmen für Sprachen: Lernen, lehren, beurteilen, München: Langenscheidt; http://goethe.de/z/50/commeuro/deindex.htm.
VEREINBARUNG ZU DEN STANDARDS FÜR DIE LEHRERBILDUNG: Bildungswissenschaften (Beschluss der Kultusministerkonferenz vom 16. 12. 2004): www.kmk.org/doc/beschl/standards_lehrerbildung.pdf.
http://db.kmk.org/lehrplan.
http://db.kmk.org/cgi-bin/dorint.exe.
www.bildungsserver.de.
Bildungsserver der Länder:
BADEN-WÜRTTEMBERG: http://www.schule-bw.de.
BAYERN: http://www.schule.bayern.de.
BERLIN: http://bebis.cidsnet.de.
BRANDENBURG: http://www.bildung-brandenburg.de.
BREMEN: http://www.schule.bremen.de.
HAMBURG: http://hamburger-bildungsserver.de.
HESSEN: http://www.bildung.hessen.de/index_topsite.
MECKLENBURG-VORPOMMERN: http://bildung.mv.de.
NIEDERSACHSEN: http://www.nibis.de.
NORDRHEIN-WESTFALEN: http://learn-line.de.
RHEINLAND-PFALZ: http://bildung-rp.de.
SAARLAND: http://www.bildungsserver.saarland.de.
SACHSEN: http://www.sn.schule.de.
SACHSEN-ANHALT: http://www.bildung-lsa.de.
SCHLESWIG-HOLSTEIN: http://www.lernnetz-sh.de.
THÜRINGEN: http://www.thueringen.de/de/index.html.

Kap. 3

BEN ZEEV, SANDRA (1977a): „The influence of bilingualism on cognitive strategy and cognitive development", in: Child Development, 48, 1009–1018.
BEN ZEEV, SANDRA (1977b): „Mechanisms by which childhood bilingualism affects understanding of language and cognitive structures", in: Hornby, Peter A. (Hrsg.): Bilingualism. Psychological, social and educational implications, New York: Academic Press, 29–55.
BENSE, ELISABETH (1981): „Der Einfluss von Zweisprachigkeit auf die Entwicklung der metasprachlichen Fähigkeiten von Kindern", in: OBST, 20, 114–138.
„LEGASTHENIE – HÄUFIGE FRAGEN": www.kjp.uni-marburg.de/kjp/legast/leg/ueberblick.htm.
MONTANA, LEO (1998): „Die geistige Entwicklung aus der Sicht Jean Piagets", in: Oerter/Montana (Hrsg.), 518–560.

OERTER, ROLF/DREHER, MICHAEL (1998): „Die Entwicklung des Problemlösens", in: Oerter/Montana (Hrsg.), 561–621.
OERTER, ROLF/MONTANA, LEO (Hrsg.) (^{4}1998): Entwicklungspsychologie. Ein Lehrbuch, Weinheim: Beltz.
SARTER, HEIDEMARIE (1997): Fremdsprachenarbeit in der Grundschule. Neue Wege, neue Ziele, Darmstadt: Wissenschaftliche Buchgesellschaft.
SCHNEIDER, WOLFGANG/BÜTTNER, GERHARD (1998): „Die Entwicklung des Gedächtnisses", in: Oerter/Montana (Hrsg.), 654–704.
SELLIN, KARIN (2004): Wenn Kinder mit Legasthenie Fremdsprachen lernen, München/Basel: Reinhardt.
SODIAN, BEATE (1998): „Entwicklung bereichsspezifischen Wissens", in: Oerter/Montana (Hrsg.), 622–653.
SÖLL, LUDWIG (^{2}1980): Gesprochenes und geschriebenes Französisch, Berlin: Schmidt.
SZAGUN, GISELA (^{6}2000): Sprachentwicklung beim Kind, Weinheim/Basel: Beltz.

Kap. 4

BACHMAIR, SABINE/FABER, JAN/HENNIG, CLAUDIUS/KOLB, RÜDIGER/WILLIG, WOLFGANG (1989): Beraten will gelernt sein. Ein praktisches Lehrbuch für Anfänger und Fortgeschrittene, Weinheim/Basel: Beltz.
BAUER, ROLAND (1997): Schülergerechtes Arbeiten in der Sekundarstufe I: Lernen an Stationen, Berlin: Cornelsen Scriptor.
BAUSCH, KARL-RICHARD/CHRIST, HERBERT/HÜLLEN, WERNER/KRUMM, HANS-JÜRGEN (Hrsg.) (^{4}2003): Handbuch Fremdsprachenunterricht, Tübingen: Francke.
BIBLIOGRAPHIE „BILINGUALES LEHREN UND LERNEN": www.ruhr-uni-bochum.de/slf/bili/Bili062003.pdf.
BLOOMFIELD, LEONARD (1935): Language, London: Allen & Unwin.
BÖRNER, WOLFGANG/VOGEL, KLAUS (Hrsg.) (^{2}1997): Kognitive Linguistik und Fremdsprachenerwerb. Das mentale Lexikon, Tübingen: Narr.
BOVET, GISLINDE/HUWENDIECK, VOLKER (Hrsg.) (^{3}2000): Leitfaden Schulpraxis. Pädagogik und Psychologie für den Lehrberuf, Berlin: Cornelsen.
CHOMSKY, NOAM (1959): „Review of B. F. Skinner, ,Verbal Behavior'", in: Language, 35.
CHOMSKY, NOAM (1965): Aspects of the Theory of Syntax, Cambridge, Mass: M.I.T. Press (dt: Aspekte der Syntax-Theorie, Frankfurt/M.: Suhrkamp, 1968).
HABERMAS, JÜRGEN (1981): Theorie des kommunikativen Handelns, Frankfurt/M.: Suhrkamp.

Hegele, Irmintraut (1999): Lernziel: Stationenarbeit, Weinheim/Basel: Beltz.

Kleppin, Karin (1998): Fehler und Fehlerkorrektur, Berlin/München/Wien/Zürich/New York: Langenscheidt.

Kleppin, Karin/Königs, Frank G. (^{2}1997): Der Korrektur auf der Spur – Untersuchungen zum mündlichen Korrekturverhalten von Fremdsprachenlehrern, Bochum: Universitätsverlag Brockmeyer (Manuskripte zur Sprachlehrforschung 34).

Kochan, Barbara (1998): „Schreiben und Publizieren mit dem Computer als Mittel des Wissenserwerbs in allen Lernbereichen – Ein didaktisches Konzept", in: Mitzlaff, Hartmut/Speck-Hamdan, Angelika (Hrsg.): Grundschule und neue Medien, Frankfurt/M.: Arbeitskreis Grundschule – Der Grundschulverband e.V., 35–54.

Neuner, Gerhard (2003): „Methodik und Methoden", in: Bausch et al. (Hrsg.), 225–234.

Rebuffon, Jacques (1993): L'immersion au Canada, Anjou: Centre éducatif et culturel inc.

Schröder, Konrad (Hrsg.) (1984): Wilhelm Viëtor: „Der Sprachunterricht muss umkehren". Ein Pamphlet aus dem 19. Jahrhundert neu gelesen, München: Hueber.

Skinner, Burrhus F. (1957): Verbal Behavior, Englewood Cliffs, N.Y.: Prentice Hall.

Tönshoff, Wolfgang (1992): Kognitivierende Verfahren im Fremdsprachenunterricht. Formen und Funktionen, Hamburg: Kovač.

Topsch, Wilhem (2004): Einführung in die Grundschulpädagogik, Berlin: Cornelsen Scriptor.

Viëtor, Wilhelm (Quousque Tandem) (1882): „Der Sprachunterricht muss umkehren". Nachdruck in: Hüllen, Werner (Hrsg.) (1979): Didaktik des Englischunterrichts, Darmstadt, 9–31.

Walter, Gertrud (2003): „Frontalunterricht", in: Bausch et al. (Hrsg.), 251–254.

www.goethe.de/z/50/uebungen.

www.hotpotatoes.de.

www.puzzlemaker.de.

Europäisches Sprachenportfolio (ESP)

Appendix 2. Self-assessment checklists from the Swiss version of the European Language Portfolio: http://culture2.coe.int/portfolio/documents/appendix2.pdf.

Council of Europe/Conseil de l'Europe, Language Policy Division Strasbourg (2004): European Language Portfolio (ELP). Principles and guidelines with added explanatory notes (version 1.0): http://culture2.coe.int/portfolio/inc.asp?L=E&M=$t/208-1-0-1/main_pages/welcome.html.

Kohonen, Viljo/Westhoff, Gerard (o.J.): Enhancing the pedagogical aspects of the European Language Portfolio (ELP): http://culture2.coe.int/portfolio//documents/studies_kohonen_westhoff.doc.

Little, David/Perclová, Radka (o.J.): The European Language Portfolio: a guide for teachers and teacher trainers: http://culture2.coe.int/portfolio/documents/ELPguide_teacherstrainers.pfd.

Resolution on the European Language Portfolio: http://culture2.coe.int/portfolio//documents/ResolutionELP.doc.

The Common European Framework in its political and educational context (o.J.): http://culture2.coe.int/portfolio//documents/0521803136txt.pdf.

Kap. 5

Artelt, Cordula/Demmrich, Anke/Baumert, Jürgen (2001): „Selbstreguliertes Lernen", in: Deutsches PISA-Konsortium (Hrsg.): PISA 2000. Basiskompetenzen von Schülerinnen und Schülern im internationalen Vergleich, Opladen: Leske + Buderich, 271–298.

Baumert, Jürgen/Klieme, Eckhard/Neubrand, Michael/Prenzel, Manfred/Schiefele, Ulrich/Schneider, Wolfgang/Tillmann, Klaus-Jürgen/Weiß, Manfred (1999): „Fähigkeit zum selbstregulierten Lernen als fächerübergreifende Kompetenz": www.mpig-berlin.mpg.de/pisa/CCCdt.pdf.

Boekaerts, Monique (1997): „Self-regulated learning: A new concept embraced by researchers, policy makers, educators, teachers, and students", in: Learning and Instruction, 7/2, 161–186.

Boekaerts, M. (1999): „Self-regulated learning: Where we are today", in: International Journal of Educational Research, 31, 445–475.

Caspari, Daniela (2000): „Das berufliche Selbstverständnis von Fremdsprachenlehrer/innen aus konstruktivistischer Sicht", in: Wendt, Michael (Hrsg.), 185–202.

Dulay, Heidi/Burt, Marina (1978): „Some remarks on creativity in language acquisition", in: Ritchie, William C. (Hrsg.): Second language acquisition. Issues and implications, New York/San Francisco: Academic Press, 65–89.

Edelhoff, Christoph/Weskamp, Ralf (1999): „Vorwort", in: Edelhoff, Christoph/Weskamp, Ralf (Hrsg.): Autonomes Fremdsprachenlernen, München: Hueber, 6.

Englisch. Rahmenplan für die Primarstufe (2004): www.schule.bremen.de/curricula/LPsPrimar/EnglischP.pdf.

GARDNER, HOWARD (1991): Abschied vom I.Q. Die Rahmen-Theorie der vielfachen Intelligenzen. Stuttgart: Klett Cotta.
GARDNER, ROBERT C./LAMBERT, W. E. (1959): „Motivational variables in second language learning", in: Canadian Journal of Psychology, 13, 266–272.
GOLEMAN, DANIEL (1997): Emotionale Intelligenz, München: dtv.
GROEBEN, NORBERT/SCHEELE, BRIGITTE (2000): „Dialog – Konsens – Methodik im Forschungsprogramm Subjektive Theorien", in: Forum Qualitative Sozialforschung/Forum: Qualitative Social Research: www.qualitative-research.net/fqs-texte/2-00/2-00groebenscheele-d.htm
HONEY, PETER/MUMFORD, ALAN (^{3}1992): The Manual of Learning Styles, Maidenhead: Berkshire.
JONASSEN, DAVID H./GRABOWSKI, B. L. (1993): Handbook of Individual Differences, Learning, and Instruction, Hillsdale NJ: Lawrence Erlbaum.
KALLENBACH, CHRISTIANE (1996): Subjektive Theorien. Was Schüler und Schülerinnen über Fremdsprachenunterricht denken. Tübingen: Narr.
KLEPPIN, KARIN (2004): „Bei dem Lehrer kann man ja nichts lernen. Zur Unterstützung von Motivation von Sprachlernberatung", in: Zeitschrift für Interkulturellen Fremdsprachenunterricht, 9/2; www.zif.spz.tn-darmstadt.de/jg-09-2/beitrag/kleppin2.htm
KOLB, DAVID A. (1981): „Learning Styles and Disciplinary Differences", in: Chickering, A. W. et al. (Hrsg.): The Modern American College. Responding to the New Realities of Diverse Students and a Changing Society, San Francisco/Washington/London: Jossey-Baß Publishers, 232–305.
KOLB, DAVID A. (1984): Experimental Learning, Englewood Cliffs, NJ: Prentice-Hall.
KRASHEN, STEPHEN D. (1978a): „Individual variation in the use of the monitor model", in: Ritchie, William C. (Hrsg.): Second language acquisition. Issues and implications, New York/San Francisco: Academic Press, 175–183.
KRASHEN, STEPHEN D. (1978b): „The monitor model for second-language acquisition", in: Gingras, Rosario (Hrsg.): Second-Language Acquisition and Foreign Language Teaching, Arlington, Va: Center for Applied Linguistics, 1–26.
LEXIKON DER PSYCHOLOGIE AUF CD-ROM (2002), Heidelberg: Spektrum-Akademischer Verlag; s. v. „Subjektive Theorien".
MLAT (MODERN LANGUAGE APTITUDE TEST): www.2lti.com/htm/mlat.htm.
(P)LAB (PIMSLEUR) LANGUAGE APTITUDE BATTERY): www.2lti.com/htm/plab.htm.
RUBIN, JOAN (1975): „What the ‚Good Language Learner' can teach us", in: TESOL QUARTERLY, 9/1, 41–51.

SCHEELE, BRIGITTE/GROEBEN, NORBERT (1998): „Das Forschungsprogramm subjektive Theorien. Theoretische und methodische Grundzüge in ihrer Relevanz für den Fremdsprachenunterricht", in: Fremdsprachen Lehren und Lernen, 27, 12–32.
STANGL, WERNER (2004a): „Lernstile – Theoretische Modelle", http://arbeitsblaetter.stangl-taller.at/LERNEN/LernstileTheorien.shtml.
STANGL, WERNER (2004b): „Soziale Kompetenz – Begriffsbestimmung", http://arbeitsblaetter.stangl-taller.at/KOMMUNIKATION/SozialeKompetenz.shtml.
STERNBERG, ROBERT J. (1998): Erfolgsintelligenz. Warum wir mehr brauchen als EQ und IQ, München: Lichtenberg.
„SUBJEKTIVE THEORIEN VON LEHRERN": www.ipn.uni-kiel.de/aktuell/ipnblatt/ip104/ip104r06.htm.
„SUBJEKTIVE THEORIEN": www.learnline.de/angebote/paedagogischeb/lexikon/theorien.html.
SZAGUN, GISELA (^{6}2000): Sprachentwicklung beim Kind, Weinheim/Basel: Beltz.
WEIẞBRODT, WERNER (2000): „Lernmotivation", in: Bovet/Huwendieck (Hrsg.), Leitfaden Schulpraxis. Pädagogik und Psychologie für den Lehrberuf, Berlin: Cornelsen, 220–239.
WENDT, MICHAEL (2000): Konstruktion statt Instruktion: Neue Zugänge zu Sprache und Kultur im Fremdsprachenunterricht, Frankfurt/M.: Lang.
WOLFF, DIETER (2002): Fremdsprachenlernen als Konstruktion: Grundlagen für eine konstruktivistische Fremdsprachendidaktik, Frankfurt/M.: Lang.

Kap. 6

AITCHISON, JEAN (1997): Wörter im Kopf. Eine Einführung in das mentale Lexikon, Tübingen: Niemeyer.
ALTMAYER, CLAUS (2004): „‚Cultural Studies' – ein geeignetes Theoriekonzept für die kulturwissenschaftliche Forschung im Fach Deutsch als Fremdsprache?", in: Zeitschrift für Interkulturellen Fremdsprachenunterricht, 9/3: www.zif.spt-tu-darmstadt.de/jg-09-3/beitrag/Altmayer3.thm.
BREINDL, EVA (2004): „Alle reden von Lernergrammatik: und was ist mit den Lehrern?": www.ids-mannheim.de/grammis/orbis/lehrergramm/lehrergramm1.html.
DUFEU, BERNARD (1993a): „Grammatik: Von der Theorie zur Praxis oder die Rundung des Quadrats", in: Dufeu (Hrsg.), 31–44.
DUFEU, BERNARD (1993b): „Quand les temps s'en mêlent…", in: Dufeu (Hrsg.), 135–155.
DUFEU, BERNARD (Hrsg.) (1993): Interaktive Grammatik, Mainz: Johannes Gutenberg-Universität.
DÜWELL, HENNING/GNUTZMANN, KLAUS/KÖNIGS, FRANK (Hrsg.) (2000): Dimensionen der Didak-

tischen Grammatik. Festschrift für Günther Zimmermann zum 65. Geburtstag, Bochum: AKS-Verlag.
ERWIN, SUSAN/OSGOOD, CHARLES E. (1954): „Second language learning and bilingualism", in: Journal of abnormal social psychology, supp. 49, 139–146.
ETUDES FRANÇAISES, ENSEMBLE 1 GRAMMATISCHES BEIHEFT (1994), Stuttgart/Düsseldorf/Leipzig: Klett.
ETUDES FRANÇAISES, ENSEMBLE 2 LEHRERBAND (1995), Stuttgart/Düsseldorf/Leipzig: Klett (Druck: 2000).
ETUDES FRANÇAISES, ENSEMBLE 3 (1996), Stuttgart/ Düsseldorf/Leipzig: Klett (Druck: 2001).
GRUND UND AUFBAUWORTSCHATZ ENGLISCH (1977), Stuttgart/Düsseldorf/Leipzig: Klett.
GRUND- UND AUFBAUWORTSCHATZ FRANZÖSISCH/ NEUBEARBEITUNG (^{2}1993), Stuttgart/Düsseldorf/ Leipzig: Klett.
HARLEY, BIRGIT (1994): „Appealing to consciousness in the L2 classroom", in: AILA REVIEW 11: Consciousness in Second Language Learning, 57–68.
HELBIG, GERHARD (1993): „Wieviel Grammatik braucht der Mensch?", in: Harden, Theo/Marsh, Cliona (Hrsg.): Wieviel Grammatik braucht der Mensch? München: iudicium, 19–29.
HÖHNE, ROLAND/KOLBOOM, INGO (2002): „I. Von der Landeskunde zu den Kultur- und Landeswissenschaften", in: Kolboom, Ingo/Kotschi, Thomas/ Reichel, Edward (Hrsg.): Handbuch Französisch. Sprache-Literatur-Kultur-Gesellschaft. Für Studium, Lehre, Praxis, Berlin: Schmidt, 375–384.
HUWENDIECK, VOLKER (^{3}2000): „Didaktik: Modelle der Unterrichtsplanung", in: Bovet, Gislinde/Huwendieck, Volker (Hrsg.): Leitfaden Schulpraxis. Pädagogik und Psychologie für den Lehrberuf, Berlin: Cornelsen, 11–39.
KÖLLER, WILHELM (1988): Philosophie der Grammatik. Vom Sinn grammatischen Wissens, Stuttgart: Metzler.
MINDT, DIETER (2000): „Hat die Signalgrammatik eine Zukunft?", in: Düwell/Gnutzmann/Königs (Hrsg.), 197–209.
PALMER, FRANK (1974): Grammatik und Grammatiktheorie: Eine Einführung in die moderne Linguistik, München: Beck.
RUBIN, JOAN (1975): „What the ‚Good Language Learner' can teach us", in: TESOL QUARTERLY 9/ 1, 41–51.
SCHIFFLER, LUDGER (2000): „Signalgrammatik für den Französischunterricht", in: Düwell/Gnutzmann/ Königs (Hrsg.), 265–280.
SEIDLER, KLAUS-WERNER (1988): „Grammatik einmal anders", in: Edelhoff, Christoph/Liebau, Eckart (Hrsg.): Über die Grenze. Praktisches Lernen im fremdsprachlichen Unterricht, Weinheim/Basel: Beltz, 31–35.
„SPRACHENLERNEN MIT EUROCOM-ONLINE": www. eurocomprehension.com/methode.htm.
TSCHIRNER, ERWIN (2001): „Kompetenz, Wissen, mentale Prozesse: Zur Rolle der Grammatik im Fremdsprachenunterricht", in: Funk, H./Koenig, M. (Hrsg.): Kommunikative Didaktik in Deutsch als Fremdsprache – Bestandsaufnahme und Ausblick. Festschrift für Gerhard Neuner, München: Iudicium; www.uni-leipzig.de/herder/mitarbeiter/ tshirner/lehre/lingu/skripte.htm.
ZIMMERMANN, GÜNTER (1984): Erkundungen zur Praxis des Grammatikunterrichts, Frankfurt/M.: Diesterweg.
ZIMMERMANN, GÜNTER (1990): Grammatik im Fremdsprachenunterricht der Erwachsenenbildung. Ergebnisse empirischer Untersuchungen, München: Hueber.
ZIMMERMANN, GÜNTER (1993) : „Ein ganzheitlicher Ansatz für den Grammatikunterricht in der Erwachsenenbildung", in: Dufeu (Hrsg.), 11–28.

Kap. 7

BIALYSTOK, ELLEN (1990): Communication Strategies. A psychological analysis of second language use, London: Blackwell.
BÖRNER, WOLFANG/VOGEL, KLAUS (Hrsg.) (1992): Schreiben in der Fremdsprache. Prozess und Text, Lehren und Lernen, Bochum: AKS.
BÖRNER, WOLFGANG (1998): „Schreiben im Fremdsprachenunterricht", in: Jung, U. O. H. (Hrsg.): Praktische Handreichung für Fremdsprachenlehrer, Frankfurt/M.: Lang, 287–294.
CORNAIRE, CLAUDETTE/RAYMOND, PATRICIA MARY (1999): La production écrite, Paris: CLE International.
EDMUNDSON, WILLIS/HOUSE, JULIANE (2000): Einführung in die Sprachlehrforschung, Tübingen: Francke.
EHLERS, SWANTJE (1998): Lesetheorie und fremdsprachliche Lesepraxis. Aus der Perspektive des Deutschen als Fremdsprache, Tübingen: Narr.
GERHOLD, SYBILLE (1990): Lesen im Fremdsprachenunterricht. Psycholinguistische und didaktische Überlegungen zu Funktionen einer vernachlässigten Fertigkeit im Französischunterricht, Bochum: Brockmeyer.
HATCH, EVELYN/SHAPIRA, RINA G./WAGNER-GOUGH, JUDY (1978): „‚Foreigner-talk' discourse", in: IRAL, 39/40, 39–60.
HUFEISEN, BRITTA (2005): „Fit für Babel", in: Geist und Gehirn, 6, 28–33.
HYMES, DELL (1972): „On Communicative Competence", in: Pride, J. B./Holmes, J. (Hrsg.): Socio-

linguistics, Harmondsworth: Penguin Books, 269–293.
KASPER, GABRIELE (1982): „Kommunikationsstrategien in der interimsprachlichen Produktion", in: Die Neueren Sprachen, 81/6, 578–600.
„KATEGORIEN VON PRODUKTIVEN KOMMUNIKATIVEN STRATEGIEN": www.rrz.uni-hamburg.de/fremd sprachenlernen/c_all_j02.html.
KRINGS, HANS PETER (1992): „Empirische Untersuchungen zu fremdsprachlichen Schreibprozessen – Ein Forschungsüberblick", in: Börner/Vogel (Hrsg.), 47–77.
„LESEPROZESSE": www.rrz.uni-hamburg.de/fremd sprachenlernen/b_les_b04.html.
LUTJEHARMS, MADELINE (1998): „Lesen im Fremdsprachenunterricht", in: Jung, U. O. (Hrsg.): Praktische Handreichung für Fremdsprachenlehrer, Frankfurt/M.: Lang.
RAMPILLON, UTE (1977): „Be aware of awareness – oder: Beware of awareness? Gedanken zur Metakognition im Fremdsprachenunterricht der Sekundarstufe I", in: Rampillon, Ute/Zimmermann, Günter (Hrsg.): Strategien und Techniken beim Erwerb fremder Sprachen, Ismaning: Hueber, 173–184.
SARTER, HEIDEMARIE (1997): Fremdsprachenarbeit in der Grundschule. Neue Wege, neue Ziele, Darmstadt: Wissenschaftliche Buchgesellschaft.
„SPRACHENLERNEN MIT EUROCOM-ONLINE": www.eurocomprehension.com/methode.htm.
„SPRECHEN IN DER FREMDSPRACHE, WENN PASSENDE SPRACHLICHE MITTEL NICHT VORHANDEN SIND": www.rrz.uni-hamburg.de/fremdsprachen/c_tal_a01.html.
WAGNER-GOUGH, JUDY/HATCH, EVELYN (1975): „The importance of input data in second language acquisition studies", in: Language Learning, 25/2, 297–308.
WEIRATH, ANGELA (2000): „Der muttersprachliche und der fremdsprachliche Schreibprozess – zwei Seiten einer Medaille", in: Helbig, Beate/Kleppin, Karin/Königs, Frank G. (Hrsg.): Sprachlehrforschung im Wandel. Beiträge zur Erforschung des Lehrens und Lernens von Fremdsprachen. Festschrift für Karl-Richard Bausch zum 60. Geburtstag, Tübingen: Stauffenberg, 403–413.
WINNYKAMEN, FAYDA (1990): Apprendre en imitant?, Paris: PUF.

Kap. 8

BÜTTNER, GERD/LENZEN, KLAUS-DIETER/SCHULZ, GERHILD (1995): Einfach sprachlos. Interkulturelle Begegnungen zwischen Grundschulkindern in Deutschland und Frankreich. Von der Erfahrung zum Modell, Münster/New York: Waxmann.
CAMBRIDGE INTERNATIONAL DICTIONARY OF ENGLISH (1995), Stuttgart: Klett/Cambridge: Cambridge University Press, s.v. „democracy".
DEMORGON, JACQUES (1996): Complexité des cultures et de l'interculturel, Paris: Anthropos.
DEUTSCH-FRANZÖSISCHES JUGENDWERK (Hrsg.) (1999): Die Tandem-Methode. Theorie und Praxis in deutsch-französischen Sprachkursen, Stuttgart: Klett.
DICTIONNAIRE HACHETTE ENCYCLOPÉDIQUE (1997), Paris: Hachette, s.v. „démocratie".
DUDEN. DEUTSCHES UNIVERSALWÖRTERBUCH ([2]1989), Mannheim/Wien/Zürich: Dudenverlag, s.v. „Demokratie".
DUMONT, LOUIS (1991): L'idéologie allemande. France-Allemagne et retour, Paris: Gallimard.
EAGLETON, TERRY (2001): Was ist Kultur. Eine Einführung, München: Beck.
HOUSE, JULIANE (1996): „Zum Erwerb interkultureller Kompetenz im Unterricht des Deutschen als Fremdsprache", in: Zeitschrift für Interkulturellen Fremdsprachenunterricht: www.spz.tu-darmstadt.de/projekt_ejournal/jg-01-3/beitrag/house.htm.
HUNTINGTON, SAMUEL P. ([7]1997): Der Kampf der Kulturen. The Clash of Civilisations. Die Neugestaltung der Weltpolitik im 21. Jahrhundert, München/Wien: Europa Verlag.
HYMES, DELL (1972): „On communicative competence", in: Pride, John B./Holmes, Janet (Hrsg): Sociolinguistics, Harmondsworth: Penguin, 269–293.
KASPER, GABRIELE (1982): „Kommunikationsstrategien in der interimsprachlichen Produktion", in: Die Neueren Sprachen, 81/6, 578–600.
PONS WÖRTERBUCH DER JUGENDSPRACHE. DEUTSCH-ENGLISCH/DEUTSCH-FRANZÖSISCH (2001), Stuttgart: Klett (Pons).
RUBIN, JOAN (1975): „What the ‚Good Language Learner' can teach us", in: TESOL, 9/1, 41–51.
SARTER, HEIDEMARIE (2000): „Computer und Internet in der fremdsprachlich-interkulturellen Arbeit (nicht nur) in der Grundschule", in: französisch heute, 4, 424–438.
TANDEM-SERVER BOCHUM/RUHR-UNIVERSITÄT BOCHUM: www.slf.ruhr-uni-bochum.de.
THOMAS, ALEXANDER (1993): „Psychologie interkulturellen Lernens und Handelns", in: Thomas, Alexander (Hrsg.): Kulturvergleichende Psychologie, Göttingen: Hogrefe.
ZEUNER, ULRICH (o. J.): „Landeskunde und interkulturelles Lernen. Eine Einführung": www.tu-dresden.de/sulifg/daf/archiv/Broschuere.pdf.

Kap. 9

BIBLIOGRAPHIE „BILINGUALES LEHREN UND LERNEN": www.ruhr-uni-bochum.de/slf/bili/Bili062003.pdf.

FREY, KARL (^{9}2002): Die Projektmethode. ,Der Weg zum bildenden Tun', Weinheim/Basel: Beltz.

HÄNSEL, DAGMAR (1999): „Projektmethode und Projektunterricht", in: Hänsel (Hrsg.), 54–92.

HÄNSEL, DAGMAR (Hrsg.) (^{2}1999): Projektunterricht. Ein praxisorientiertes Handbuch, Weinheim/Basel: Beltz.

HUBER, LUDWIG (1999): „Vereint, aber nicht eins: Fächerübergreifender Unterricht und Projektunterricht", in: Hänsel (Hrsg.), 31–53.

„INFOTOUR PRÄSENTATIONSTECHNIK": www0.eduhi.at/projektleitfaden/praesent/leitfad.htm.

„PROJEKTLEITFADEN. METHODEN, BEISPIELE, WERKZEUGE. EINE ANLEITUNG ZUR ERFOLGREICHEN PLANUNG, DURCHFÜHRUNG UND STEUERUNG VON PROJEKTEN IN SCHULE UND WIRTSCHAFT": www0.eduhi.at/projektleitfaden/start.htm.

„ZUSATZINFO: WAS IST PROJEKTUNTERRICHT" o.J.: www0.eduhi.at/projektleitfaden/techunt/projunt/infos.htm.

HERRMANN, ULRICH/HORSTENDAHL, MICHAELA (2002): „Praktika als Wege zur Berufspraxis? Zur Pragmatik von Praxiserfahrungen und zur Praxiserkundung als Lernprozeß im Rahmen des Studiums und der Ausbildung künftiger Gymnasiallehrer", in: Herrmann, Ulrich (Hrsg.): Wie lernen Lehrer ihren Beruf. Empirische Befunde und praktische Vorschläge, Weinheim/Basel: Beltz, 152–167.

KRETSCHMER, HORST/STARY, JOACHIM (1998): Schulpraktikum. Eine Orientierungshilfe zum Lernen und Lehren, Berlin: Cornelsen Scriptor.

PRAKTIKUMSORDNUNG FÜR VERMITTLUNGSORIENTIERTE PRAXISSTUDIEN DER ZWEI-FÄCHER-STUDIENGÄNGE „BACHELOR OF ARTS" BZW. „BACHELOR OF SCIENCE" UND „MASTER OF EDUCATION" DER RUHR-UNIVERSITÄT BOCHUM vom 15. 6. 2005: www.ruhr-uni-bochum.de/schulpraktikum/download/PRAKTIKUMSORDNUNG%20RUB.pdf.

SCHUBARTH, WILFRIED, ET AL. (2004): Die zweite Phase der Lehrerausbildung aus Sicht der Brandenburger Lehramtskandidatinnen und Lehramtskandidaten. Potsdamer LAK-Studie 2004/2005, Potsdam: Univ. Potsdam, Institut für Pädagogik.

Kap. 10

GRELL, JOCHEN (2001): Techniken des Lehrerverhaltens, Weinheim/Basel: Beltz.

Register

Arbeitsformen 43 ff., 53
Audiolinguale Methode 49
Audiovisuelle Methode 49
Aussprache 33, 37, 38, 75 ff., 134
Austausch 108 ff., 120
Austauschprogramm 113
Authentische Materialien 23, 53
Automatisierung 38
Autorenprogramme 56

Bantusprachen 15
Begegnung 19, 20
Begegnung am anderen Ort 111
Begegnung am dritten Ort 110
Berufsbild des Lehrers 25, 130, 132
Betonung 16, 33
Bezugsnormen 59
Bezugswissenschaften 47
Bilinguales Lernen 51, 124 f.
Binnendifferenzierung 40

Chinesisch 15, 22, 25
Computer 54, 57

Dialog 50
Didaktik/Definition 47
Direkte Methode 48

Einsprachigkeit 45, 50
Elementare Kommunikationsfähigkeiten 34, 90
Englisch 19, 20, 21, 30, 38 f.
Europäisches Sprachenportfolio (ESP) 28, 43, 59–62
Europarat 27
Evaluation von Austauschprogrammen 114
Explizierung 38

Fächerkanon 119
Fächerübergreifender Unterricht 35, 41, 119, 122 ff.
Fachlehrer 41, 124
Fachpraktikum 133
Fachsprache 73
Fachwissenschaft 9, 73, 74, 127
Fehleranalyse 58

Fehlerkorrektur 55, 57 f.
Feld/un/abhängigkeit 64
Französisch 19, 21 f.
Fremdsprache
– Grundschule 7
– Historisch 13
– Schule 7, 22 f.
– und Zweitsprache 33
Fremdsprachendidaktik 10
Frontalunterricht 32

Gastfamilien 111
Gedächtnis 42
Gemeinsamer Europäischer Referenzrahmen (GeR) 27 f., 30, 61, 73
Grammatik 41, 77 ff.
– induktiv 50
– Vermittlung/explizit 16, 80 f.
– Vermittlung/implizit 40, 80 f.
Grammatikregeln 38 f., 83
Grammatik-Übersetzungs-Methode 48
Graphie-Phonie-Relation 40, 76
Grenzregionen 19
Grundschule
– bilingual 34
– Geschichten 35
– Leistungsstärke 34
– Lernziele 35, 36
– Methodik 34
– Mündlichkeit 35
– Projektarbeit 36
– Spracherwerb 34
Gruppenarbeit 32, 45 f.
‚Guter' Sprachenlerner 70

Handlungsorientierung 43, 90
hic et nunc 41, 85
Hördiskriminierung 36, 37, 75
Hörverstehen 36
Hypothesenbildung 16, 17, 18, 20, 70, 95

Imitative Erwerbsstrategien 95 f.
Immersion 16, 33, 34, 37, 50 f.
Implizite Kenntnisse 14, 15

Implizitheit/Explizitheit der Kommunikation 107 f.
Individueller Auslandsaufenthalt 115 f.
Indo-europäische Sprachen 15
Intelligenzen 34, 63, 65 f.
Interferenz 13 f.
Interimsprache 16
Interkulturelles Lernen 100, 101, 105, 114
Interkulturelles Verhalten 94, 112
Interlanguage 16, 21
Internet 55

Jugendsprache 115

Kenntnisse/implizit 41
Klassengrammatik 81 f.
Klassenlehrerprinzip 41
Klassenzimmerroutine 35
Kultusministerkonferenz (KMK) 24, 25
Kognitive Steuerung/Kognitiver Stil 64
Kommunikation mit Muttersprachlern 91 f.
Kommunikationserfolg 42
Kommunikationsstrategien 52, 89, 90 f., 97, 110
Kommunikative Kompetenz 51, 107
Kontrolle 55
Korrektur 55, 58
Kultur 103 ff.
Kulturhoheit der Länder 24
Kulturwissenschaft 101

Landeskunde 52, 100 f.
Lautkette 17, 36
Lautrepertoire 16, 33
Legasthenie 40
Lehrerausbildung 24, 108
– Kompetenzbereiche 25 f., 125
– Theorie-Praxis 9, 26, 126 ff., 135
– Standards 25
Lehrerautonomie 10, 135

Lehrerrolle 8, 62, 90, 121, 127 ff., 131 f., 133
Lehrplan 24, 28, 29–31, 87
– Grundschule 29
– Sek. I 30
– schuleigener 32, 125
Lehrwerk 31, 40, 42, 85, 86
Lehrziele 43, 44, 51
Leistungsbeurteilung 43, 58, 59
Leistungsermittlung 43
Leistungsstärke 34
Lernberatung 54, 62, 71 f.
Lerner/Rolle 15
Lerner/zweisprachig 33
Lerneralter 35
Lernerautonomie 55, 69, 71
Lernergruppe 43, 52, 63
Lernersprache 69
Lernsoftware 54
Lerntypen 34, 44, 52, 63 ff.
Lernziele 29, 43, 47, 51, 52, 53, 109
Lesen 38, 76 f., 97 f.
Lese-Rechtschreib-Schwäche 40
Lexikon 37, 41, 82, 97
Lieder 35
lingua franca 19
Literatur 86

Mäeutik 44
Medien 50, 52, 118
Mehrsprachige Schule 121 f.
Mehrsprachigkeit 7
– Begriff 12, 13
– Funktionale Mehrsprachigkeit 12, 21, 28, 30, 94
– Haltung 18
– Sprachvergleich 18, 95
Mehrsprachigkeitsdidaktik 22
Metasprachliche Erwartungen 15, 16
Metasprachliche Fähigkeiten 15, 33
Methodenkompetenz 36
Methodik/Definition 47

Methodologie/Definition 47
Motivation 33, 68 f.
Mündlichkeit 16, 37, 57, 76, 90 ff.
Muttersprache 14

Nachbarsprache 19, 20
Nonverbale Kommunikation 92 f., 133

Paradoxon 41, 44, 45
Partnerschaft 116 f., 120
pattern drill 49
Phonie-Graphie-Relation 40, 76
Polnisch 19, 76
Praktika 9, 126 ff.
Produktion 37
Professionalität 9, 129
Progression 50, 79
– lexikalisch 38
– linear 16, 53
– spiralig/zyklisch 38
Projektarbeit 119 ff.
Prosodie 15, 35, 37, 77

Regelgrammatik 13
Reime 35
Rezeption 36, 94 ff.
Rollenspiel 36

Satzbildung 38
Schreiben 38, 76, 98 f.
Schriftbild 37, 38
Schriftsprache 14 f., 38
Schülerrolle 8, 45, 90
Selbstreguliertes Lernen 72, 119, 122
Sozialformen 43 ff., 53
Sozialkompetenz 36, 45, 52, 131
speech pattern 49
Spiele/Spielerische Aktivitäten 36, 37
Spotkanie 19
Sprachbad 36
Sprachbegabung 34, 66, 134
Sprachenangebot 20, 21, 22

Sprachenbiographie 61 f.
Sprachenpass 61 f.
Sprach(en)wahl 40
Sprachgebrauch 57, 106 f.
Sprachlabor 49
Sprachlernerfahrung 14
Sprachstruktur 41
Sprachsystem 57
Sprachübergreifende Arbeit 17, 18
Sprachvergleich 17, 18, 20, 38, 83
Sprachverwendung 35, 95
Sputnikschock 49
Standards
– in der Lehrerausbildung 25
– in der Sprachausbildung 27, 28 f.
Stationen-Lernen 51
Stereotypen 101 f.
Subjektive Theorien 8, 67 f.
Suggestopädie 51d

Tagebuch 112
Tandem 116 ff.
Teilfertigkeiten/Überprüfung 96
Teilleistungsstörung 40
Tertiärsprachen(forschung) 21
Textproduktion 54, 55, 57
Tonsprachen 15
Total Physical Response (TPR) 51

Vokabeln 37, 41, 50, 82
Vokallänge 16
Vorurteile 101

Weltbilder 104
Weltwissen 17
Wiederholung 36
Wissen
– explizit 41
– implizit 38
Wörterbücher 85
Wortschatz 16, 22, 36, 83 ff.
Wortstellung 17